"十三五"国家重点图书出版规划项目

21世纪海上丝绸之路与广东发展研究丛书（第2批）　　主编：张燕生　王义桅

21 Shiji Haishang Sichou zhi Lu
yu Guangzhou Guoji Hangkong Shuniu

21世纪海上丝绸之路与广州国际航空枢纽

白国强 著

·广州·

版权所有　翻印必究

图书在版编目（CIP）数据

21世纪海上丝绸之路与广州国际航空枢纽/白国强著. —广州：中山大学出版社，2020.8

（21世纪海上丝绸之路与广东发展研究丛书. 第2批/张燕生，王义桅主编）

ISBN 978 - 7 - 306 - 06758 - 6

Ⅰ. ①2… Ⅱ. ①白… Ⅲ. ①海上运输—丝绸之路—中国—21世纪 ②航空运输业—经济发展—研究—广州 Ⅳ. ①K203 ②F562.865.1

中国版本图书馆 CIP 数据核字（2019）第 246419 号

出 版 人：王天琪
策划编辑：金继伟　徐　劲
责任编辑：梁俏茹
封面设计：林绵华
责任校对：张陈卉子
责任技编：缪永文
出版发行：中山大学出版社
电　　话：编辑部 020 - 84110771，84113349，84111997，84110779
　　　　　发行部 020 - 84111998，84111981，84111160
地　　址：广州市新港西路 135 号
邮　　编：510275　　传　　真：020 - 84036565
网　　址：http://www.zsup.com.cn　E-mail：zdcbs@mail.sysu.edu.cn
印 刷 者：佛山市浩文彩色印刷有限公司
规　　格：787mm×1092mm　1/16　21.25 印张　305 千字
版次印次：2020 年 8 月第 1 版　2020 年 8 月第 1 次印刷
定　　价：48.00 元

如发现本书因印装质量影响阅读，请与出版社发行部联系调换

总序一

打开丛书,翻开一本本书稿,醒目的主题指引、鲜活的思想碰撞、深邃的智慧启迪、扑面而来的南国文采,深深吸引、打动和感染了我。"21世纪海上丝绸之路与广东发展研究丛书"是"十三五"国家重点图书出版规划项目、国家出版基金资助项目,第1批包括了《21世纪海上丝绸之路与广州发展》《21世纪海上丝绸之路与广州国际化大都市建设》《21世纪海上丝绸之路与广州离岸文化中心》《21世纪海上丝绸之路与广东自由贸易区》《21世纪海上丝绸之路与广东旅游发展》,第2批包括了《21世纪海上丝绸之路与广东国际贸易》《21世纪海上丝绸之路与广东海洋经济》《21世纪海上丝绸之路与广东会展发展》《21世纪海上丝绸之路与广东高等教育》《21世纪海上丝绸之路与广州国际航空枢纽》《21世纪海上丝绸之路与深圳科技产业创新》,涵盖了经济、社会、文化等不同主题。这是一套值得仔细阅读、慢慢品味和深入思考的好丛书,实在令人惊喜。

2018年是我国改革开放40周年。在人类社会的历史长河里,40年可谓弹指一挥间。然而,在中华民族数千年上下求索、连绵不息的文明史中,这40年则有着非同寻常的重大意义。在历史上,中华民族在大多数时期执行的都是开放包容的政策体系,由此创造了人类社会唯一没有中断的灿烂的中华文明。然而,作为历史片段的一项闭关锁国政策,再加上内部缺少变革活力和发展动力,最终造成了中华民族近代被动挨打的惨痛经历。习近平指出,人类社会发展的历史告诉我们,开放带来进步,封闭必然落后。中国开放的大门不会关闭,只会越开越大。这是中华民族从近代历史中汲取的惨痛教训，已凝练成中国人民永世难忘的集体记忆，成为推动中华儿女前赴后继勇于变革的强大动力。

习近平指出，古代丝绸之路打开了各国友好交往的新窗口，书写了人类发展进步的新篇章，"积淀了以和平合作、开放包容、互学互鉴、互利共赢为核心的丝路精神"，这是人类文明的宝贵遗产。今天，我们要乘势而上、顺势而为，推动"一带一路"建设行稳致远，迈向更加美好的未来，将"一带一路"建成和平之路、繁荣之路、开放之路、创新之路、文明之路。①

历史之问：古代海上丝绸之路时期，广东海外贸易为什么长盛不衰？广东是中国2000多年来唯一一个海外贸易长盛不衰的地区。只是在宋元时期，泉州曾经超过广州成为中国最大的海外贸易地区。即便如此，那个时期以广州为核心的广东地区海外贸易也没有衰落。② 这套丛书的作者告诉我们，唐宋时期在广州居住的外国商人和侨民有十几万人，占广州居民的三成以上。广州在元朝已与众多国家和地区有贸易往来；在明朝成为我国朝贡贸易的第一大港；在清朝成为我国唯一的对外通商口岸，史称"一口通商"；在19世纪中叶成为世界十大城市之一，是仅次于北京、伦敦、巴黎的世界性大城市。③

今日之问：广东作为21世纪海上丝绸之路最主要的始发地，未来仍能够引领国家海外贸易乘势而上、顺势而为、高质量发展吗？在新时代，广东站在了一个历史的新起点上，开始了现代化的新征程。无论是21世纪海上丝绸之路的建设，还是粤港澳大湾区世界级城市群的打造，

---

① 习近平：《携手推进"一带一路"建设——在"一带一路"国际合作高峰论坛开幕式上的演讲》，载《人民日报》2017年5月15日。
② 王先庆：《21世纪海上丝绸之路与广东自由贸易区》，中山大学出版社2018年版，第2页。
③ 姚宜：《21世纪海上丝绸之路与广州国际化大都市建设》，中山大学出版社2018年版，第26页。

推动高质量发展、建设现代化经济体系、解决不平衡不充分发展的矛盾都是新时代的新要求。习近平指出:"高质量发展,是能够很好满足人民日益增长的美好生活需要的发展,是体现新发展理念的发展,是创新成为第一动力、协调成为内生特点、绿色成为普遍形态、开放成为必由之路、共享成为根本目的的发展。"①

21世纪海上丝绸之路的相关经济体大多数是发展中国家。一方面,这些国家多是制度风险、政治风险、经济风险、市场风险和经营风险显著高发地区。越是艰险越向前,这是广东人的开放天性和独到本领。广东是我国第一侨乡,海外侨胞占全国的2/3,其中,在海上丝绸之路沿线东南亚国家的华侨占广东海外华侨人数的60%以上,因此,广东具有其他地区无可比拟的侨商优势。② 只要将广东人的特色与21世纪海上丝绸之路当地人的优势相结合,加上与在海上丝绸之路相关地区有百年以上从商经验的欧洲、北美、东北亚的企业、金融机构和社会组织开展全方位的国际合作,就能够取得双赢、多赢的结果。另一方面,21世纪海上丝绸之路相关经济体有着强烈的发展需要。广东可以聚焦于21世纪海上丝绸之路上的重点国家、重点地区、重点领域,开展双边、多边合作,尤其是推动第三方合作;基于共同合作意愿,推动交通、能源、电力、信息、通信基础设施建设、农业、先进制造业、服务业等领域的优势互补、互通互动、互利共赢的合作;通过构建21世纪海上丝绸之路建设的"项目群、产业链、经济区"等多种形式,打造利益共同体;通过最大限度发挥广东软实力优势,推动与21世纪海上丝绸之路相关经济体之间的人文交流、离岸文化、旅游休闲、社会民生、绿色发展等领域

---

① 中共中央宣传部:《习近平新时代中国特色社会主义思想学习纲要》,学习出版社、人民出版社2019年版,第112页。
② 秦学:《21世纪海上丝绸之路与广东旅游发展》,中山大学出版社2018年版,第10页。

的合作。

21世纪海上丝绸之路建设的定位是"我国今后相当长时期对外开放和对外合作的管总规划"①，"本质上是通过提高有效供给来催生新的需求，实现世界经济再平衡"②。广东在推动21世纪海上丝绸之路全方位国际合作方面有着独特优势和社会责任。我们期待，这套丛书能够从全球经济、社会、人文等不同角度，推动社会各界关心、关注、关怀21世纪海上丝绸之路建设的方方面面，最大限度满足人民日益增长的美好生活需要，推动高质量发展，建设现代化的经济体系。同时，祝愿广东人民、全国人民、"一带一路"沿线各国人民乃至全世界人民在合作中生活得更加美好。

张燕生

（张燕生，国家发展和改革委员会学术委员会委员，研究员、博士生导师，中国国际经济交流中心首席研究员）

---

① 中共中央文献研究室编：《习近平关于社会主义经济建设论述摘编》，中央文献出版社2017年版，第276页。

② 习近平：《让"一带一路"建设造福沿线各国人民》，见习近平著《论坚持推动构建人类命运共同体》，中央文献出版社2018年版，第357页。

总序二

　　"一带一路"建设是我国未来一段时期最重要的发展战略之一,对于世界有着深远的影响。围绕如何推进"一带一路"建设,很多专家学者高屋建瓴,从国家层面提出了合理化建议。各省份也在积极探讨如何融入和对接"一带一路",以期准确抓住经济社会发展新的战略机遇。在"21世纪海上丝绸之路"建设中,广东省无疑具有举足轻重、不可替代的作用。系统地研究"21世纪海上丝绸之路与广东发展",对作为我国改革开放前沿地、"海上丝绸之路"起点之一的广东省的未来发展具有极其重要的指导作用,对我国推进"一带一路"建设也将起到应有的促进作用。"21世纪海上丝绸之路与广东发展研究丛书"就是在这种背景下的及时之作。

　　广东作为改革开放的前沿地,在过去的40年里取得了辉煌的成就,为全国提供了重要的经验借鉴,也正在为"一带一路"沿线国家提供经济发展的样本。在建设"一带一路"的新历史时期,积极参与到国家的战略建设中,既是广东的机遇,也是广东的责任。广东地区的一批专家学者围绕国家的战略方向,结合广东地区发展的实际,从经济、文化、城市发展等角度,深入探讨"一带一路"建设带来的历史机遇,分析广东具有的优势,提出了一系列新观点、新思路和富有建设性的对策建议,在此基础上,汇集成为"21世纪海上丝绸之路与广东发展研究丛书",既有深远的学术价值,也有深刻的现实意义。

　　这套丛书的最大优点是把握住了国家战略与地方发展的互动。在我国当前的体制下,国家战略导向既是地方发展的重要机遇,也是各地许多已有研究成果的出发点。同时,各地在贯彻落实国家战略的过程中,形成各具特色的"走出去"模式,成为推进国家战略的有力支撑。广东由于其特殊地理位置和历史传统,在"一带一路"建设中,尤其是在21世纪海上丝绸之路的建设中,再次发挥着引领作用,甚至可以说在一定程度上影响着国家战略的实施效果。这套丛书对这种互动关系进行了深入阐发,具有较高的学术价值和指导意义。

作为"专题式系统研究之学术著作",这套丛书及时填补了"'一带一路'与区域发展"研究领域之空白,具有较高的史料价值。

这套丛书的鲜明特色是把握住了广东地方发展的实际与推进"一带一路"建设的优势。从国家层面来看,"一带一路"建设必须综合协调有序推进,但是从地方实践出发,必须扬长避短并形成区域优势。这套丛书的研究内容与广东地方实际结合得非常紧密,这也是广东最能发挥特长并在全国范围内形成示范的领域。相信这套丛书的出版,能助推广东再次成为改革开放的先锋,为全国各地贯彻落实"一带一路"倡议提供借鉴。

(王义桅,中国人民大学国际关系学院外交学教授、博士生导师,国际关系学博士)

目录

第一章 21世纪海上丝绸之路的倡议与广州国际航空枢纽建设 / 1

 第一节 21世纪海上丝绸之路倡议的意涵 …………………………… 5
  一、历史上的海上丝绸之路 ………………………………………… 5
  二、丝绸之路精神的内涵 …………………………………………… 7
  三、21世纪海上丝绸之路提出的背景 ……………………………… 9
 第二节 广州在建设21世纪海上丝绸之路中的特殊地位和
    作用 ……………………………………………………………… 12
  一、广州有着优越的江海交汇的航路枢纽位置 …………………… 12
  二、广州在古代"海上丝绸之路"中发挥重要作用 ……………… 13
  三、广州是当代国家重要的中心城市 ……………………………… 17
 第三节 广州国际航空枢纽连接21世纪海上丝绸之路沿线国家
    和地区 …………………………………………………………… 21
  一、基础设施互联互通是建设21世纪海上丝绸之路的基本
    条件 ……………………………………………………………… 21
  二、广州建设国际航空枢纽的重要支撑和市场基础 ……………… 23
  三、广州与海上丝绸之路沿线国家和地区航空合作基础更为
    扎实 ……………………………………………………………… 31

第二章 国际航空枢纽的理论及其演变趋势 / 33

 第一节 国际航空枢纽的相关理论 ……………………………………… 35
  一、国际航空枢纽的相关概念 ……………………………………… 35
  二、国际航空枢纽及其理论 ………………………………………… 39

三、航空枢纽建设对城市及区域的影响 …………………… 46
 第二节　国际航空枢纽的演变历程与发展趋势 ………………… 48
  一、国际航空枢纽的演变历程 …………………………… 48
  二、国际航空枢纽的发展趋势 …………………………… 50
 第三节　国际航空枢纽建设的经验启示 ………………………… 56
  一、国际航空枢纽建设成功的因素 ……………………… 57
  二、对我国建设国际航空枢纽的启示 …………………… 61

第三章　国际航空枢纽建设的基本系统构架与评价体系 / 65

 第一节　国际航空枢纽建设的基本系统构架 …………………… 67
  一、航空基础设施体系 …………………………………… 67
  二、完善的服务网络 ……………………………………… 69
  三、优良的软性基础架构 ………………………………… 73
 第二节　国际航空枢纽评价的指标体系 ………………………… 75
  一、区位因素与腹地支撑能力 …………………………… 76
  二、枢纽机场设施承载能力 ……………………………… 77
  三、枢纽网络化水平 ……………………………………… 78
  四、基地航空公司与航空服务产业链的保障能力 ……… 80
  五、临空经济发展水平 …………………………………… 81
  六、枢纽对外开放能力 …………………………………… 82
 第三节　广州国际航空枢纽与国内先进国际航空枢纽的比较 …… 83
  一、区位因素与腹地支撑能力比较 ……………………… 83
  二、枢纽机场设施承载能力比较 ………………………… 84
  三、枢纽网络化水平比较 ………………………………… 86
  四、基地航空公司与航空服务产业链比较 ……………… 87
  五、临空经济发展水平比较 ……………………………… 87
  六、枢纽对外开放能力比较 ……………………………… 88
  七、比较后的若干启示 …………………………………… 89

第四章 全球国际航空枢纽建设的基本格局与广州国际航空枢纽 ／91

第一节 全球国际航空枢纽的基本格局 …………………………… 93
一、全球航空枢纽的基本分布格局 ………………………… 93
二、全球航空货运枢纽分布特征 …………………………… 96
三、枢纽机场飞机起降情况以美国领先 …………………… 99

第二节 中国航空枢纽发展现状与布局 ………………………… 100
一、中国航空枢纽发展的现状 ……………………………… 100
二、未来中国航空枢纽的发展布局 ………………………… 104

第三节 广州航空枢纽与粤港澳大湾区及周边省区发展竞合与展望 ………………………………………………………… 105
一、广州航空枢纽与粤港澳大湾区及周边省区发展竞合的现状 ……………………………………………………… 105
二、粤港澳大湾区航空枢纽建设的前景展望与策略思考 …… 108

第五章 广州与海上丝绸之路沿线国家和地区的航空联系 ／111

第一节 广州须以"空中丝绸之路"联结"海上丝绸之路" …… 113
一、"空中丝绸之路"是建设21世纪海上丝绸之路的加速器 ……………………………………………………… 113
二、与"海上丝绸之路"国家和地区的经贸联系是建设"空中丝绸之路"的基础前提 ………………………… 115

第二节 广州与海上丝绸之路沿线国家和地区的航空联系 …… 117
一、广州与海上丝绸之路沿线国家和地区的航空客运联系 ……………………………………………………………… 118
二、广州与海上丝绸之路沿线国家和地区的航空货邮联系 ……………………………………………………………… 121

第三节 广州与21世纪海上丝绸之路沿线国家和地区的航空联系潜力 ………………………………………………… 123
一、广州建设国际航空枢纽的潜力分析 …………………… 123

二、广州与21世纪海上丝绸之路沿线国家和地区的航空合作
    潜力 …………………………………………………………… 127

第六章　广州建设"空中丝绸之路"的深度开发区：东南亚 / 131
 第一节　东南亚区域特点 ………………………………………………… 133
  一、地理位置：扼"三洋""两洲"之"十字路口" …… 133
  二、深受华人文化影响 ……………………………………… 136
  三、经济增长活跃 …………………………………………… 138
 第二节　东南亚与我国的航空经济合作潜力 ……………………… 139
  一、东南亚各国的经济发展与合作机遇 ………………… 139
  二、航空发展基础与合作潜力 …………………………… 148

第七章　广州建设"空中丝绸之路"的重要潜力区：南亚 / 153
 第一节　南亚各国经济社会总体情况 …………………………… 155
  一、位置重要 ………………………………………………… 155
  二、人口众多 ………………………………………………… 157
  三、发展潜力巨大 …………………………………………… 158
 第二节　南亚与我国的航空经济合作潜力 ……………………… 159
  一、与南亚各国的经济合作 ……………………………… 159
  二、航空发展基础与合作潜力 …………………………… 167

第八章　广州建设"空中丝绸之路"的外围拓展区：西亚北非中
    东欧 / 173
 第一节　"空中丝绸之路"的外围拓展区概况 ………………… 175
  一、西亚 ……………………………………………………… 175
  二、北非 ……………………………………………………… 178
  三、中东欧地区 ……………………………………………… 179

第二节 西亚、北非、中东欧与我国的航空经济合作潜力……… 181
　　一、特色产业……………………………………………………… 181
　　二、发展规划对接………………………………………………… 193
　　三、经贸合作现状………………………………………………… 197
　　四、航空发展与合作潜力………………………………………… 207

第九章 建设广州国际航空枢纽的基础条件与发展问题／223

第一节 建设广州国际航空枢纽的基础条件……………………… 225
　　一、具有独特的地理区位优势…………………………………… 225
　　二、具备较强的航空通达能力…………………………………… 225
　　三、不断完善的陆上交通通信网络体系………………………… 227
　　四、广阔的腹地市场和经济空间………………………………… 228
　　五、不断增强的空港经济发展实力……………………………… 230
　　六、国家战略支撑作用逐步得到强化…………………………… 231
第二节 建设广州国际航空枢纽中存在的问题…………………… 232
　　一、航空资源瓶颈突出…………………………………………… 232
　　二、国际业务发展软硬件条件不足……………………………… 235
　　三、综合交通枢纽体系支撑能力有待提升……………………… 238
　　四、航空经济发展相对滞后……………………………………… 240
　　五、管理体制机制尚待协调理顺………………………………… 242
　　六、主基地航空公司国际竞争力有待进一步提升……………… 242

第十章 21世纪海上丝路建设背景下广州国际航空枢纽发展定位与战略目标／245

第一节 国内主要国际航空枢纽的发展定位和策略……………… 247
　　一、北京国际航空枢纽的发展定位和策略……………………… 247
　　二、上海国际航空枢纽的发展定位和策略……………………… 252

第二节 21世纪海上丝路建设背景下广州国际航空枢纽的发展
　　　　定位……………………………………………………………… 256
　一、广州建设国际航空枢纽的战略使命…………………………… 256
　二、战略定位………………………………………………………… 257
　三、战略布局………………………………………………………… 260
　四、建设目标………………………………………………………… 263
第三节 广州国际航空枢纽建设的主要策略……………………………… 264
　一、国际化策略……………………………………………………… 264
　二、规模化策略……………………………………………………… 265
　三、便利化策略……………………………………………………… 266
　四、一体化策略……………………………………………………… 266
　五、智慧化策略……………………………………………………… 267
　六、枢纽化策略……………………………………………………… 267
　七、产业化策略……………………………………………………… 268
　八、集群化策略……………………………………………………… 268

第十一章 建设广州国际航空枢纽的主要路径和政策建议 / 269

第一节 建设广州国际航空枢纽的主要路径……………………………… 271
　一、加快推动航空基础设施体系建设……………………………… 271
　二、推动广州国际航空枢纽合作发展……………………………… 276
第二节 广州建设国际航空枢纽的政策建议……………………………… 284
　一、推动军地、央地合作共建……………………………………… 284
　二、优化航空政策体系……………………………………………… 286

第十二章 建设广州国际航空枢纽的核心区：空港经济区创新发展 / 289

第一节 空港经济区的发展理论…………………………………………… 291
　一、"第五波"理论………………………………………………… 291
　二、空港"圈层空间结构"理论…………………………………… 292

三、临空产业经济理论……………………………………… 293
　　四、"港—产—城"融合理论……………………………… 293
　　五、临空经济成长阶段论…………………………………… 295
　第二节　广州空港经济区发展的建设进展与发展愿景………… 296
　　一、广州空港经济区建设进展……………………………… 296
　　二、广州空港经济区的发展优势和发展愿景……………… 299
　第三节　广州空港经济区发展布局与建设路径………………… 304
　　一、广州空港经济区的空间布局模式……………………… 304
　　二、广州空港经济区建设路径……………………………… 305

参考文献………………………………………………………… 308

后　记 / 322

第一章

21世纪海上丝绸之路的倡议与广州国际航空枢纽建设

第一章　21世纪海上丝绸之路的倡议与广州国际航空枢纽建设

2013年，习近平总书记访问印度尼西亚时提出了中国与东盟共建"21世纪海上丝绸之路"的构想。其主旨是在和平、发展、合作、共赢为主题的新时代，继承千百年来人类共有的交流交往历史遗产，弘扬"和平合作、开放包容、互学互鉴、互利共赢"的丝绸之路精神。继而，在2015年3月28日的博鳌亚洲论坛上，有关部门在国务院的授权下发布了《推动共建丝绸之路经济带和21世纪海上丝绸之路的愿景与行动》①。2016年8月17日，习近平总书记在推进"一带一路"建设工作座谈会上从思想统一、规划落实、统筹协调、项目落地、金融创新、民心相通、舆论宣传、安全保障方面提出了"八个推进"②的工作措施。

---

① 参见中华人民共和国国家发展和改革委员会、中华人民共和国外交部、中华人民共和国商务部《推动共建丝绸之路经济带和21世纪海上丝绸之路的愿景与行动》，人民出版社2015年版。

② 2016年8月17日习近平总书记提出的"八个推进"：一是要切实推进思想统一，坚持各国共商、共建、共享，遵循平等、追求互利，牢牢把握重点方向，聚焦重点地区、重点国家、重点项目，抓住发展这个最大公约数，不仅造福中国人民，更造福沿线各国人民。中国欢迎各方搭乘中国发展的快车、便车，欢迎世界各国和国际组织参与到合作中来。二是要切实推进规划落实，周密组织，精准发力，进一步研究出台推进"一带一路"建设的具体政策措施，创新运用方式，完善配套服务，重点支持基础设施互联互通、能源资源开发利用、经贸产业合作区建设、产业核心技术研发支撑等战略性优先项目。三是要切实推进统筹协调，坚持陆海统筹，坚持内外统筹，加强政企统筹，鼓励国内企业到沿线国家投资经营，也欢迎沿线国家企业到我国投资兴业，加强"一带一路"建设同京津冀协同发展、长江经济带发展等国家战略的对接，同西部开发、东北振兴、中部崛起、东部率先发展、沿边开发开放的结合，带动形成全方位开放、东中西部联动发展的局面。四是要切实推进关键项目落地，以基础设施互联互通、产能合作、经贸产业合作区为抓手，实施好一批示范性项目，多搞一点早期收获，让有关国家不断有实实在在的获得感。五是要切实推进金融创新，创新国际化的融资模式，深化金融领域合作，打造多层次金融平台，建立服务"一带一路"建设长期、稳定、可持续、风险可控的金融保障体系。六是要切实推进民心相通，弘扬丝路精神，推进文明交流互鉴，重视人文合作。七是要切实推进舆论宣传，积极宣传"一带一路"建设的实实在在成果，加强"一带一路"建设学术研究、理论支撑、话语体系建设。八是要切实推进安全保障，完善安全风险评估、监测预警、应急处置，建立健全工作机制，细化工作方案，确保有关部署和举措落实到每个部门、每个项目执行单位和企业。

通常认为,21世纪海上丝绸之路主要包括三条线路:西线是由中国东南沿海经过马六甲海峡向西进入印度洋,再到西亚、东非;东线是由中国东南沿海经南海穿越印度尼西亚海域进入大洋洲的澳大利亚、新西兰和南太平洋岛国;另一条为新线,是由中国西南经南亚穿越印度洋,到西亚、东非。从国家有关方面的表态看,21世纪海上丝绸之路建设是一项国际区域合作发展的倡议,不是封闭的,而是开放的,因此21世纪海上丝绸之路并无明显的地域范围或界限,尤其欢迎各国和地区在坚持共商、共建、共享原则的基础上加入21世纪海上丝绸之路建设中来。这样,将有利于推动沿线各国经济繁荣与区域经济合作,营造沿线各国共同的事业、共同的福祉;也有利于不同文明的交流互鉴,成为"和平的播种机、发展的助推器、文化的融合剂",成为"沿线国家的合唱"①。

广州作为中国三大国际航空枢纽之一,在中国对外交往交流中发挥着特殊重要的作用。2017年,习近平总书记在"一带一路"高峰论坛发表主旨演讲中两次提及广州,认为广州等古港是记载古丝绸之路历史的"活化石",充分肯定了广州在海上丝绸之路历史进程中的特殊地位和作用。基础设施的互联互通是21世纪海上丝绸之路建设的关键内容和硬件设施,是推进21世纪海上丝绸之路建设的基础。在"航空运输的时代"②,航空是在现有技术条件下推动国际交往、实现人员流动和特殊货物流动的基本工具,它与陆上、海上、网上交通通信网络的联通形成"四位一体"状态,共同推动着21世纪海上丝绸之路的建设。广州因其良好的航空基础而成为国家重要的国际航空枢纽,其进一步的发展提升,

---

① 国家主席习近平在博鳌亚洲论坛2015年年会上的主旨演讲说,"一带一路"建设秉持的是共商、共建、共享原则,不是封闭的,而是开放包容的;不是中国一家的独奏,而是沿线国家的合唱。

② 约翰·卡萨达在《航空大都市:我们未来的生活方式》中说:"长期以来,城市的轮廓和命运都取决于交通运输方式。如今,是航空运输的时代。"

需要凭借21世纪海上丝绸之路建设的"东风",科学谋划、统筹安排,与海上丝绸之路的空间格局相适应相衔接相呼应,在国家支持海上丝绸之路建设的各项政策、规则、标准的支持、规制下,努力把广州建设成为面向亚太、影响世界的国际航空大都市。

第一节 21世纪海上丝绸之路倡议的意涵

一、历史上的海上丝绸之路

海上丝绸之路是历史上从海上贯穿亚洲、非洲和欧洲沿海地区的国际贸易和人文交往通道,促进了中国与沿线国家和地区的友好往来。丝绸之路的海上通道可以追溯到海上交通逐步发展的历史。汉武帝时期,即公元前140年至公元前87年,就开通了雷州半岛经越南、泰国、马来西亚、缅甸、印度到斯里兰卡的海上航线,甚至有人认为当时的海上丝绸之路已经延伸至印度乃至地中海和欧洲。日本学者松田寿男考古发现,公元元年前后,王莽的使者从广东沿海出发,曾到达马来半岛东岸、苏门答腊岛,并向西穿越马六甲海峡,这条线路成为后代海上航行的基本线路。在东汉末年,由于战乱等原因,陆上丝绸之路受阻。公元166年,罗马通过海上丝绸之路直接与中国建立起贸易关系;公元199年,借道海上丝绸之路,蚕种自中国传入日本。东晋时期,法显①曾经海上丝绸之路回到长安。南朝时期,海上丝绸之路的东海线路也比较发达,如日本遣使从大阪出发,经北九州、对马岛、朝鲜、渤海、山东半岛到达南京、扬州。隋炀帝鼓励海上贸易,曾于公元607年遣使到赤土国(考古界认为是马来西

---

① 法显(334—422年)是东晋时一位名僧,是卓越的佛教革新人物、杰出的旅行家和翻译家。

亚），并在洛阳举办具有开创意义的"国际商品交易会"。唐朝中期采取海上贸易开放政策，设市舶使以招徕海中蕃舶；从广州经西沙、南沙到波斯湾和红海的航线成为当时最长的远洋航线，涵盖了中国、东南亚、南亚和阿拉伯地区，航程需3个月；经润州、常州、苏州、杭州、明州等地到日本和朝鲜的东海航线，促进了中国与朝鲜、日本等地的贸易发展。佛教高僧义净于公元671—695年取道海上丝绸之路前往印度取经。宋朝时，常遣使至海南诸藩国勾招进奉，设市舶司以征收"舶税"并管理海外贸易，当时的主要贸易商品为陶瓷和香料。元朝（1271—1368年）应该是中国历史上官方鼓励海外贸易发展的鼎盛时期，在泉州、杭州设市舶都转运司，在宁波、上海、温州、广州设市舶司。马可·波罗于1271年从威尼斯出发游历中国，选择经波斯（伊朗）、黑海、地中海再到威尼斯的路线，对以后新航路的开辟产生了巨大的影响。尽管明清两朝实行海禁和闭关锁国政策，仅允许官方贸易和朝贡贸易，但郑和七下西洋（1405—1433年），到达非洲东岸和红海沿岸的港口，也代表了海上丝绸之路的发展达到高潮。明朝开辟了从南海出发经菲律宾马尼拉最终到墨西哥的南美航线，丝绸等货物从中国经菲律宾马尼拉运到墨西哥的阿卡普尔科（Acapulco），再经秘鲁分销到阿根廷的布宜诺斯艾利斯、智利和南美大陆的其他地区，也分销到中美洲和加勒比海地区，海上丝绸之路进入鼎盛时期。然而，清朝从海禁、解禁并最终走向闭关锁国，最终导致海上丝绸之路的衰落。总而言之，"海上丝绸之路"起于西汉，兴于隋唐，盛于宋元，明初达到鼎盛，明朝中期后因海禁而逐步衰落。（见图1-1）

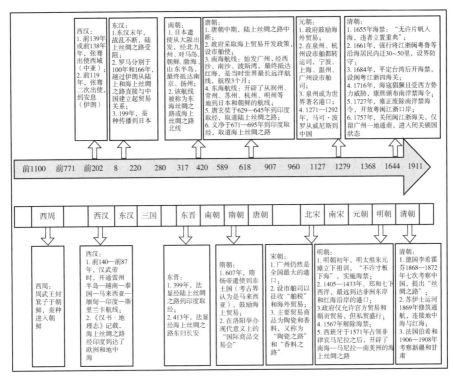

图1-1　丝绸之路发展史①

二、丝绸之路精神的内涵

古老的丝绸之路隐含着不朽的"丝路精神",通过合作共赢、开放包容,达至共享和平的目的,彼此串联成"利益共同体"和"命运共同体"。这种"丝路精神"集中体现在以下几方面。

1. 和平合作

古代的海上丝绸之路彰显的是中华民族与海上丝绸之路沿线国家和地区之间的和平合作,丝绸、茶叶、香料以及物种的地区间传播,传递着与

---

① 引自王爱虎:《从海上丝绸之路的发展史和文献研究看新海上丝绸之路建设的价值和意义》,载《华南理工大学学报》(社会科学版)2015年第1期,第1—14页。

这些国家和地区的友好合作和交往;这与欧洲人开辟新航路的血腥征服和殖民掠夺不同,古代海上丝绸之路并没有成为中国借以对外侵略扩张的通道。不同种族、不同信仰、不同文化背景的国家可以在合作中共享和平。

2. 开放包容

开放包容是"丝路精神"的重要内核,开放意味着更多地全方位进行对外的交往交流,促进生产要素的跨境流动,形成跨国跨地区的生产价值链,商品和服务贸易更加活跃。历史上通过"丝路"的联络,丝绸、茶叶等货物贸易及宗教文化交流等,都是在一种开放包容的氛围中产生的。在开放包容的理念下,从大的方面说是尊重各个国家和地区的发展道路选择,"履不必同,期于适足;治不必同,期于利民";从更多侧面上,不同文明、不同国度、不同人种之间相互尊重、交流借鉴。

3. 互学互鉴

海上丝绸之路,作为经济全球化的早期萌芽,推动了不同经济体系的互学互鉴,促成了中华、印度、巴比伦、阿拉伯、希腊—罗马等文明的交流融合,通过平等交流而使世界变得丰富多彩。各地域互通有无,科技文化不断进步,造船和航海技术日臻进步,特别是指南针的发明,为海上丝绸之路的拓展,提供了必备的技术条件,促进中国与波斯湾和地中海各国各地区不断发展繁荣,达至"五色交辉,相得益彰;八音合奏,终和且平"① 的发展境界。

4. 互利共赢

持续的商贸往来的基础和核心是平等互补、合作共赢,这是古丝路兴衰的关键。中国丝绸、印度香料、波斯番锦随着商人的驼队和商船转运流通,造纸术、印刷术西传,佛教、基督教东渐,这些都体现出互通有无、互利合作、共赢发展的理念,既促进自身的发展,也促进别国和地区的共同进步。海上丝绸之路建设的倡议以历史互利共赢的精神意涵为基础、以

---

① 引自冯友兰先生撰写的《国立西南联合大学纪念碑碑文》。

地缘优势和扬长避短为依托，以促进航行安全保障、海洋争端管理以及全方位的海洋合作和空、海、陆路互联互通为抓手，推动区域广泛的经贸合作和人文交流，符合中国与海上丝绸之路沿线国家和地区的经济发展需求。

三、21 世纪海上丝绸之路提出的背景

1. 引领更具包容、普惠全球化的发展需要

海上丝绸之路建设是我国为推动经济全球化深入发展而提出的国际区域经济合作新模式。近 40 年来，经济全球化成为改变世界社会经济格局的主要推动力，世界正被塑造成为紧密联系的"地球村"，各国各地区之间的相互影响和相互依赖不断加强。投资和贸易自由化更加明显，跨国公司成为全球价值链、供应链的主导力量。但是，一段时间以来，"逆全球化"思潮兴起，贸易保护主义盛行，多边贸易体制受到挑战，发达国家尤其是美国时常挥舞"贸易大棒"，经济全球化出现某种程度的倒退趋势。在此背景下，中国提出建设"一带一路"倡议，继续竖起了经济全球化改革发展的大旗，有助于为稍显低迷的世界经济亮起一盏航灯，为世界经济增长构造新的"稳定器"和"发动机"。建设 21 世纪海上丝绸之路，就是要秉承开放的区域合作精神，适应经济全球化新形势、扩大同各国各地区利益汇合点，促进全球化朝着更加普惠、包容的方向发展，并努力改变前几次全球化高潮所造成的不公平、不合理的经济贸易关系，使发展中国家获取更多的收益，促进世界各国（地区）均衡发展，缓解南北矛盾，缓解欧亚大陆碎片化后遗症，实现世界各国"共同富裕"。这也将会进一步促进经济要素在沿线国家和地区之间的有序自由流动、资源高效配置和市场深度融合，推动开展更大范围、更高水平、更深层次的区域合作，维护全球自由贸易体系和开放型世界经济。

表1-1 经济全球化高潮的阶段性特征及其后果

时间	推动因素	主要表征	经济社会后果
第一次高潮：18世纪末至19世纪中期	发达国家强迫殖民地国家降低甚至取消关税	原料供应地、商品倾销市场和资本输出场所	殖民地区生产力落后，长期处于贫困状态
第二次高潮：19世纪下半叶至20世纪初	电力、通信、交通技术的进步。垄断资本主义，殖民主义色彩浓厚	技术进步推动资本全球扩张	技术垄断、资本垄断主导世界经济，世界经济分化明显
第三次高潮："二战"后新经济秩序，促进世界经济全球扩张	美国主导的国际经济合作机制和国际机构（布雷顿森林体系、国际货币基金组织、世界银行、关税及贸易总协定）；实施凯恩斯主义政策	殖民地体系逐步瓦解，"核心—边缘"模式仍然发挥作用，不平等的分工未能改变。贸易成分大于资本扩张	虽然殖民地体系瓦解，不平等的国际分工和经济秩序，加剧了全球经济的分化
第四次高潮：20世纪70年代，经济全球扩张	抛弃了凯恩斯主义政策，拥抱哈耶克的新自由主义思想，"华盛顿共识"；自由贸易的理论的实践	发达国家的资本开始大规模流向发展中国家；出现"全球产业转移"，供应链贸易大幅增长，自由贸易成为一种趋势	不合理的世界经济导致全球社会矛盾日益突出，部分国家利益受损，资本和大公司获得了巨大利益，而社会及民众付出了巨大代价，全球可持续发展目标难以实现

2. 构筑稳定可靠、互利共赢的国际经贸关系

当前，中国作为世界第二大经济体、中等偏上收入国家，建设现代化经济体系，实现产业转型升级、达至世界强国目标任重道远，尤其需要更加开阔的视野，放眼世界，也需要创新理念和更好的实施平台。从全球来看，要在现有世界现代生产方式、全球生产网络和现代通信技术的支撑下，建立一个资源环境可持续的经济体系刻不容缓。以此构造和形成开放、包容、均衡、普惠的区域经济合作架构，构筑稳定可靠、互利共赢的国际经贸关系，开展更大范围、更深层次的区域合作，打造稳定互补、紧密互联的产业链、供应链和价值链，促进经济要素有序自由流动、资源高效配置和市场深度融合。设立亚洲基础设施投资银行、打造中国—东盟自由贸易区升级版、推动《区域全面经济伙伴关系协定》（RCEP）谈判、推动沿线地区发展港口经济和自由贸易园（港）区建设、共同建设若干"海上驿站"等重大国际区域经济合作举措，以及中国与相关国家组织、经济规划和政策的协调，如俄罗斯的"欧亚经济联盟"、越南的"两廊一圈"、东盟的"互联互通总体规划"、土耳其的"中间走廊"、英国的"英格兰北方经济中心"、波兰的"琥珀之路"等经济发展战略和规划的对接和协同，将有利于中国与海上丝绸之路国家和地区之间形成稳定可靠、互利共赢的经贸关系。

3. 构建人类命运共同体

历史上，欧洲曾经经历了长期的战乱，最终达成了以承认国家主权和多元化共存为基本原则的威斯特伐利亚体系。第二次世界大战后，联合国、国际货币基金组织、世界银行、世界贸易组织等全球性组织的成立，尊重各国主权，殖民体系瓦解，各国均实行开放政策和自由贸易制度，使威斯特伐利亚体系的治理逻辑在一定程度上得以在全球推行。而今，以大国均势、地区均势和全球均势为基础，多元共治的新全球治理体系正在形成，但"和平赤字""发展赤字""治理赤字"成为全人类的严峻挑战，世界发展需要新的动力，需要更加普惠平衡。在世界经济、政治风起云涌、变幻莫测的情况下，习近平总书记提出构建人类命运共同体的构想。建设21世纪海上丝绸之路，可以说是构建人类命运共同体的具体实践，使人类利益共同体理想具有现实的可行性，也是我国睦邻友好方针政策的具体体现。通过传承"丝路精神"，弘扬中国与海上丝绸之路沿线国家和地区历史悠久的友谊，特别是相邻国家和地区之间加强合作、加强了解、增进友谊，促进"共生""寄生"关系的形成和深化，形成紧密相连的利益共同体,并共同推动构建和实现人类命运共同体的理想,使人类之间竞争方式更加平和,竞争秩序更加融通。

第二节 广州在建设21世纪海上丝绸之路中的特殊地位和作用

一、广州有着优越的江海交汇的航路枢纽位置

(一) 对内:三江交汇之处

古代广州(古称番禺)被称为"三江口",是因为广州位于东江、西江和北江的三江交汇之处。在古代的珠江水道系统中,西江、北江和东江都有多条支流,将西江、北江和东江的内河航运与广州的南海贸易紧密联系在一起。从对外贸易的视角来看,江海交汇的地理优势使历史上的广州港可以充分发挥海港和河港的双重功能。在岭南地区的各个港口中,广州联系中原内地以及西南地区的水运交通最为便捷,经济腹地辐射大半个中国,这也是广州能够在众多港口中脱颖而出成为海上丝绸之路主港的一个重要因素。

(二) 对外:远洋航线的起点

广州是南海贸易航路的主要起点,广州一直是南海贸易的主港。"广州通海夷道"全程共约14000千米,历经90多个国家和地区,直到16世纪之前,都是世界上最长的一条远洋航线。广州港的历史地位,除了元代的泉州可以与它争锋,在其他历史阶段几乎一直位居全国最大最重要的贸易港口,甚至在明清时期长期处于垄断地位。这种优势地位的形成首先取决于广州在南海航路上的先天区位优势。

二、广州在古代"海上丝绸之路"中发挥重要作用

(一)广州是千年不衰的外贸港口

广州是中国历史最悠久、最古老的海港之一。先秦最早的海港,随着时间的推移,或者由于海岸线的东移,或者因为河道变迁或淤塞,在后世逐渐衰亡或者转型;有些海港或者由于海上交通性质的改变,或者由于政治外交政策的限制,或者由于邻近港口的竞争,在后世的港口功能和地位不再重要。唯有广州,既是最古老的海港,也是最"长寿"的海港,历时2000多年而长盛不衰。《史记·货殖列传》列出了西汉初年全国主要的经济区和具有代表性的20多个商业城市,其中被称为"都会"的有9个,广州是其中之一。广州作为商业都会的主要经济特点是"珠玑、犀、玳瑁、果、布之凑",也就是海外舶来品贸易。德国历史学家夏德认为,"中国与罗马等西方国家的海上贸易,要以广州为终止点。盖自纪元三世纪以前,广州即已成为海上贸易之要冲矣"。作为唐代全国第一大贸易港,广州号称"雄番夷之宝货,冠吴越之繁华"。唐代广州是南海与各国通商的最重要海港,主要贸易对象是阿拉伯地区,因此在广州出现了阿拉伯等外国商人的聚集区——番坊。据史料记载,公元878年黄巢进城时,在广州居住的阿拉伯等国商人就有12万人之多。据考证,唐代广州每年大约有80万人进出参加贸易活动。此外,广州是中国历史上第一个设立市舶管理机构的港口,也是第一个设置外商管理区域——"番坊"的城市。从天宝到大历年间(742—779年),每年往来广州居住的各国商人,至少有近万人的规模。宋朝时,广州仍然是全国最大的港口,因为主要贸易商品为陶瓷和香料,所以当时的南海丝绸之路又被称为"陶瓷之路"或"香料之路"。广州是唯一历经2000多年而长盛不衰的对外贸易港口,自先秦以来就一直占据着重要地位(见表1-2)。这也造就了广州城市文化高度的外生性和开放性,向世界传播了以丝绸、瓷器和茶叶为代表的中

国文化,对亚、非、欧三大洲的经济和文化发展产生了重要影响。作为中国最古老的开放口岸的英译名,"Canton"一词被收录于西方的很多词典、百科全书或历史教科书,曾经具有很高的国际知名度,这是古代广州港光荣与辉煌的最好证明。

表1-2 广州在历代对外贸易中的地位和作用

时代	地位和作用表现
秦汉时期	番禺作为商业都会的主要经济特点是"珠玑、犀、玳瑁、果、布之凑",也就是海外舶来品贸易
三国时期	大约在三国时期,由于造船技术的进步和新航路的开辟,广州取代了汉代最早的海上丝路始发港合浦、徐闻以及日南障塞,成为南海贸易的要冲
隋唐时期	广州号称"雄番夷之宝货,冠吴越之繁华",是第一贸易大港;设"番坊"和管理机构
宋元时期	广州是宋代最重要的对外贸易港,设市舶司;按宋人赵汝适《诸番志》记载,宋代与广州有贸易往来的南海国家和地区共计50多个。元人陈大震《南海志》则记录了与广州有贸易往来的国家和地区140多个
明清时期	"一口通商"历时85年(1757—1842年),1850年在世界城市经济十强中,广州名列第4,是当时世界级的大城市之一。兴起了史称"广州贸易体制"或"广州体系"

(二)广州是中国近现代国际贸易体制的发祥地

广州不仅作为古代海上丝绸之路的贸易起点,其中具有更为重要影响的是:在广州兴起的"十三行",亦被为"洋行""洋货行""外洋行",诞生了官府特许经营对外贸易的制度。因此,可以说广州是中国近代国际贸易管理制度的发祥地。

1. 总商、公行、保商和行佣制度

总商是由政府(粤海关)任命的身价殷实、能承担一定责任的商人。同时,政府还设立具有裁定对外贸易价格、负责征收货物税收、代表官府与外商进行交涉、对外商进行管理等业务功能的公行。公行在清政府与外商交涉中起"中间人"作用,对官府负有传达官府政令、代递外商公文、管理外洋商船人员及承保和缴纳外洋船货税饷、规礼等义务;同时享有对外贸易特权,所有进出口商货都要经它进行买卖。广东官府规定公行是经营进口洋货和出口土货(包括广货、琼货)的中介贸易商行。

所谓保商是指从行商中挑选身家殷实者担任保商,保商具有优先购买外商货物的权利,同样外商交易中产生的问题由保商承担责任,如在其他分销货物的行商交不出进口货税时必须先行垫付;外商有向官府交涉禀报的事,责令保商通事代为转递,且保商需负责约束外商的不法行为。为了整顿洋行,加强对外商的管理,清朝乾隆十年专门从20多家行商中挑选5家作为保商,负责承保外国商船到广州贸易和纳税等事,承销进口洋货,采办出口丝茶,为外商提供仓库住房,代雇通商工役。外国商人需支付一定的报酬即行佣,这些行佣实际就是政府规定从对外商品贸易额里抽取一定比例用于归还欠债和欠税,可以避免商业的拖欠行为。起初行商轮流作保,后来由外商自行选择保商(作保人)。外国商人一直对行佣制度不满,鸦片战争后这一做法在其抗议下取消了。

2. 制定了十三行的行规

1720年11月26日,公行众商订立的十三行行规规定了相关行商的价格行为、货物质地等。如规定"华夷商民一视同仁,倘夷商得买贱卖贵,则行商必致亏折,且恐发生鱼目混珠之弊,故各行商应与夷商相聚一堂,共同议价,其有单独行为者应受处罚""他处或他省商人来省与夷商交易时,本行应与之协订货价,俾得卖价公道,有自行订定货价或暗中购入货物者罚"。这些行规有公平贸易、公开议价的具体要求,实际上有利于公平合理的市场秩序的形成。要求货物"道地",保护外国商人的利益:"货价既经协议妥帖之后,货物应力求道地,有以劣货欺瞒夷商者应受处罚"。为防止"私贩",对货物装船进行了程序性规范:"凡落货夷船时均须填册,有故意规避或手续不清者应受惩罚","绿茶净量应从实呈报,违者处罚"。对不同货物的贸易范围做出规定,如普通商家可以经营扇、漆器、刺绣、国画等手工业品,而瓷器(古瓷)则不得自行贩卖,卖出古瓷的人应将卖价的30%交公行。对收费程序的规定也很明确具体,处罚分明:"自夷船卸货及缔订装货合同时,均须先期交款,以后并须将余款交清,违者处罚。"行规顾及各方利益,体现利益均沾的思想:"夷船欲专择某商交易时,该商得承受此船货物之一半,但其他一半须归本行同仁摊分之,有独揽全船之货物者处罚"。在公行的运作上按股权大小体现话语权,"行商中对于公行负责最重及担任经费最大者,许其在外洋贸易占一全股,次者占一个半股,其余则占一股四分之一",体现了贡献与权责义务的对等相称;并对新加入者,设定了义务和壁垒,"应纳银一千两作为公共开支经费,并列入三等行内"。

3. 国家税收代理角色的探索

十三行作为清代官设的具有特权的对外贸易特许商(实际上是官商团体,具有半官半商的性质),需要代海关征收进出口洋船各项税饷,并代官府管理外商和执行外事任务。当时粤海关是户部的一个直属机构,监督直接向户部负责;监督由皇帝从内务府中简点,因而又向皇帝和内务府负责,其他官吏无权干预关务。粤海关主要进口商品是棉花、棉布、毛织品、香料、金属品等,出口商品是茶叶、生丝、绸缎、漆器、刺绣、瓷器等。与亚洲、美洲、欧洲等的国家和地区进行国际贸易,包括东南亚的暹罗(泰国)、吕宋(菲律宾)、苏禄群岛、越南、西里伯群岛、马来西亚、新加坡、马六甲群岛、加里里丹、婆罗洲、爪哇等地;美洲的秘鲁、美国、墨西哥、智利;欧洲的俄国、英国、荷兰、瑞典、葡萄牙、西班牙、奥地利等国;还有东方的印度、朝鲜、日本、伊朗、澳大利亚等国家。[①] 当时进口税率低于出口税率(见表1-3),说明清廷是鼓励进口抑制出口的。

---

① 参见王飞《清代十三行贸易和恰克图贸易比较研究》,载《经济问题》2018年第3期,第96-99页。

表1-3 粤海关进出口商品的税收征收规则①

进出口	货名	单位	规定税则（两）
进口	棉花	一担	0.298
	洋布	一担	0.069
	漂白棉布	一匹	0.285
	棉纱	一担	0.483
	宽布	一丈	0.721
出口	湖丝	一担	15.276
	广东绸	一担	8.576
	砂糖	一担	0.269
	棉布	一担	1.844
	茶叶	一担	1.279

"海上丝绸之路"为广州打开了迈向国际化、全球化的大门。跳出中国的地理框架，从全球的战略意义上审视，广州是当时中国联系世界的一个天然海洋门户，也是早期全球经济文化流动中的一个枢纽节点，因此它在很早就具备了全球性的战略意义。

三、广州是当代国家重要的中心城市

广州地处广东省中南部、珠江三角洲北缘，濒临南海，邻近香港、澳门，素有祖国的"南大门"之称，是广东省省会、国家重要的中心城市。广州在粤港澳大湾区、泛珠江三角洲经济区扮演着重要的角色，一直在国家对外交往和经济贸易中发挥着重要的作用，是"一带一路"建设中的枢纽城市。

1. 具有良好的国际影响

2017年，广州市实现地区生产总值（GDP）21503.15亿元，按可比

---

① 邓端本：《鸦片战争前的粤海关》，载《岭南文史》1984年第2期，第62页。

价格计算,同比增长7.0%。根据全球权威城市研究机构——全球化与世界城市研究网络(Globalization and World Cities Research Network, GaWC)发布的2016年世界级城市名册,广州首次入围Alpha-级,成为全球49个世界一线城市之一,在中国内地仅次于北京和上海。广州已迈入全球最具竞争力城市的行列,必须加快建成立足华南、辐射亚太、与港澳深错位发展、具有全球影响力的国际航运枢纽、国际航空枢纽和科技创新枢纽。

2. 国际商贸中心

广州具有支持贸易便利化的环境和条件,以及纵深的腹地市场。同时,广州集创意、研发、品牌、渠道于一身的、处在整个价值链上游的现代都市制造业的产业基础,服务要素高度聚集,营商环境自由开放,消费能级庞大,综合实力强大,始终引领着现代化变革的方向。中国进出口商品交易会(简称"广交会")享誉中外,是中国"第一展",展会规模世界第一,是广州非常独特亮丽的名片。广州还是会展中心、购物天堂、贸易枢纽、采购中心和价格中心、物流中心、航空中心、航运中心、区域金融中心、电子商务中心、美食之都。琶洲拥有国内最大规模的展馆建筑群,现已建成"一大四小"五个展馆,展馆面积居世界前列。其中,广交会展馆34万平方米,单体规模全球排第五。

如今,广州形成以技术、品牌、质量、服务为核心的外贸新优势,由"贸易大市"向"贸易强市"转变。对外经贸交往日益频繁,2017年商品进出口总值9714.36亿元,比上年增长13.7%。其中,商品出口总值5792.15亿元,增长12.3%;商品进口总值3922.21亿元,增长16.0%。进出口差额(出口减进口)1869.94亿元,比上年增加62.76亿元。纳入统计的跨境电子商务进出口227.7亿元,增长55.1%。广州与东盟各国在农业、能源、制造业等领域的合作不断加强,经贸关系不断深化,近年来东盟已成为广州重要的外资来源地。

商贸服务功能总体较强。2010—2015年,广州5次被福布斯评为中国大陆最佳商业城市第一名。目前,广州已形成10个千亿级产业集群,服务业增加值突破1万亿元。与全国平均水平及国内主要城市相比,服务经济所占比重具有领先优势,形成了服务导向型经济体系。贸易流通聚集和辐射的枢纽功能日益突出,努力建设"全球采购、广州集散、辐射全国"的大宗商品采购与价格形成中心。到2020年,广州基本建成内贸中心与外贸中心有机融合的双重功能,"引进来"与"走出去"国际资源双向配置,新兴业态与传统业态双轮驱动,服务贸易与货物贸易协调发展,带动华南、服务全国、辐射"一带一路"和联结全球,具有较强的集聚辐射力、竞争力和美誉度的国际商贸中心城市。

3. 国家重要的对外交往枢纽

广州具有强大的对外交往比较优势:交往途径丰富广阔,友好城市、驻穗领馆等均位居全国城市前列;交往模式日趋多样,以世界城市和地方政府联合组织(The World Organisation of United Cities and Local Governments, UCLG)、世界大都市协会等国际组织为依托的城市多边交往成效显著;交往平台不断创新,基于友城多边合作的"三城""四城"经济联盟蓬勃开展;人文交往基础深厚,具有侨胞资源、粤语文化圈资源等特有优势。因此,在"一带一路"建设新时期,广州有条件、有能力取得对外交往新突破。

广州积极开展与世界大都市协会、UCLG、联合国人类住区规划署、亚太城市首脑会议等国际城市多边组织的交往。1993年加入世界大都市协会;1996年,成为世界大都市协会董事会员城市;2004年,以创始会员身份加入UCLG;2007年和2010年,广州市市长连续两届当选UCLG五大联合主席之一,广州成为首次进入具有全球影响力的国际组织核心领导层的中国城市;2014年,UCLG亚太地区总部落户广州,标志着广州不断增强的国际影响力获得国际社会的高度认可。1979年,广州与日本福冈市结为友好城市,开启了建立友好城市的传统。截至2016年年底,广州缔结的国际友好城市数量达36个,国际友好合作交流城市28个,总量位居全国城市第三位;56个国家在广州设立总领事馆,数量仅次于北京、上海。

广州海外华侨华人资源丰富,是我国重要的侨乡城市,也是全国华侨最多的大城市。由于社会地位的提升,加上中国国际地位的提高,海外华侨华人越来越多地为其所在国的主流社会接受、关注与重视，日渐融入主流，从而可以更加有效地影响所在国的国民与政府，为海外华侨华人促进广州的国际交往提供了良好发展的条件。

广州与沿线国家有着深厚的传统友谊，人文交流频密。广州与沿线各国旅游合作密切，东盟、南亚成为广州居民出境游的重要目的地，近年来，马来西亚、印度尼西亚、泰国、新加坡、菲律宾、越南、印度七国到穗旅游人数维持在每年50万人左右的水平。广州高校与沿线国家有着良好的交流合作。广东外语外贸大学开设的语言专业覆盖东南亚所有语种，暨南大学是面向东盟和港澳华侨的重要高等学府，中山大学、华南理工大学、华南农业大学等都有数量众多的东南亚留学生，并与东盟各国高校在师生互换、学术交流、合作办学等方面密切开展合作。此外，在体育、科技、文化、医疗卫生等领域的合作也较为频密。①

4. 对外交往交流的基础设施完备

现代化交通网络发达。广州陆海空重大交通基本设施接近世界先进水平，形成了功能齐备、辐射面广、通达性强的区域性综合交通枢纽。目前广州白云国际机场已开通国际及地区航线136条，每天1000多个航班通达亚、非、欧、北美和大洋洲五大洲的近210个目的地。广州作为中国和东南亚地区的主要交通枢纽，从广州白云国际机场到东南亚各国的空中航线超过100条，促进了广州与东盟和南亚国家之间互通有无。2017年，广州白云国际机场旅客吞吐量6500万人次，机场的货邮吞吐量175万吨，均居国内第三。广州港货物吞吐量居全球前十名，开通挂靠东盟等国家港口的航线达30多条，从南沙至斯里兰卡、印度西北部及巴勒斯坦的航线也已开通。2017年，广州港货物吞吐量5.2亿吨，排名世界第六；南沙港区至珠江出海口航道水深17米，可满足目前世界最大集装箱船进出港要求。作为中国三大通信枢纽、互联网交换中心和互联网国际出入口之

---

① 参见顾涧清、李钧、魏伟新《广州推进21世纪海上丝绸之路建设战略的目标与对策思考》，载《广东开放大学学报》2015年第2期，第28–34页。

一，广州互联国际出口带宽超 2000 G，是中国内地最大的互联网出口。2015 年，广州全市有 187 家互联网企业主营收入超 1 亿元。

第三节　广州国际航空枢纽连接 21 世纪海上丝绸之路沿线国家和地区

基础设施互联互通是建设 21 世纪海上丝绸之路的优先发展领域，是实现政策互通、贸易畅通、资金融通、民心相通的必要前提。航空是当今技术条件下国与国之间人员联络及特定货物流动的主要工具，是目前速度最快的交通工具之一，是区域经济联系的纽带。建设具有较高国际竞争力的国际航空枢纽，是 21 世纪海上丝绸之路建设的重要突破口，对适应国家形成全面对外开放新格局，深度推进 21 世纪海上丝绸之路建设，具有不可或缺的重大意义。

一、基础设施互联互通是建设 21 世纪海上丝绸之路的基本条件

（一）交通技术的进步促进全球化的进程

基础设施互联互通是降低贸易成本、增强国际联系的基本条件。历史上，运输船舶、航海技术和集装箱运输模式等发生变化后，海上运输的路线和运输模式的种类也随之发生变化。蒸汽船取代帆船，船舶动力发生根本性变化，促进了远洋船舶大型化；集装箱运输的兴起，大大降低了全球运输系统的成本，提高了远洋运输的安全性，推动跨国、跨洲的经贸交流。当今时代，与海上运输相比，航空运输具有快速高效、国际化、互联互通的鲜明特征，是推动区域深度合作的重要纽带，是"走出去"的先

行设施。

(二) 基础设施互联互通不足制约了国家及地区之间的经贸往来和文化交流

从世界范围来看,在许多地区,尤其是陆地面积广阔、人口和经济活动比较密集的地区以及这些地区之间,仍然存在许多交通运输瓶颈,铁路运输包括高速铁路,仍然具有很大的需求和发展空间。"一带一路"建设要求在地区间、国家间,包括各大洲间进行大规模通商和交流,国际产业分工依赖于国际物流和人流的通畅性,这些都需要物质技术条件的保障,特别是海陆空交通运输基础设施、国际通信设施、安全保障设施等,都直接决定了经济全球化的可行性和有效性。从世界范围来看,在经济全球化大趋势下,公路包括高速公路的建设,将具有非常巨大的需求。在世界许多国家的地形复杂地区,都需要修建更多的公路甚至高速公路。① 航空运输方面,当前对于发达国家和发达地区来说,其航空运输已经充分发达,但是,对于广阔的世界腹地,尤其是地理条件不便的经济欠发达地区,机场建设和更多航运支线的开通,仍然有很大的需求。建设更发达密集的航空运输网,才能适应经济全球化向广度和深度的发展。

(三) 不少国家和地区凭借交通优势赢得了发展的优势

在经济全球化 3.0 时代,世界经济将向各洲大陆腹地和海洋空间纵深发展,亿万人口将告别封闭进入全球市场经济,因此,全世界需要进行更大规模的基础设施建设。据麦肯锡咨询公司估计,到 2030 年,全球需要 57 万亿美元投资于电力、公路、港口和供水等基础设施。1992 年,美国北卡罗来纳大学的卡萨达教授提出"第五波理论",认为继海运、内河水运、铁路、公路四种交通运输方式带来世界经济格局改变之后,第五个

---

① 参见金碚《论经济全球化 3.0 时代——兼论"一带一路"的互通观念》,载《中国工业经济》2016 年第 1 期,第 5 – 20 页。

冲击波将由航空运输引起,主要原因是在经济全球化背景下,航空运输更适应国际贸易距离长、空间范围广、时效要求高等要求,因而成为经济发展的驱动力。经济全球化总是基于一定的技术条件,每一次科技革命和产业革命都对经济全球化产生重大影响,当前,以信息技术和互联网为代表的新技术革命也正在有力地推动着经济全球化进入 3.0 时代,深刻影响经济全球化的格局。[①]

二、广州建设国际航空枢纽的重要支撑和市场基础

建设国际航空枢纽,加强 21 世纪海上丝绸之路国家和地区的航空合作,形成空中"丝绸之路",将会对亚太区域生产网络的完善和重构、地区统一市场的构建、贸易和生产要素的优化配置起到积极的促进作用,也为沿线国家加强合作、寻找新的经济增长点、提升经济发展质量提供了新的历史机遇。广州建设国际航空枢纽是依存于国际综合交通枢纽之中的,国际综合交通枢纽的地位对国际航空枢纽起着突出的强化和支撑作用。同时,广州是当下中国较高水平的对外开放门户枢纽。作为"千年商都"的广州,是我国重要的中心城市、国际商贸中心;近年来,广州也一直致力于国际交往中心建设。对外经贸、国际旅游及各领域的对外交往交流衍生出大量的航空需求,也将助力国际航空枢纽的建设。

(一) 国际综合交通枢纽规模及网络支撑了国际航运枢纽建设

1. 国际航空枢纽需要规模经济性

打造国际航空枢纽,关键就是要提升枢纽网络的规模经济性。一是网络的规模经济性。这里的网络,既包括航空航运等交通及通信网络,也包括经贸市场和人文交往网络,二者具有相互匹配的适应关系。一般而言,

---

① 参见金碚《论经济全球化 3.0 时代——兼论"一带一路"的互通观念》,载《中国工业经济》2016 年第 1 期,第 5 - 20 页。

单一航线的运营需要有足够的门槛旅客数量和货物吞吐量，才能使单一航线达到盈亏平衡点。一些低密度、低效益的航线，往往无法经营下去，因此，在初始阶段不少航线需要政府的补贴才能运作下去；当下，发展中转航线也成为航线经营的必然要求。二是枢纽节点的规模经济性。枢纽节点的规模经济是一种非常重要的规模经济，这实际上就是城市或区域对要素的集聚和扩散能力的综合体现。可以有不同的指标来考量其规模经济性，如航空枢纽节点通常是那些在客货吞吐量、起降架次、通航城市数量、基地航空公司数量、航线数量等方面均明显高于周边其他机场的大型机场；航运枢纽是货物吞吐量、集装箱吞吐量上具有明显优势的航运节点。上述两个方面的规模经济是相辅相成、相互支撑的。一般而言，国际航空网络体系越多越密，枢纽节点（城市）的规模经济性就越充分，国际航空枢纽功能就越强。而网络的规模经济性则是其中的关键，没有对外网络体系发展的规模经济性，特定城市的枢纽功能和地位就无从谈起。因此，国际航空枢纽建设，必须强化城市自身的枢纽建设，提升交通、信息网络、科技创新等方面枢纽性功能，实现枢纽对外辐射能级跃升；同时，又要不断延伸对外开放的国际网络体系，以国际交往和经贸联络水平的广域化、密集化，推动城市国际航空枢纽建设。

2. 国际综合交通枢纽有力支撑国际航空枢纽建设

广州是我国综合涵盖海、陆、空等诸种运输方式的典型枢纽代表，是全国三大综合交通枢纽之一。国家定位的综合交通枢纽还包括北京和上海。与北京相比，广州有海港优势；与上海相比，广州具有铁路和公路的优势。总体上广州综合交通枢纽能力是位列前茅的，是全国唯一兼具海港、空港、铁路港和公路枢纽的地位突出、综合优势明显的城市。主要基础设施包括广州白云国际机场、广州港、铁路枢纽、公路站场及集疏运网络等，枢纽格局基本形成。

在航空方面，广州白云国际机场是我国三大国际航空枢纽机场之一，现有2个航站楼、3条跑道，飞行区等级为4F级；已奠定了面向东南亚地区及大洋洲的第一门户枢纽地位，以亚太、大洋洲和非洲地区为主、逐步覆盖欧美等全球地区的航线网络布局已初具雏形。2017年，航线网络覆盖全球210个通航点，开通国内外航线307条。其中，国际及地区航点87个，国际航线153条，国际及地区承运人48个，国际航班量日均达到322个。机场旅客吞吐量6584万人次、货邮吞吐量178万吨，世界排名第13位、19位。国际旅客量超1500万人次，占当年旅客吞吐量的24%。

航运方面，广州港是全国沿海主枢纽港和集装箱干线港，与世界100多个国家和地区的400多个港口有海运贸易往来，航运的国际性地位逐渐显现。沿珠江两岸至入海口依次分布着内港、黄埔、新沙、南沙四大港区。2018年，广州港共有集装箱航线209条，包括外贸航线103条，内贸航线106条。无水港和"穿梭巴士"支线不断向内河区域延伸，多式联运集疏运体系辐射到整个泛珠三角区域。2017年，港口货物吞吐量5.9亿吨、港口集装箱吞吐量2037万标箱，世界排名分别为第5位、第7位；国际邮轮旅客出入境人数居全国第三位。

铁路方面，广州是华南地区重要的特大型铁路枢纽。普通铁路有京广铁路、广深铁路、广茂铁路、广珠铁路、南广铁路、贵广铁路等；高速铁路有京广高铁、广深港高铁，广珠城际、广佛肇城际等。铁路客运站场形成了以广州南站、广州站、广州东站为主，广州北站为辅的"三主一辅"客运格局；货运站场主要依托江村铁路编组站，主要有下元、大朗等铁路货场，以及鱼珠、黄埔东两个港前站。2017年，广州铁路客运发送量为11711万人次，货运发送量达到1924万吨；当年客运仅次于北京，货运仅次于天津，居全国前二位。

公路方面，广州是华南地区最大的公路主枢纽，交通网络发达，京广澳高速、大广高速、二广高速、广深高速、沈海高速、济广高速等高速公路在广州汇合。客货站场众多，共有五级及以上公路客运站28个、公路货运站36个。2017年，广州高速公路里程为972千米，公路客运量为25430万人次，货运量为77099万吨。

综上所述，广州航空、铁路、公路、内河运输和沿海运输网络四通八达，既能快速有效地连接国内交通网络，还形成了面向亚太、联络全球的交通网络,这成就了广州突出的综合交通能力,是国际航空枢纽建设赖以形成的物质基础。

表1-4 广州国际综合交通枢纽的发展情况

类别		主要指标	2017年
航空类		开通国际航点(个)	87
		旅客吞吐量(人)	6584万
		货邮吞吐量(吨)	178万
航运类		开通集装箱班轮航线(条)	197
		其中:外贸班轮航线(条)	91
		邮轮旅客运输量(人)	40万
		货物吞吐量(吨)	5.9亿
		集装箱吞吐量(标箱)	2037万
铁路类	运量	铁路客运发送量(人次)	11711万
		铁路货运发送量(吨)	1924万
	高速铁路	广州段运营里程(千米)	148
	普速铁路	广州段运营里程(千米)	123
	城际铁路	广州段运营里程(千米)	13
	城市轨道	线路长度(千米)	391
公路类	高速公路	广州段运营里程(千米)	972
		公路货运量(吨)	77099万
		公路客运量(人次)	25430万

(二)对外开放门户枢纽地位为国际航空枢纽建设提供巨量需求

广州是国内发展水平较高的对外开放门户枢纽,这是建设国际航空枢纽的不可多得的市场基础。

1. 广州流量经济发展比较充分

广州在广东省流量型经济指标上所占份额都比较高,在全国流量型经济中也有较高的份额（见表1-5），这充分表明广州已形成了完善的交通网络枢纽优势，为对外开放奠定了不可多得的国际综合交通枢纽优势。

表1-5 2017年广州流量型经济指标在广东、全国的份额

指标	广州	广东	广州占全省的比重	全国	广州占全国的比重
社会消费品零售总额（元）	9402.59亿	38200.07亿	24.6%	366261.6亿	2.57%
货物周转量（吨）	21422.18亿	28199.90亿	75.9%	197373亿	10.85%
旅客周转量（人次）	2348.83亿	4143.84亿	56.7%	32812.8亿	7.16%
港口货物吞吐量（吨）	5.9亿	19.7亿	29.9%	85.5亿	6.90%
邮电业务总量（元）	756.03亿	6107.29亿	12.4%	37360.4亿	2.0%
进口总值（元）	3922.21亿	25969.10亿	15.1%	124789.8亿	3.14%
出口总值（元）	5792.15亿	42186.80亿	13.7%	253311.2亿	2.29%
实际利用外商直接投资（美元）	62.89亿	207.29亿	30.3%	1310.4亿	4.73%

注：根据《中国统计年鉴（2018）》《广东统计年鉴（2018）》和《广州统计年鉴（2018）》整理而得。

2. 广州对外开放功能区类型众多

广州各类对外开放的功能区类型众多，具有一定的政策叠加优势。自由贸易试验区、经济开发区、保税区、跨境电商综合试验区等特殊经济功能区比较齐全，各项政策在各自功能区范围内的政策叠加明显，能够有效地支撑这些区域的深度开发。例如，南沙新区（自贸片区）已累计形成以负面清单为核心的投资管理制度、以"智慧口岸"为重点的贸易便利化促进体系、以激发市场主体活力为导向的政府职能转变以及法治化营商

环境四大方面共239项改革创新成果,为南沙新区的改革开放创造了良好的条件,同时也推动了相关区域的进一步开放。

3. 广州产业链、价值链、供应链内外衔接紧密

广州制造产业和产业服务能力较强,产业链、价值链、供应链的国内外衔接比较紧密。例如,白云国际机场周边地区初步形成了机场综合保税区、国际物流园、敦豪(DHL)、中远、穗佳等航空物流产业,飞机租赁、跨境电商、保税物流等新业态发展潜力不断释放。广州市对外劳务合作业务逐年增长(见表1-6),其中,2017年对外劳务合作合同额为59285万美元,完成营业额39262万美元,派出人数20493人次,年末在外人数达39496人。涉及中国香港、中国澳门、日本、阿拉伯联合酋长国、印度尼西亚、泰国、马来西亚、印度、新加坡、菲律宾、越南、缅甸、南非、利比里亚、马达加斯加、刚果(布)、塞拉利昂、波兰、挪威、德国、比利时、乌克兰、马耳他、巴拿马、加拿大、基里巴斯和帕劳共和国等国家和地区。中外资金融机构存贷款金额持续上升(见表1-7)。

表1-6 广州市主要年份对外劳务合作业务情况

年 份	合同额（美元）	完成营业额（美元）	派出人数（人次）	年末在外人数（人）
1985	189万	189万	113	113
1990	1887万	1072万	994	1201
1995	6632万	5810万	1473	2893
2000	10588万	7288万	684	1833
2005	16490万	16237万	3556	5001
2010	81878万	47187万	6685	8970
2015	90214万	85491万	16117	24375
2016	53840万	45606万	17887	25014
2017	59285万	39262万	20493	39496

注:根据《广州统计年鉴(2018)》整理而得。

表1-7 2008—2017年主要年份中外资金融机构存贷款年末余额

项　目	2008年	2010年	2015年	2016年	2017年
存款余额（折人民币，亿元）	16929.47	23953.96	42843.67	47530.20	51369.03
中资金融机构					
人民币（亿元）	16219.23	22775.50	40732.02	44978.42	48290.54
外汇（亿美元）	63.11	68.09	175.25	206.65	285.24
外资金融机构					
人民币（亿元）	201.82	609.00	844.97	963.91	1044.08
外汇（亿美元）	11.27	17.90	20.20	22.97	26.43
贷款余额（折人民币，亿元）	11079.55	16284.31	27296.16	29669.82	34137.05
中资金融机构					
人民币（亿元）	10042.19	14597.74	25540.40	28283.46	32571.07
外汇（亿美元）	88.10	160.92	156.47	96.33	104.99
外资金融机构					
人民币（亿元）	262.54	389.99	622.85	651.60	787.53
外汇（亿美元）	26.15	34.86	22.75	16.26	21.27

注：根据《广州统计年鉴（2018）》整理而得。

4. 广州国际交往功能日趋完善

广州与国外人文交往日益密切，国际交往中心功能日趋完善。截至2017年，广州市已与六大洲35个国家38个城市建立友好城市关系，其中亚洲11个国家12个城市、欧洲10个国家12个城市、南美洲6个国家6个城市、北美洲2个国家2个城市、非洲4个国家4个城市、大洋洲2个国家2个城市；已与六大洲28个国家35个城市建立友好合作交流城市关系，其中欧洲9个国家12个城市、北美洲4个国家5个城市、南美洲2个国家3个城市、亚洲8个国家9个城市、非洲3个国家3个城市、大洋洲3个国家3个城市（见表1-8），有力地支持了广州对外交往活动的开展。截至2017年，已有62个国家在广州设立总领事馆，其中亚洲21个、欧洲18个、北美洲3个、南美洲8个、非洲10个、大洋洲2个（见表

1-9),这些领事馆领区范围遍及广西、福建、贵州、浙江、云南、海南、江西、湖南等省份。2017年,城市接待过夜旅游者6275.62万人,入境旅游人数900.48万人,其中外国人为345.74万人;外商投资企业及分支机构25194个,主要集中在批发和零售业(9801个)、制造业(4111个)、租赁和商务服务业(4105个)等行业;注册资本1068.89亿美元,其中外方注册资本783.39亿元。另外,对外开放特殊功能区的合作交流也逐步兴起,如南沙新区自贸区片区已建立了与新加坡、以色列等国及世界自由区组织、迪拜机场自贸区等机构和地区的直接联系,进一步拓展了广州对外交往的渠道和方式。

表1-8 2017年广州国际友好城市及国际友好交流城市情况

地区	国际友好城市	国际友好合作交流城市
欧洲	意大利巴里、法国里昂、德国法兰克福、瑞典林雪平、英国布里斯托尔、俄罗斯叶卡捷琳堡、立陶宛维尔纽斯、英国伯明翰、芬兰坦佩雷、俄罗斯喀山、土耳其伊斯坦布尔、西班牙巴伦西亚、摩洛哥拉巴特、波兰罗兹	俄罗斯哈巴罗夫斯克、西班牙巴塞罗那、德国杜塞尔多夫、意大利米兰、捷克布拉格、葡萄牙科英布拉、俄罗斯圣彼得堡、意大利热那亚、以色列特拉维夫-雅法、希腊比雷埃夫斯、阿尔巴尼亚地拉那、意大利帕多瓦、塞浦路斯阿依纳帕
北美洲	美国洛杉矶、加拿大温哥华	美国关岛、墨西哥墨西哥城、美国休斯敦、美国波士顿、加拿大蒙特利尔
亚洲	日本福冈、菲律宾马尼拉、韩国光州、印尼泗水、斯里兰卡汉班托塔、泰国曼谷、阿联酋迪拜、科威特科威特城、日本登别、印度艾哈迈达巴德、尼泊尔博克拉	越南胡志明、日本大分、吉尔吉斯斯坦比什凯克、越南平阳(省)、韩国仁川、柬埔寨金边、格鲁吉亚第比利斯、伊朗戈尔干
南美洲	秘鲁阿雷基帕、巴西累西腓、阿根廷布宜诺斯艾利斯、哥斯达黎加圣何塞、厄瓜多尔基多、智利圣地亚哥	巴西萨尔瓦多、古巴哈瓦那、哥伦比亚波哥大、巴西里约热内卢
非洲	南非德班、津巴布韦哈拉雷、肯尼亚蒙巴萨郡	埃及亚历山大、刚果(金)金沙萨、塞舌尔维多利亚
大洋洲	澳大利亚悉尼、新西兰奥克兰	澳大利亚墨尔本、斐济苏瓦

表 1-9　2017 年外国驻广州总领事馆情况

地区	驻广州的各国总领事馆
亚洲（21 个）	日本、泰国、越南、马来西亚、菲律宾、柬埔寨、韩国、印度尼西亚、新加坡、印度、科威特、巴基斯坦、以色列、伊朗、斯里兰卡、老挝、吉尔吉斯斯坦、卡塔尔、阿联酋、沙特阿拉伯、尼泊尔
欧洲（18 个）	白俄罗斯、葡萄牙、乌克兰、土耳其、波兰、德国、英国、法国、荷兰、丹麦、意大利、瑞士、比利时、俄罗斯、希腊、奥地利、挪威、西班牙
北美洲（3 个）	美国、加拿大、墨西哥
南美洲（8 个）	乌拉圭、哥伦比亚、秘鲁、阿根廷、厄瓜多尔、巴西、智利、古巴
非洲（10 个）	苏丹、塞内加尔、赞比亚、安哥拉、刚果、科特迪瓦、尼日利亚、乌干达、马里、埃塞俄比亚
大洋洲（2 个）	澳大利亚、新西兰

三、广州与海上丝绸之路沿线国家和地区航空合作基础更为扎实

（一）国家航空运输政策协调机制日益完善

近年来，中国积极推进双边航空运输政策协调机制，与海上丝绸之路沿线国家和地区航空运输关系进一步增强，合作服务广泛。中国已与全球 118 个国家和地区签署了双边政府间航空运输协定，覆盖全球超过 95% 的 GDP 和 90% 的人口，并与东盟签订了首个区域性航空运输协定，为建立和发展我国对外民航关系奠定了较好的法律基础，为民航业发展创造了更加开放和自由的飞行环境。从区域来看，对欧洲、北美和亚太等经济发达和人口稠密地区均实现了较好的覆盖，覆盖率均达到了 90% 以上。

（二）广州与海上丝绸之路沿线国家和地区的航空合作日益广泛

借助国家航空的整体发展优势，广州与东亚、东南亚、南亚、西亚等地的航空联络日益紧密。广州民航在安全管理、行业发展建设、人才培养等方面取得了瞩目的成就，特别是机场设计、建设和运营管理以及一些专业设备等都已具备相当的国际竞争力。例如，在建设领域，从最初的承包机场建设咨询设计为主逐步拓展到全面开展海外规划建设工程总承包，目前已参与30多个国家的海外机场项目。

第二章

国际航空枢纽的理论及其演变趋势

第二章 国际航空枢纽的理论及其演变趋势

第一节 国际航空枢纽的相关理论

一、国际航空枢纽的相关概念

(一) 中枢机场概念及其原理

1. 中枢机场的概念

机场与机场之间的航线网络结构可以采取三种连接方式，一是直飞方式，即机场之间点对点的直飞；二是串式结构，即一条航线由若干航段组成，航班在途中经停几个机场（航站）以获得补充的客、货源，从而弥补起止航站之间的运量不足；三是中枢辐射式，客、货流较小的机场之间不直接通航，而是通过中枢机场衔接航班、中转旅客货物实现相互间的连接，也就是中枢辐射式航线网络（Hub-and-Spoke System，HSS）。中枢辐射式航线网络起源于20世纪50年代的美国，1978年美国民航自由化之后逐步传播至欧洲乃至全世界。在中枢辐射式航线网络结构下，中枢机场应运而生，航空公司和中枢机场的联系更为紧密，特别是基地航空公司的作用更为明显。航空公司和航空联盟在航空组织上主要以航班的集群化，形成航班抵离港的航班波，旅客和行李中转的时间间隔要求越短越好，这就要求中枢机场具有强大的容量和完备的配套保障能力，提供充足的跑道、机坪和航站楼容量以及相应的各种便捷生物配套服务，尽可能地降低作为中枢机场中转运作能力评价标准的最短衔接时间（Minimum Connecting Time，MCT）和平均衔接时间（Average Connecting Time，ACT）。中枢机场按其辐射范围，可分为：国内枢纽（即国内中转）、国际枢纽（即国际中转）、复合枢纽（国际及国内中转）。

2. 中枢机场的连接及其经济性

中枢机场依靠强大的航线连接功能，把更多的机场连接在一起。中枢机场航线越多,连接的机场(城市)就越多,理论上假如用 N 代表枢纽机场航线数,则其可以连接的机场(城市)就可达到 $\frac{N(N+1)}{2}$ 个,这样,中枢机场就会有更为强大的经济性。中枢辐射式航线组织形式与机场之间的点对点的组织形式,大致如图 2-1、图 2-2 所示。这两种不同的组织形式,体现在网络经济水平的差异,也就是其规模经济、范围经济都不同,因而也就意味着网络经济的差异。

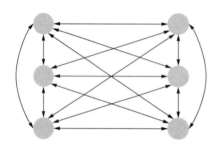
图 2-1　机场间点对点网络结构

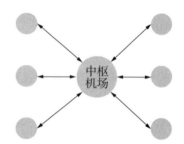
图 2-2　中枢辐射式网络结构

在规模经济性上,中枢辐射式航线网络可以将地区市场、国内市场、国际市场和全球市场有机地连接成一体,从而可以避免传统点对点网络结构中节点间各自连接、航空流量差别大、往往难以保证高满载率、网络运行无序且不均衡等缺点;而中枢机场之间采用大机型、高客座率、高密度的航班运行组织安排,比较方便地实现了旅客数量和货物吞吐量的规模扩张,以达到航线盈亏平衡点的要求,能够较好发挥节能、环保和廉价的优势,实现规模经济的要求,这样可以利用其经济效应,降低单位运输成本。

在范围经济上,中枢辐射式航线网络还可以吸引更多中小型城市加入网络,使许多不具有经济运输性的小批量航空物流,获得了提高网络范围经济的机会。一般而言,点对点的单一航线运营需要有足够门槛的旅客数量和货物吞吐量,才能使单一航线达到盈亏平衡点。而随着中枢辐射式航线结构的形成,可以把更大范围、更多品种的产品集聚起来运输,因而提升了其范围经济能力。更多不同目的地的货物（人流）合并到一次运输，在到达某个共同节点后，再进行分拣、合并，组成不同的运输班次到达各自的目的地，从而达到高效（高频率、高使用率）使用大容量的运载工具、产生规模效应、降低成本的目的。① 中枢辐射式航线的形成也需要一个过程，一些低密度、低效益的航线，往往无法经营下去，因此在初始阶段不少航线需要政府的补贴才能运作下去；但从长期趋势看，发展中枢辐射式航线已成为航线经营的必然要求。

表2-1 中枢机场规模经济与范围经济表现②

规模经济与范围经济的划分	密度经济与幅员经济的划分	网络经济的具体表现		幅员变化与运量密度的关系
规模经济	密度经济	线路通过刻度经济	特定产品的线路密度经济	运量在增加，但幅员不变
			多产品的线路密度经济	
		运载工具运载能力经济		幅员扩大，同时线路上的运量密度也变化了
		机队规模经济		
		枢纽处理能力经济		
范围经济	幅员经济	线路延长	运输距离经济	幅员扩大，但线路上运量密度不变
		服务节点增多	由于幅员扩大带来的多产品经济	

---

① 马睐：《基于产业属性的道路运输市场规制研究》（博士论文），长安大学2014年。

② 同①。

总之，中枢辐射式航线网络结构，主要是通过提高线路的服务密度、增大网络规模，实现更大市场范围或多个区域市场之间的网络联系，使任意两点产生了连接的可能，提高了航空运输的便捷性，推动市场容量的加速增长，降低了航空运输的平均总成本①，从而产生了更具通达性和成本优势的航线网络经济。航线网络经济具有明显的边际效益递增性，因中枢辐射式航线布局形式所引致的规模经济组织方式的变化，促进了航线网络经济的外部经济性，带动了更大范围的航空服务；在边际收益上通过产品或服务差异性的增加来降低成本和增加利润，通过拓展外部的更大成长空间来获取利润，因而体现为一定范围内的递增性。

两种航线组织形式具有完全不同的资产构成特性、生产技术特征、成本结构特性和供给价格弹性。在固定成本构成上，机场间点对点的航线组织方式在最小有效规模②上较之于中枢辐射式网络航线具有一定的优势（如图 2-3 中所示，MES1 < MES2），可以比较灵活地采取小规模的航线运输，其固定成本较小；相反，若中枢辐射式航线组织方式的最小有效规模明显要更高，只能采取更大规模的航线运输，固定成本较高，特别是这种网络化的航线运输，除了需要基本运输服务外，还需要更为充分的货运信息、交易服务、货运代理、信用担保等非基本运输服务。但从长期平均总成本来看，中枢辐射式航线网络的长期平均总成本在达到一定规模（MES0）后，明显地要小于机场间点对点的航线组织方式。当然，两者的长期平均总成本都维持着相对不变的水平。

在资源配置方面，中枢辐射式航线网络结构可以合理整合运输线路，以降低航线网络投资成本。传统点对点网络结构中所有节点及节点间线路没有明确的主次之分，各节点需投入达到一定量的资源，且每个节点间

---

① 平均总成本（Average Total Cost，ATC）等于平均变动成本加平均固定成本，或等于总成本除以总产量。
② 最小有效规模（Minimum Efficient Scale，MES）指在长期中平均成本处于或接近其最小值的最小的规模，即长期平均成本曲线呈持续下降趋势，下降至最低点时所对应的规模。

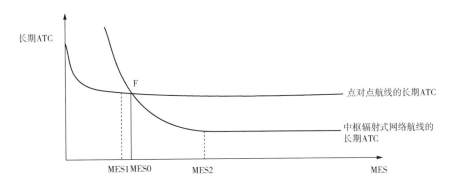

图 2-3　机场点对点式航线与中枢辐射式航线运输的规模经济比较

线路均需配备运输工具，造成了资源的重复浪费。枢纽网络节点、节点间线路有明确的主次之分，可以有针对性地重点配置服务设施和人力资源，保证枢纽节点的设施和服务需要；同时，也节省了一些难以达到经济合理要求的设备和人力投入。中枢辐射式航线网络结构的管理更加有序，非枢纽航点的航线置于枢纽航点的航线连接，减少了网络线路数量，网络结构主次分明、更加有序，有利于提高航空网络整体控制和管理效率。

二、国际航空枢纽及其理论

国际航空枢纽是位于国际区域或全球中枢辐射航线网络的重要节点，具有较大的业务规模，并依托其良好的中枢辐射式航线网络结构，通过机场、空管、海关、边检、检疫等部门的密切配合以及科学合理的流程设计，实现具有竞争力的最短衔接时间，组织起科学合理的航班波，从而形成较高中转比例和中转效率的机场。这些航空枢纽节点通常在客通航城市数量、起降架次、航线数量、客货吞吐量、基地航空公司数量等方面均明显高于周边其他机场的大型机场。

（一）国际航空枢纽的系统构成

国际航空枢纽是指在一定区域内由若干条航线按照某种方式连接组成

的复杂系统,包括航站(机场)、航空联盟、航线、旅客及货物的发送地和目的地(origin destination,OD)等要素。国际航空枢纽实际上是一种网络化资源配置方式。

1. 航空港

航空港是保证飞机安全起降的飞行场所,也是基本客货运输作业的集散地,由飞行区、客货运输服务区、机务维修区三部分组成,是航空枢纽的核心。一般而言,国际航空枢纽是民用机场。航空港作为航空运输和陆上运输的重要交集点,有着至关重要的作用,是整个航空枢纽网络的核心。国际航空枢纽是由一些规模较大、服务设施完善、具有极强区位优势的航空港发展而来的,并与一些规模较小的支线航空港形成相互补充的关系。

2. 航线网络

航线是飞机航行的路线,主要包括起讫点、经停点、航路等构成要素,受气候等很多外界条件的制约。除此之外,为维护交通秩序,航线根据空中交通管制的规定有明确的高度、宽度要求。在航空客货运输网络中,货物在起讫航空港间的航线上流动,选择不同的航线会有不同的成本和收益。航线网络是在一定地域范围内,以航空港为节点,联结城市内部及外部各个航空港之间的航线组成的空间结构形态。连接枢纽空港间的航线称为干线航线,是航线网络的核心,以"城市对"的形式出现。干线航线通常采用大型飞机进行运输作业,具有较高的航线密度,货流量较大,利用规模经济效应降低航空客货运输的成本,以小于1的折扣系数来体现。连接枢纽空港和支线空港的航线称为支线航线,是航线网络重要的组成部分,为干线网络提供充足货源,一般配以小型飞机,可以节省运力。此外,从起讫空港归属地方面进行考虑,航线又可分为国内航线、国际航线。有研究表明:轴辐网络的连接数量每增加1%,其网络运营成本可下降1%,①

---

① McShan W S and Windle R,"The Implication of Hub-and-Spoke Routing for Airline Costs and Competitiveness",*Logistics and Transportation Review*,1989,No. 25(3):pp. 209 – 230.

且轴辐网络模式能把运输组织成本降至最低水平。

3. 旅客和货物的发送地和目的地选择

航空运输的基本功能是实现旅客和货物的空间位移。旅客往往基于观光、商务等不同目出行,具有自主能动性和自适应性。旅客是航空运输的主要对象,航空枢纽的建设要服务于旅客出行的多样需要,并提供安全、快捷的旅途体验。航空货物运输是以实现货物空间转移为目的的物质流通过程,运送的货物都有其特定流出的起点空港和流入的讫点空港,通过支线航线与干线航线的连接完成运输作业。航空运输的货物一般都需要较快的运输速度,特别是对于那些易腐烂变质的鲜活商品,时效性、季节性强的报刊,节令性的商品,抢险、救急品的运输。为降低在途风险,一些贵重物品、精密仪器也往往采用航空运输的形式。旅客和货物的发送地和目的地的需求,是可以在航空网络中的不同路径中实现的,这样航空港之间、航线之间就存在竞争和合作并存的关系。

4. 航空联盟

为解决航线之间客货运输的不均衡问题,两家或以上的航空公司之间达成合作协议,这样就形成了基于合作目的的航空联盟。大约在20世纪30年代,泛美航空及其子公司巴西泛航空达成了拉丁美洲航线的交换协议,这是最早最原始的航空联盟。美国西南航空和荷兰皇家航空从1989年基于代码共享的合作,是现代航空联盟运作体系的雏形。1993年,荷兰与美国签署了首个"开放天空"协议,取消了对于运力、航班频次和定价的限制。美国联合航空、汉莎航空、加拿大航空、北欧航空和泰国国际航空在1997年成立了星空联盟。1998年,美国航空、英国航空、原加拿大航空公司(Canadian Airlines,后被 Air Canada 收购)、国泰航空及澳洲航空组成了寰宇一家。法国航空、达美航空、墨西哥航空和大韩航空则于2000年宣布成立天合联盟。至此,形成了星空联盟、天合联盟及寰宇一家"三足鼎立"航空联盟格局。之后,全日空和新西兰航空先后加入了星空联盟,新加坡航空、达美航空、瑞士航空和巴西哥伦比亚航空(Avianca Brazil)也加入了星空联盟;意大利航空和捷克航空则加入了天合联盟。这样，最早成立的星空联盟在规模上居于领先地位，拥有28家成员，天合联盟和寰宇一家的成员数量分别为20家和14家。阿提哈德航空在2014年与柏林航空、塞尔维亚航空、塞舌尔航空、印度捷特航空、达尔文航空5家航司共同成立了"阿提哈德航空伙伴联盟"（Etihad Airways Partners）。在货运方面，汉莎货运航空、SAS货运、新加坡航空货运和日航货运成立了WOW航空联盟。

航空联盟主要通过代码共享，使未拥有航线的航司得以快速扩大经营范围，也有利于拥有航线一方提高上座率。除此之外，加入航空联盟的其他福利也多与节约成本、提高运营效率有关，主要包括：统一订票系统、地勤合作、共用机场设施（航站楼、值机柜台、休息室等）、协调一致的定期航班、共同的飞机零部件订购或租赁等方面的合作。航空联盟提供了全球的航空网络，加强了国际的联系，并使跨国旅客在转机时更方便。

（二）国际航空枢纽的要素系统关系

国际航空枢纽的建设是一个有机系统，各要素及子系统之间存在着广泛而密切的业务运作联系，彼此之间需要相互协调、相互匹配、相互支撑，共同促进各要素、子系统以及整个国际航空枢纽的科学有效运作。

1. 航空港是国际航空枢纽建设的综合性运输交换中心

航空枢纽是具有重要中转功能和组织功能的综合性运输交换中心，是全球主要航线网络中的重要节点和全球航空运输的制高点。航空港即机场在国际航空枢纽建设的中枢。航空港的选址和建设都要适应国际航空枢纽运作发展的要求，在符合民用机场总体布局规划的基础上，机场净空、空域条件都要达到有关技术标准、满足安全运行要求，能够协调解决与邻近机场运行的矛盾，与城市总体规划相协调。航空港的航站楼、跑道、停机坪等服务设施的设计规划建设都需要满足规模适应、功能完备的要求。成功的国际航空枢纽港必须使繁忙的客货流能够方便、安全和快捷地进出机场。与市区及周边城市快捷、经济的地面交通是航空枢纽旅客、货邮高效集散的重要依托，也是航空枢纽建设必不可少的重要内容。

2. 国际航线网络

国际航空枢纽因其连接广大腹地的需要，往往出现中枢辐射式航线网络结构形态。国际航空枢纽在国际航线之间、国际航线与国内航线之间组织起高效率、高集中度的联程联运，在旅客与货物的集聚和扩散中扮演着"路由器"的功能，成为联结世界各国，包括枢纽所在国与其他国家的中枢和纽带，是国际航空活动的区域中心。与其他交通方式的交通线路、各类节点彼此协作、相互补充、紧密配合，形成具有一定组合结构与等级层次、可进行直达运输或联合运输的实体网络。

3. 旅客和货邮集散

国际航空枢纽的旅客和货物集散具有明显的国际化来源特征。从旅客来说，通常国际航空枢纽的国际旅客的比重应达到30%以上，这就要求航空枢纽的服务也要国际化，如多语种的服务、迅捷的中转效率、边防服务的国际化运作等。就航空货邮集散来看，其实际上是一个跨境的贸易流程，需要海关、检验检疫等部门的高效且合理的政策和实务支持。

4. 基地航空公司

国际航空枢纽往往有1～2家实力雄厚的基地航空公司。基地航空公司往往都建立了自己的中枢辐射式航线网络系统，以便统一进行航线网络规划并形成航班波。基地航空公司占航空枢纽空运业务的比重大，完善的航线网络、高效的中转流程，还有较大的中转客货需求，使枢纽机场对基地航空公司的依赖程度也较大。基地航空公司及其所在联盟的机场不断发展壮大，逐步成为超级枢纽。

5. 航空联盟

国际航空枢纽往往有航空联盟参与运作。目前全球客运量排名前41位的航空公司已有35家加入了星空联盟、寰宇一家、天合联盟三大航空联盟，每日航班总量超过4万班，占据了全球航空市场80%的份额，服务全球160多个国家和地区。为扩展航线网络，世界各大航空公司普遍推行"天空开放"政策，并采取参加航空联盟、航班代码共享、联运产品开发等多种手段。参与航空联盟的航空公司可以通过"代码共享"的形式联结联盟伙伴的航线网络，将自己的航线扩展到世界各地，以统一的联盟品牌和服务标准，为旅客和货物提供通达全球的"无缝隙"服务，有效规避了双边国际航空运输协定的航权限制，真正实现了航线网络的全球通达性，促进了世界航空网络的极大发展。因此，航空联盟成为大型国际航空枢纽运作的重要方式。

6. 国际航空枢纽需要国家及行业政策体系的支持

国际航空枢纽建设是一项复杂的系统工程，除了要具备优越的地理位置、广阔的经济腹地和强大的航空市场等条件外，还需要国家和地方政府以及行业管理部门出台配套政策、放松相应的管制。国际航空枢纽建设需要国家战略的支持，从韩国、新加坡、阿联酋等国的成功经验来看，国际航空枢纽的建设，需要与国家经济战略紧密结合。这些国家将国际航空枢纽建设和航空企业国际竞争力的提升，作为国家经济战略的重要支点予以高度重视和全力推进，而且切实带来了巨大的经济利益。为吸引旅客，这些国家、机场和航空公司纷纷推出便利的出行条件和特色服务。例如，阿联酋迪拜酋长国为应对石油资源逐渐枯竭，实现经济转型和可持续发展，大力推进以商贸、航运、信息、旅游、金融立国的战略，吸引全球的人流和财富。实现上述战略目标，迪拜机场的作用举足轻重。前往迪拜观光购物，游客可以 96 小时免签，利用假期尽情享受旅游观光休闲和免税购物。迪拜机场本身就是一个巨大的购物中心，阿联酋商城和世界最大的迪拜商城"Dubai Mall"更是汇聚了全球的知名品牌，各类高档消费品和奢侈品价格优惠，吸引着全世界的游客来此疯狂购物。韩国仁川机场作为国际航空枢纽，辐射中国和日本等国的众多机场，将这些机场发展为自己的支线机场，吸引大量的国际航班在此中转，不仅为本国的航空公司和机场带来客源和收益，更在吸引外资、人才和产业方面，为本国获取了巨大利益。

（三）国际航空枢纽建设的特殊属性

1. 自然垄断性与竞争性共存

国际航空枢纽运营具有自然垄断性与竞争性共存的特点。航空作为一个需要协同运作的系统,很大程度上具有自然垄断性,如空中交管与机场服务等都有明显的自然垄断性。在开放经济条件下,不同国家的航空公司在双边、多边航线上展开激烈的竞争;产业间替代竞争的加剧,使航空运输业日益丧失其自然垄断的特点而呈现出明显的竞争性特点,而且在航空运输服务业务中,竞争性加剧。为适应竞争的需要,20世纪70年代开始,以美国为代表的西方发达国家实行了航空业的放松管制与自由化。国外民航业特别是美国放松航空管制为自然垄断产业改革提供了丰富的素材,同时也为我国国际航空枢纽的建设与发展提供了良好的借鉴。

2. 国家航空主权与国际协作性

国际航空枢纽建设是一个国家主权范围的事务。1919年,由美、英、法、意、日五国各派两名代表,比利时、巴西、古巴、希腊、葡萄牙、罗马尼亚、塞尔维亚(3个邦)七国各派一名代表,组成巴黎和会航空委员会,制定了《巴黎公约》中对国际空中航行的管理的公约,摈弃了"海洋自由"的理论,规定对航空器国籍和国家空域,世界上大部分国家航空公司的所有权只能由拥有本国国籍的居民所有。航权是主权国家的自然权利,各主权国家政府通过双边谈判的形式交换航权,供本国航空公司使用,使其能够从航权的商业化中获得利益。于1944年订立的《芝加哥公约》确认了《巴黎公约》中所规定的各国对本国领空具有排他的主权权利。《芝加哥公约》第一条规定,"各缔约国承认每一国家对其领土之上的空域具有完全的和排他的主权"。实际上,主权国家有权限制外国航空器进出本国源于《巴黎公约》,该基础性条款在《芝加哥公约》中被反复提及,被奉为"神圣条款","除非经一缔约国特准或其他许可并遵照此项特准或许可的条件,任何定期国际航班不得在该领土上空飞行或进入该国领土"。但是,国际航空枢纽的建设又具有突出的国际协作性,并通过多项多边及双边的协议规定了航空运输国际协作的权利和义务。如1944年在美国芝加哥召开的国际民用航空会议上,为了实现市场自由化政策,美国代表团提出了在国际范围内承认"五种空中自由"的建议,即:不降停而飞越其领土的权利;非商业性降停的权利;卸下来自航空器国籍国领土的旅客、货物、邮件的权利；装载前往航空器国籍国领土的旅客、货物、邮件的权利；装卸前往或来自任何其他缔约国领土的旅客、货物、邮件的权利。这"五种空中自由"后来在大量的双边协定中使用。此外，美国代表团还认为应该由市场本身而不是国际规章决定运力、班次以及洲际机票的价格。这就是"航空自由论"。但是，英国代表团认为，应该建立一个国际航空管理机构协调国际航空运输，分配国际航线，确定班次和运价，以避免竞争带来的浪费，形成"国际航空秩序"（即"航空秩序论"）。1947年，国际民用航空组织（International Civil Aviation Organization，ICAO）正式成立，该组织对国际航空运输中的安全问题具有监管职能，逐步实现了航空主权与国际协作的有序管理。

三、航空枢纽建设对城市及区域的影响

航空运输与区域发展的互动关系非常密切。航空运输需求源于机场腹地内的经济社会需要，并有利于促进所在城市和区域的发展。从理论上说，航空服务的相关建设及运营具有四种效应：原生效应、次生效应、衍生效应和永久性效应。

（一）原生效应

原生效应是指创建新的航空服务设施或者扩建现有航空服务设施所产生的直接、即时的影响。如机场航站楼、机场跑道以及其他服务设施的建设，将直接创造地方的就业和当地承建商的工作，使员工和公司在工资和收入上增加及其在当地的支出增加。

（二）次生效应

次生效应是运营机场所带来的对所在地经济的长期、间接的影响。航空枢纽是提供城市和区域进入航空运输系统的门户，可创造当地就业机会，对当地经济发展产生深刻的影响。机场所在的区域，已经成为越来

具有吸引力的商业区位，而且影响巨大，成为潜在的经济增长中心。如直接为飞机和乘客，以及客货转运提供服务所创造的就业机会，以及机场运营创造的地方收入持续增长给所在地经济带来的间接影响。航空设施建设和运营带来的经济成长是显而易见的，不仅促进当地就业和增加收入，而且为当地高科技企业的引入和发展，持续推动经济成长，提供了比较充分的条件。据20世纪90年代国际机场理事会（Airports Council International，ACI）研究调查数据，每年100万航空旅客运输量相当于产生1.3亿美元的经济收益和增加5200个就业岗位，机场规模越大，对地区经济的贡献也越大。

（三）衍生效益

衍生效应是指由于航空服务设施的建设，吸引更多到本地建厂的个人和产业，尤其是高科技产业对地方经济的刺激和推动。由于某些产业发展需要更为充分的跨区域合作以及更为快捷的交通服务，因而更加依赖航空运输。邻近主要机场，获取高质量高效率的航空服务是这些产业被吸引的关键。航空服务的提供所带来的更频繁的航班、更多的同日回程航班选择、更多的直飞服务、更大的国际飞行可能性，为电子信息和生物科技等高科技产业的成长提供了坚实的支撑。据 Button 和 Taylor 的研究发现，从事信息业、生物科技、电子业以及管理的新经济部门的员工有着更高的乘机率[1]，很显然，航空运输对于高新技术产业的发展具有特殊意义。

（四）永久性效应

永久性效应指航空运输促使当地经济具有自我持续的增长机制。航空服务连通性的改善可以促进总部经济和相关辅助功能及就业水平的提升，促进腹地经济发展。航空港逐渐成为越来越具有吸引力的商业区位和潜在

---

[1] Button K and Taylor S, "International Air Transportation and Economic Development", *Journal of Air Transport Management*, 2000, 6 (4): pp. 209 – 222.

的经济增长中心,对城市和区域经济发展有巨大的促进作用。经验证明,航空基础设施投入可以作为一个地区经济高速增长的催化剂或发射器。就建设国际航空枢纽而言,则从更高的层次上拓展了经济成长的空间,尤其是对于打造国际创新枢纽,促进国际科技及产业合作,推动所在区域经济由要素驱动、资本驱动向创新驱动转变,将产生积极的"催化剂"和"发射器"作用。

第二节 国际航空枢纽的演变历程与发展趋势

一、国际航空枢纽的演变历程

1. 国际航空管制式发展阶段

由于航空运输具有明显的自然垄断性,出于空中交通安全和国家主权权利益的需要,各国和地区均对航空业实行严格的管制。立法管制是一种基本的方式,较早的立法是美国1938年的《民用航空法》。在经济大萧条的背景下,为扶持新兴的航空业发展,1938年,美国通过了《民用航空法》,确立了政府对航空运输业的管制模式。其主要内容包括以下四个方面:第一,严格限制新企业的进入,控制国内航空业运输企业的数量;第二,航空公司的飞机数量、飞机的座位数以及运营范围受到严格的管制,航线的进入或退出必须得到政府的批准;第三,禁止航空企业的合并;第四,由政府控制航空运价及收入。同年,美国根据《民用航空法》设立了民航运输委员会,由其负责航线的授予与分配、确定票价以及确保航空安全。各国也争相效仿美国的做法。由此,航空运输进入到一个管制式发展的阶段。在这种背景下,国际间的航空协作难以开展。

2. 国际航空枢纽形成阶段

进入20世纪60—70年代,航空运输需求的快速增长,使航空产业的严格管制暴露出了一些问题：以波音747为代表的宽体客机的出现，使航空公司的运力快速增长，但运输量的增长远远赶不上运力的增长。加上由于石油危机引发的世界性经济衰退，更使这种运力过剩的状况愈发严重，航空公司陷入全局性的亏损和经营困难。主要的表现就是载运率不断下降，当时几乎所有航空公司的载运率都低于50%；票价不断上涨，如1974—1976年美国的航空票价上涨了约45%。如此低的载运率意味着资源的严重浪费，而同时却有许多乘客被高昂的票价拒之门外。这在很大程度上是由于政府以"完全垄断者"的身份介入航空运输市场的结果。面对复杂的经济形势和剧烈的经济变化，美国民航运输委员会除了通过行政命令提高票价之外已无能为力控制这种局面了。为改变此种状况，1978年美国出台《航空业放松管制法》，标志着美国开始对航空运输管理体制进行以自由竞争为核心的市场化改造。该法将竞争引入到先前高度管制的民航业，除少量社会性规制外，全面放开了对民航业的经济监管，在票价管制、新航空企业进入、市场进入（自由的进入与退出和完全自由的兼并与联盟）、外资投资等方面进行了彻底的改革。此后，还通过了1979年的《国际航空运输竞争法》、1997年《航空竞争促进法案》、1998年《关于航空运输领域不公平竞争和独占行为的执法政策》、2001年《航空运输竞争恢复法案》等相关的法律来规范航空公司的市场行为，为航空企业的国际化运营创造了自由化的政策环境。与此同时，20世纪90年代欧洲也开始了航空运输自由化的改革。这样的政策环境，促进了以枢纽机场为核心、非枢纽机场为辐射支撑点的中枢辐射式航线网络组织方式的形成，由此也逐步在欧美地区形成了一大批国际航空枢纽，如奥黑尔国际机场、亚特兰大国际机场、洛杉矶国际机场、纽约肯尼迪国际机场、希思罗机场、戴高乐机场、史基浦机场、法兰克福机场等。

3. 国际航空枢纽的全球化布局阶段

如今，国际航空枢纽由欧美国家逐步蔓延发展至亚太地区，并进入全球化布局的阶段。从20世纪80年代起到21世纪前10年的30年间，美国、英国、法国、德国、日本、韩国、阿联酋、新加坡和我国的台湾及香港,均有效地打造了国际航空枢纽,取得了经济全球化的主动权。美国毫无疑问是国际航空枢纽建设的鼻祖,拥有亚特兰大、芝加哥、洛杉矶、得克萨斯州、纽约、拉斯维加斯等枢纽,枢纽实力最强;在欧洲,主要枢纽有巴黎、伦敦、法兰克福、阿姆斯特丹、马德里等,其客运量虽没有美国大,但国际中转比例非常高,客源非常稳定;而在亚太地区,东京、香港、新加坡、迪拜、曼谷是知名的国际枢纽,发展速度快,且由于区位接近,所以竞争非常激烈。随着经济全球化发展,日本、韩国、中国、新加坡、马来西亚、阿联酋等亚洲国家的门户机场成为亚欧、亚美航线的重要节点,并以后来居上的态势日渐占据了全球枢纽机场的前列。尤其是中国在国际航空中的地位日益提升,在旅客吞吐量、货邮吞吐量和飞机起降架次等方面,北京首都国际机场、香港国际机场、上海浦东国际机场、广州白云国际机场等都进入全球枢纽机场的榜单之中。

二、国际航空枢纽的发展趋势

从支持国际航空枢纽发展的基本因素看,国际航空枢纽的发展具有以下几个明显的趋势。

(一) 与国际高端资源的整合能力相适应

建设国际航空枢纽的目的在于提升城市整合高端资源的能力,因为国际航空枢纽是整合和聚合全球高端资源的平台。国际航空枢纽可以提供高效率、高集中度的联程联运服务,进而能够汇集、转运全球高端客流和高附加值的物流,提升城市的国际竞争力。一个城市,只有具有国际航空枢纽,才能吸引到全球高端客人、高品级货邮、高级航空器和高端企业,才能聚合跨国企业总部、国际组织与机构、外国使领馆,才有机会培育国际金融中心、商品交易中心、文化与商品展览及推广中心,从而促进全球高端资源在城市间的集散与流动。根据国际航空运输协会(International Air Transport Association, IATA)发布的统计预测,未来20年在全球将形成

20个左右具有国际化功能的国际航空枢纽,主宰全球空运市场。中国民航局2010年在《建设民航强国的战略构想》中提出的2030年完成旅客运输15亿人次的设想,完全符合全球航空发展的大趋势。

(二) 与航空流量的增长相适应

国际航空运输协会2017年预测,2036年全球航空客运量将达到78亿人次,是当年航空客运量(40亿人次)的近两倍,其中亚太地区将成为航空增长的最大驱动区域,特别是中国、印度将成为世界航空旅客吞吐量第一和第二的国家。这就需要我们为未来客运量的成倍增长做好准备,在航空基础设施建设(机场跑道、航站楼和地面通道)、航空服务改善(行李和安检流程、货物处理)和空中交通管理(减少航班延误、缩减成本、降低排放)等方面系统、全面地加以发展和改进。同时,在航空、对外贸易等方面,采取更多有利于国际航空开放发展的政策措施,努力提升贸易自由化程度和签证便利性,打破贸易保护主义的壁垒;加强国际航空业、国家和地区政府之间的合作,以适应国际航空业发展的需要。

(三) 建设"一城多场"航空枢纽

纵观全球,航空枢纽城市"双机场"或"多机场"模式非常普遍。纽约有4个机场、伦敦有5个机场、巴黎有3个机场、洛杉矶有5个机场,东京、大阪、首尔、台北、迪拜、上海、北京、成都均有2个机场。

表2-2 国际航空枢纽城市"多机场"体系

城市	机场(个)	主要机场名称(代码)
纽约	4	肯尼迪机场(JFK)、纽瓦克机场(EWR)、拉瓜迪亚机场(LGA)、艾斯利普机场(ISP)
伦敦	5	希思罗机场(LHR)、盖特威克机场(LGW)、斯坦斯特德机场(STN)、卢顿机场(LTN)、伦敦城市机场(LCY)

续表 2-2

城市	机场（个）	主要机场名称（代码）
巴黎	3	戴高乐机场（CDG）、奥利机场（ORY）、博韦机场（BVA）
洛杉矶	5	洛杉矶国际机场（LAX）、橙县机场（SNA）、安大略机场（ONT）、伯班克机场（BUR）、长滩机场（LGB）
东京	2	羽田机场（HND）、成田机场（NRT）
首尔	2	仁川机场（ICN）、金浦机场（GMP）
台北	2	中正机场（TPE）、松山机场（TSA）
迪拜	2	迪拜机场（DXB）、迪拜世界中心国际机场（DWC）
上海	2	上海虹桥国际机场（SHA）、浦东国际机场（PVG）
北京	2	北京首都国际机场（PEK）、北京大兴国际机场（PKX）
成都	2	成都双流国际机场（CTU）、成都天府国际机场（在建）

通过分析国内外城市第二机场及多机场的选址与建设，可以得出如下规律和经验。

第一，多机场建设是城市经济发展的必然结果。按国际经验，当城市人均 GDP 达到 4000～7000 美元时，可考虑建第二座机场。例如，韩国的首尔，1985—1990 年人均 GDP 从 2294 美元增加到 6287 美元，政府开始考虑修建第二座机场。我国拥有密集的高铁网络，形成对国内乘客出行方式的分流，因此这一标准可适度提高，如成都、北京在考虑新建第二机场时人均 GDP 都已经超过了 10000 美元。

第二，第二机场建设是城市主机场发展的必然结果。随着经济社会的进步与发展，机场的繁忙程度不断提高，由于机场容量存在一个极限值，因此，必须通过增加机场的方式进行分流。具体来看，当一个城市中最繁忙的机场年旅客吞吐量超过 5000 万人次且该机场满足城市 70% 以上的出行量时，应考虑新建机场。大型机场内修建2～4条跑道的扩容措施应最先被采用，但是当机场跑道需求超过这一指标且机场运力需求持续膨胀时，应考虑修建新的机场。

第三，多机场一般由同一机构管理运营。在世界范围内，大都市区内的多个机场一般都由同一主体进行管理运营。如伦敦希思罗机场、盖特威克机场与斯坦斯特德机场同为英国机场集团所有和运营管理。纽约的肯尼迪机场、纽瓦克机场、拉瓜迪亚机场和艾斯利普机场都由纽约新泽西港务局管理运营。北京首都国际机场和大兴机场亦同为首都国际机场集团管理。多机场由同一个机构运营管理，更容易使机场之间各司其职、相互协作、共同发展，进而实现整体效益最大化。

表2-3 主要大都市区多机场系统机场运营和产权所有情况

大都市区	多机场体系	运营者	产权所有情况
伦敦	希思罗	英国机场集团	希思罗机场控股公司
	盖特威克	英国机场集团	全球基础设施合伙人公司
	斯坦斯特德	英国机场集团	希思罗机场控股公司
	卢顿	AENA和ARDIAN	卢顿市政府、西班牙机场管理公司
	伦敦城市	伦敦城市机场有限公司	私人所有
纽约	肯尼迪	纽约新泽西港务局	纽约市
	纽瓦克	纽约新泽西港务局	纽约市
	拉瓜迪亚	纽约新泽西港务局	纽约市
	艾斯利普	纽约新泽西港务局	艾斯利普镇
东京	羽田	航站区由日本机场大厦株式会社负责，跑道等空侧设施归国家运营管理	东京都政府
	成田	成田国际空港有限公司	东京都政府
巴黎	戴高乐	法国巴黎机场公司	法国巴黎机场公司
	奥利	法国巴黎机场公司	法国巴黎机场公司
	博韦机场	法国巴黎机场公司	法国巴黎机场公司

第四，城市第二机场与主机场距离不宜太远。一般认为，民航干线机场之间要相隔150千米以上。但是，基于机场带动城市发展以及第二机场的辅助功能考虑，第二机场选址与第一机场可以适度接近。如北京首都国际机场和大兴国际机场分居北京中心城区南北两侧，两者距离大约90千米；上海虹桥国际机场和浦东国际机场距离大约50千米；成都双流机场和天府机场相距大约80千米。此外，从距离城市中心区的角度来看，国内外多机场城市中，各个机场与中心市区的距离在60千米范围之内。未来，随着快捷交通方式的发展与完善，时间和距离将进一步被压缩，机场之间、机场与中心城区之间的距离可以适度拉大。

（三）大力推动临空经济发展

近20年来，在经济全球化趋势的推动下，各国民航产业在国民经济发展中的地位日益凸显，以孟菲斯、史基浦、法兰克福、仁川、迪拜、北京、上海等国际枢纽为代表，依托航空经济构建的临空经济圈、航空城，成为促进地区传统产业向现代服务业、高端制造业转型升级，改善投资环境、提升物流水平、推动劳动就业，加快城市化、国际化发展的强大引擎。中国陆续出台相关政策，支持探索发展以航空枢纽为依托，以现代综合交通运输体系为支撑，航空运输业、高端制造业和现代服务业聚集发展的临空经济国家战略。截至2013年，全国已有57个城市依托50个机场规划了58个临空经济区。但多数临空经济区内的产业结构还是以加工制造业为主，存在产业规划定位不明晰、重点产业发展竞争力不足、未形成产业链、聚集效应差、政策机制不协调等现象。为此，地方政府要加强规划引导和政策保障，坚持贯彻新发展理念，促进临空经济核心层的民航运输业、紧密关联层的高端制造业和现代服务业彼此助力，同步发展。国际航空枢纽建设提供了一个便捷、可靠、安全、舒适的航空中转的服务场所，促进所在区域的国际航空出行更为方便、国际航空运输更为顺畅，从而成为跨国企业总部、国际组织、外国使领馆的最佳落户地点，成为国际贸易与物流企业、国际旅游度假企业、信息企业、临空制造业、临空生物制剂业的最佳集聚区域。这些高素质的客流、高品级的物流、最先进航空器的聚集，将引发更大规模、更为多样的经济活动：进行商业投资、设立企业总部、落地国际行业组织、开设政府驻外机构、注册经济活动交易中心、搭建文化交流平台，以及建立飞机采购、服务、使用及维修的延伸产业链等，从而拉动经济社会发展，提升城市综合实力及国家竞争力。[①]

（四）在枢纽运作层面上进行更多的国际及区域横向联合及联动

建设国际航空枢纽，要求在枢纽运作层面上进行更多的国际及区域横向联合及联动。一是要加强航空企业之间的联合与协作。就一家航空公司而言，只有在航线与航班时刻上配置适当，才易于实现联程联运的基本功能。比如，两条联程航线的绕航率不超过13%，两个联程航班的降落起飞时刻不超过1.5小时。对一家国际航空联盟而言，能够对航线与航班进行联程配对的数量要多于一家航空公司。如果能在国际航空联盟内部搭建联程联运航班，国际航空联盟组建的枢纽网络更具备规模经济性。为此，在枢纽运行上，要推动航空公司之间的企业联合，在中转服务、联程定价和行李直挂等方面开展运行协作。二是要航空相关管理部门的合作和协同。加强空管部门与航空公司在枢纽运作上的密切协同，空管部门要为联程联运航班的正点运行保驾护航。要加快空管运行管理中心的发展与建设，并行提高军民双方空管装备与技术的保障能力与水平，进一步深化空管体制改革，优化空域资源，将因"航空流量管制"对国际航空枢纽的"联程联运"航班造成的延误降低到零。要落实抓紧民航气象中心的建设，加强对民航气象中心的技术投入和资金保障，提高民航气象预报水平，提高应对气象变化调整"联程联运"航班的能力，降低因气象原因造成联程联运航班延误的比率。要强化机场与边检部门在枢纽运作上的紧

---

① 参见张宁、韩德强、陈蒂《我国发展国际航空枢纽的战略思考》，载《综合运输》2011年第10期，第23－27页。

密合作，比如给予持国际联程机票的旅客 72 小时或更长时长（如 144 小时）的免签证；向海关、边防等联检部门投资先进装备与技术及信息系统，进行监管流程再造，发展"后台服务"工作方式，对中转旅客进行"后台检测与监控"，减少联检流程的"前台服务"环节，在维护好国家安全及利益的同时提高旅客中转效率；采用先进检测技术与装备及信息系统，构建国际之间、国际国内之间以及国内之间的中转行李与货邮的直挂流程，在维护好国家安全及利益的同时方便旅客的中转并减少行李与货邮的中转时间。概括而言，发展国际航空枢纽要靠航空公司"打拼开拓"枢纽网络，要靠机场"主动协同"提供服务，要靠政府"倾力支持"给予帮助。①

第三节　国际航空枢纽建设的经验启示

在 21 世纪的今天，美国和欧洲、亚洲的一些国家与地区的国际航空枢纽得到了极大的发展。在北美逐步形成了亚特兰大机场、芝加哥奥黑尔机场、纽约肯尼迪机场等超级航空枢纽，在欧洲逐步形成了伦敦希思罗机场、巴黎戴高乐机场、法兰克福机场和阿姆斯特丹史基浦机场四大超级航空枢纽，在亚太地区形成了新加坡樟宜、泰国曼谷、东京成田、韩国仁川等国际航空枢纽，在西亚中东地区形成了迪拜、伊斯坦布尔等国际航空枢纽。这些国际一流的航空枢纽在建设形成过程中有着许多共性的经验，同时，这些航空枢纽的规划、建设与运营均拥有各自的特点和优势，因而成为全球机场业中的典范，对我国航空枢纽建设具有重要的启示作用。

---

① 参见张宁、韩德强、陈蒂《我国发展国际航空枢纽的战略思考》，载《综合运输》2011 年第 10 期，第 23－27 页。

一、国际航空枢纽建设成功的因素

1. 优越的地理位置

实践表明,无论是国内枢纽、国际枢纽还是复合枢纽,大都拥有优越的地理位置,位于本地区航线结构的中心,自然适航条件好,从而成为全球航线网络上的重要节点。枢纽机场优越的地理位置、较低的绕航系数,对乘客来说,可以帮助乘客快速地进行飞机的中转,减少等待时间;对货运代理商和货主来说,可以较容易地进行货物的整合,减少货物的等待处理时间;对航空公司来说,容易形成规模效应;对枢纽机场本身来说,可以给机场带来可观和稳定的收入,提高设施的使用率,增强机场发展潜力,从而提升机场的品牌和地位。

地理位置优越首先体现在有利于航空公司采用中枢辐射式航线网络布局模式,它既要考虑航程的经济性,又要考虑潜在的发展市场,还要与未来的发展战略相联系。其次,从地域上来看,它应该位于国内或国际航线网络的区域中心地位,便于航线衔接,使中转航程绕航系数不大于1.25。例如,位于北半球冰天雪地里的美国阿拉斯加安克雷奇枢纽,由于跨越北极航路的开通,使其一下子成为亚太航线的中心——从亚洲经停安克雷奇比直飞美国中部内陆平均节约4~5个小时。在安克雷奇市经济发展合作委员会工作人员的名片背后,印着这样一句话:"从安克雷奇到世界95%以上的工业化国家,只需要9个小时。"足以看出,独特的地理位置使安克雷奇成为亚洲和北美地区航空货运中转的最佳枢纽。

2. 较大的本地需求和中转需求

航空枢纽建设发展的另一关键成功因素是航空枢纽所在地区应具有较大的空运市场需求和中转客货需求。一方面,航空枢纽所在地区往往拥有发达的本地经济,从而能创造出充沛的本地客货市场需求,且其周边有经济较为发达的二级航空市场,并有获得国际客货运输需求的渠道。本地市场需求是航空枢纽存在和发展的基石。纵观全球的各大航空枢纽,完全意义上的中转性枢纽十分罕见。虽然航空枢纽对于地理位置的要求比较高，但具有相似区位特点的机场之间具有可替代性，而决定区域内航空枢纽地位的关键因素就是机场所在地是否具有相对充足的原发性市场需求。因此，经济发展水平是决定市场需求的最重要指标，其次是人口、旅游、新兴资源等。另一方面，航空枢纽优越的地理位置、完善的航线网络、高效的中转流程，必将能够为其提供较大的中转客货需求。国外一些门户航空枢纽，国际中转客货的比重一般要占到该机场客货吞吐量的30%以上。

3. 可接受的航班最短衔接时间

成功的航空枢纽必须具有可接受的最短衔接时间，这一点已为国际诸多大型航空枢纽的实际运作经验所验证（见表2-4）。一方面，最短衔接时间是航空枢纽运行效率的重要体现，也是中转旅客、货主最为关心的指标之一；另一方面，在可竞争的航空运输市场中，不同航空枢纽之间最短衔接时间的横向比较也体现了枢纽竞争力的强弱。决定最短衔接时间主要有三个因素。首先，完备的中转设施。这些设施分散在行李分拣、地面运输、值机手续、航班信息显示系统、旅客服务等各个方面。其次，满足枢纽运作的业务流程。硬件设施在技术先进性上的趋同，使航空枢纽间的竞争更多地体现在软件上。业务流程是根据机场服务的市场来设计的，目的就是使机场陆侧的客货（包括中转客货）能够更高效、更安全、更方便地离开或到达。为了简化中转流程，应建立和完善中转与联程旅客、行李的无缝隙服务，在保证航班安全的前提下，加快旅客和货物的流转效率。最后，稳定、协调的部门协作关系是航空枢纽运作的必要保障。航空枢纽的运营涉及机场、基地航空公司、海关、边检、检疫、公安、国家行业管理部门、地方政府等各个部门，间接涉及的还包括航空配餐、航空油料供应、货运代理、客票代理等相关部门。任何一个部门的细小差错，都会打乱整个航空枢纽的正常运行。因此，航空枢纽港的建设需要各部门密切协作，通过高效的协同合作营造"多赢"的局面。

表2-4　全球主要航空枢纽最短衔接时间比较

单位：分钟

枢纽机场	国内转国内	国内转国际	国际转国内	国际转国际
韩国仁川	40	70	90	60
日本成田	20	75	90	50
新加坡樟宜	—	—	—	45
中国香港赤腊角	—	—	—	50
法国巴黎戴高乐	45	45	45	45
美国亚特兰大	55	60	90	90
美国芝加哥	50	75	90	90
美国纽约肯尼迪	60	75	105	120

4. 实力雄厚的基地航空公司

航空枢纽是航空公司航班相互连接的地方，必须具有大量的航班运力聚集，以保证航班之间的衔接和大量旅客转港的实现。国内外诸多航空枢纽的实践表明：航空枢纽运作通常主要由1~2个基地航空公司进行，以便统一进行航线网络规划并形成航班波。这样，基地航空公司占航空枢纽空运业务的比重大，机场对基地航空公司的依赖程度也较大。表2-5显示了主要航空枢纽客运量中基地航空公司所占份额。

表2-5　航空枢纽客运量中基地航空公司所占份额（2006年）

名次	枢纽机场	机场客运量（人次）	基地航空公司	基地航空公司份额
1	美国亚特兰大	8937.9万	达美航空	63%
2	美国芝加哥	7617.7万	美联航、美航	83%
3	英国伦敦希思罗	6806.8万	英航	31%
4	日本东京羽田	6682.3万	全日空	51%
5	美国洛杉矶	6189.6万	美联航	23%
6	法国巴黎戴高乐	5992.2万	法航	47%

续表 2-5

名次	枢纽机场	机场客运量（人次）	基地航空公司	基地航空公司份额
7	美国达拉斯沃斯堡	5978.6 万	美航	60%
8	德国法兰克福	5416.2 万	汉莎航空	60%
9	荷兰阿姆斯特丹	4779.5 万	荷兰皇家航空	50%
10	美国丹佛	4986.3 万	美联航	65%

数据来源：ACI 2006 年公布数据。

实力雄厚的基地航空公司表现出如下特点：第一，运力充足，机队结构合理，能满足干线和支线需要；第二，对市场有正确的定位，有明确的发展方向，积极组织和参与航空公司间的联盟，营建行之有效的航线网络；第三，合理配备运力，选择合适的机型和数量，有技术过硬的飞行机组、良好的机务维修保障、高素质的管理队伍、严格的规章制度和定期的培训制度，以确保战略市场需要和营运的应变能力；第四，拥有国内甚至国外骨干航空公司作为合作伙伴，当一家公司运力不足时还可联合其他航空公司的力量。

5. 政府强有力的政策支持

航空枢纽建设是一项复杂的系统工程，除了要具备优越的地理位置、广阔的经济腹地和强大的航空市场等条件外，还需要国家和地方政府以及行业管理部门出台配套政策、放松相应的管制。

首先，航空枢纽的建设需要政府给予宽松的经营环境，以便航空公司在航线、票价、机型、航班时刻等方面拥有适度的决策权，使航空公司能够顺利建设和营运中枢航线网络；而机场也需要在流程设计、收费标准和项目经营方面享有一定的自主权，以适应枢纽营运的需要和提供有效的保障。其次，海关、边检等部门应采取有效措施，设计并实施简化而高效的联检程序（如联程运输免除护照检查手续、国际中转允许免除过境签证等）。再次，航权方面，从国外发展枢纽机场的经验看，从城市对向中枢辐射航线网络结构转变，必将伴随着航权开放问题。日本、加拿大、韩国航空业的发展，很重要的原因是充分利用了第六航权[①]。

6. 便捷的地面综合交通运输系统

成功的航空枢纽还必须使繁忙的客货流能够方便、安全和快捷地进出机场。与市区及周边城市快捷、经济的地面交通是航空枢纽旅客、货邮高效集散的重要依托，也是航空枢纽建设必不可少的重要内容。

一个功能完备的地面综合交通运输系统是航空枢纽的重要组成部分，直接关系到机场的营运效率和竞争能力。因此，必须从方便旅客和货运中转的角度出发，加快建设机场地区的地面综合交通运输系统，解决机场与城市交通问题。作为航空枢纽，必须具备与市区相连的地铁以及与周边城市连接的公共交通系统，拥有低成本的有轨交通（地铁）、公共大巴以及其他舒适度较高、快捷、顺畅的交通方式，并且拥有较多的旅客集散点以及较高频次的地面交通服务。

二、对我国建设国际航空枢纽的启示

通过总结典型航空枢纽的发展规律，可以得出航空枢纽建设的关键成功因素，从而为我国航空枢纽的建设与发展提供有益的启示。

1. 提升服务质量和运营效率

由以往点到点的城市对机场转为航空枢纽港，相关部门的人员素质、运作水平尚需进一步提高，运作程序尚需进一步改进与完善。要建成航空枢纽，必须保证稳定的服务质量和较高的旅客满意度。我国要建设航空枢纽，参与全球机场的强强竞争，需要学习国内外成功经验，树立先进的经营理念，建立科学的运营管理体制和模式，制定较高标准的统一的航空枢纽服务规范，细化分解至各相关单位，促进各部门保持稳定的服务质量，使航空枢纽的安全水平、服务质量逐步与国际接轨，以满足航空枢纽运作的需求。

[①] 第六航权即桥梁权，指某国或地区的航空公司飞机在境外两国或地区间载运客货，但途中必须经过登记国或地区的权利。

2. 完善旅客和行李中转设施

中转效率的高低是影响航空枢纽竞争力的重要因素之一。而完善的旅客和行李中转设施是航空枢纽中转效率的重要保障。随着枢纽建设的推进，我国机场旅客吞吐量及行李处理量都将快速增长，这也在客观上对机场旅客和行李中转设施提出了更高的要求。因此，应加大投入，由专门机构负责购置、建设旅客和行李中转设施，并保证对这些设施的高效利用。

3. 制定具有竞争力的收费体系

枢纽在运行过程中，应针对市场状况，制定不同的收费体系，根据不同时段航线直达或经停等情况实行差别费率。开始可以设置2～3个时段的航线实行差别费率，等成熟后实行差别费率的时段数航线数和覆盖面可以适当增加，这也是国际航空枢纽的一个通行做法。高低不同的机场收费体系，可以有力地挖掘市场，培育消费需求，有利于航空公司和机场实现双赢目标，齐心协力建设航空枢纽。

4. 与航空公司建立战略合作伙伴关系

机场与航空公司之间应建立战略合作伙伴关系。机场和航空公司是航空运输价值链上密切相连的两个部分，二者之间是唇齿相依的合作关系。对枢纽机场来说，加强与航空公司的合作尤为重要。航空枢纽的建设既需要机场提供强大的地面设备设施，也需要航空公司调整航线结构、构建中枢辐射式航线网络。二者之间密切协作，才能真正形成辐射功能强大的航空枢纽机场。机场方要从实现双赢的市场策略出发，一要充分调动各方面建设航空枢纽的积极性，与航空公司，尤其是基地航空公司密切合作，共同研究构建中枢航线网络、建设航空枢纽的规划措施；二要以最大限度地满足航空公司运营需要为出发点，在机场平面规划、功能流程设计、基础设施保障等方面广泛征求航空公司，尤其是基地航空公司的意见，按照航空枢纽的要求适时进行必要的调整；三要确立以为航空公司服务为核心的战略定位，探索特色服务，丰富增值服务，细化服务标准，规范服务行为，兑现服务承诺，保证为客户提供高品质服务；四要通过信息资源共享，与基地机场形成服务网络，保证为旅客提供无间隙服务。

5. 满足航班波要求的终端区条件和良好的集疏运系统

构筑合理的航班波是航空枢纽建设过程中的重要一环。而未来航班波的形成与发展将对机场终端区的空域、设施设备、人员、空管保障能力等均提出更高的要求。为此，机场应积极完善终端区条件，拓展空域，加强设施设备的建设以及人员的培训。同时，为了将在航班波中集中进港与出港的大量旅客进行快速的运送，还应积极建设其集疏运系统，通过地铁、公交、轻轨、铁路、高速公路等多种交通方式实现旅客的快速、便捷出行。

第三章

国际航空枢纽建设的基本系统构架与评价体系

第三章 国际航空枢纽建设的基本系统构架与评价体系

国际航空枢纽的建设与一般的民航机场有所不同,其在航空基础设施体系建设、航线网络结构及政策支持体系等方面都具有鲜明的个性和特质,因而国际航空枢纽的系统构建和评价体系也有所不同。

第一节 国际航空枢纽建设的基本系统构架

从国际航空枢纽所涉及的各个方面看,主要包括航空基础体系、中枢辐射式航线网络以及运营能力、腹地经济、客源市场及政府政策等软性基础设施三大方面。

一、航空基础设施体系

国际航空枢纽必须拥有完备的基础设施体系,包括多条跑道的飞行区、流程合理的中转设施、先进的信息系统及相关配套服务等,这是构建国际枢纽航空的硬件基础。当然,与便捷完善的地面交通构成综合交通运输系统,是构建航空枢纽,实现旅客和货物"无缝隙"高效互换的重要保障。

(一)枢纽机场

枢纽机场是指规模相对较大的民用运输机场,它处在某一经济发达区域的核心位置,作为航空运输枢纽,辐射多条航线,在一个时间区段内,把各条没有实现直航的航线衔接起来,将从始发地抵达枢纽机场的乘客、货物进行重新分流、组合,通过联程值机等服务手段,让旅客换乘目的地航班以完成下一段航空旅行,并将货邮行李同时处理运抵目的地机场。[1]

---

[1] 参见孙志强《首都国际航空枢纽建设的对策研究》(硕士学位论文),对外经济贸易大学2007年。

在国际上,枢纽机场就其功能而言,可以分为三类。一是国内枢纽机场,它是国内航线航班衔接的交汇中心,如美国丹佛、亚特兰大、达拉斯等,主要建立在国内地域中心或航班密集的地区内;二是国际枢纽机场,它是国际航线航班的衔接中心,如洛杉矶、阿姆斯特丹、新加坡等,设在便于国际航线经过、衔接的城市内;三是复合枢纽机场,是上述两种功能的综合,它不仅有国际与国际、国内与国内航班衔接,还有国际与国内航班衔接的功能,如芝加哥、底特律、伦敦等。

按照美国北卡罗来纳大学卡萨达教授提出的"交通运输的第五轮冲击波"理论,当前,我们已经进入交通运输驱动经济发展的第五轮冲击波的浪潮之中。在这轮浪潮中,全球航空网络中的"路由器"是枢纽机场,机场已经成为城市经济增长的重要驱动力,引起了世界各国和地区的普遍重视。为了进一步巩固国际门户枢纽地位,世界各地枢纽机场都在扩大能力、提升服务、拓展市场、增加收益方面做出了诸多努力。比如:美国的芝加哥奥黑尔机场为了减少延误、提升容量,自 2001 年起分 3 个阶段对机场的跑道、滑行道系统进行更新改造并新建西航站区,计划将机场容量提升到年起降 120 万架次,航班平均延误时间降至 5 分钟;德国法兰克福机场完成了第 4 跑道的建设,并计划建成 T3 航站楼,目标是满足 8800 万人次及 70 万架次的使用需求;韩国仁川机场按照满足年旅客吞吐量 6200 万人次、货邮 580 万吨的建设目标开始了第三期扩建,按照规划,未来仁川机场可以满足年起降 74 万架次、旅客吞吐量 1 亿人次和货邮 1140 万吨的终端使用需求;迪拜机场完成了 T2 扩建,旅客吞吐量可达 9000 万,机场终端规划为 5 条跑道、1.6 亿人次旅客吞吐量。

(二) 枢纽机场体系

国际航空枢纽往往具有多机场体系。多机场体系下各机场通过差异化战略进行功能分工,可以有效实现其良性互动发展。一是按通航区域分工,如在执飞国际航线、国内干线、国内支线上进行分工。二是按基地航空公司分工,如纽约肯尼迪机场主要供达美、美利坚航空公司使用,纽瓦克机场主要供大陆航空公司使用。三是按照目标旅客分工,如伦敦希思罗机场主要服务洲际远程旅客;盖特威克机场主要服务国内旅客和部分洲际旅客;卢顿机场主要服务国际休闲度假旅客,其中国际航线旅客流量占72%,22%来自包机服务;斯坦斯特德机场主要服务低成本要求旅客,其50%航线是低成本航空公司执飞;伦敦城市机场主要服务伦敦市中心的商务旅客。此外,多机场之间还可在客运和货运、商用航空和通用航空等分工中寻求定位和发展。

(三) 枢纽功能区的圈层结构

枢纽机场的辐射影响功能区包括机场核心区、空港区、空港都市区和机场影响区域四个圈层组成。机场核心区是由机场航站楼、机场跑道和停机坪等服务设施组成。空港区主要靠机场集团自主经营,大致在机场周边5千米范围内,可经营商店、办公、会展、物流等行业,国际上非航空业占机场收益的比重不断提高,很多机场依靠非航空主业来弥补机场的亏损,甚至超过航空主业的收入。空港都市区主要由机场周边20千米的范围内集聚的与航空相关的商务活动而组成,经营主体包括地方政府、机场集团、私人团体等,由此也形成了空港的第二个外围圈层结构。机场影响区域,主要是指由于机场的新建或扩建,一些产业进入周边城市或大都市地区后,对这些城市或地区的城市形态、产业结构等构成积极影响。

二、完善的服务网络

国际航空枢纽的服务对象既包括航空服务旅客,也包括非航空服务的旅客。因此,完善的高密度的服务网络包括中枢辐射式航空网络和陆侧交通网络。

(一) 中枢辐射式航空网络

1. 国际航空枢纽应具有覆盖国际国内的中枢辐射航线网络

这种中枢辐射式航线网络有赖于基地航空公司和航空联盟的支持，通过双方联手合作，开辟航线、加密航班、完善中转衔接功能，打造航班波，并形成连接全球各地的航线网络。

2. 国际航空枢纽也有赖于大型枢纽机场与中小机场的紧密配合

从现实情况来看，多数国家的空运需求集中分布于少数大型枢纽机场，而大多数中小型机场的空运需求量较少。枢纽机场之间的干线飞行一般采用大中型飞机，且可安排较高的航班密度，基本上能够满足空运主要市场的需求；中小型机场一般采用中小型飞机，既适应运量不大的市场需求，也可适当增大航班密度，体现航空方便快捷的优势。国际航空枢纽机场的建立，使所有网络内的机场之间均可通航，增加了通航点，使大中小城市之间的空中联络更为畅通，为旅客提供更大的便利，并促使一些潜在的空运需求转化为现实需求。干线与支线的功能分工明确并有机地连接在一起，大小机群与航线匹配，使航空公司的运营效率提高，运营成本降低，从而可以降低票价，进一步刺激市场需求。在实际运作上，新加坡航空、阿联酋航空、韩国的大韩和韩亚航空都充分利用第六航权，以本国航空公司的基地机场为枢纽，将其他国家的机场作为自己的支线机场。枢纽机场作为航空旅客的中转站，方便、舒适、快捷的中转服务是提高机场吸引力和航空公司竞争力的关键。因此，航空公司需要以枢纽机场为核心进行航线组织和航班衔接，尽量消除航班中转给旅客造成的不便和不适。英国伦敦希思罗国际机场有密度较高的中枢辐射式航线网络，其航班范围广泛，班次频繁，旅客不仅能到达英国的东南部，而且能方便地飞往世界各大城市。

3. 枢纽航线网络结构的作用

一是提高干线和支线上的客座率和载运率。枢纽航线网络结构的建立，可将原来小型机场对飞航线上的空运量转移到干线上来，从而提高干线上的客座率和载运率。原来吞吐量较少的机场改用小型飞机运营,通过支线与枢纽机场连接进而与干线连通,避免在运量较少的机场之间采用大中型飞机对飞而造成的运力过剩;同时,也提高了小型飞机的客座率和载运率,使其可以在不增加运力的情况下大量增加航线数量和航班频率,提高飞机的利用率。二是有利于机场提高经营效益。枢纽航线网络结构的建立,使得枢纽机场能发挥规模经济效应,飞机起降架次和客货吞吐量的大幅度增加,航空业务收入和非航空性收入也随之增加,从而降低单位运营成本;同时,中小机场也能通过起降架次和客货吞吐量的增加而改善其财政状况,增强自我生存和发展的能力。三是给旅客带来经济实惠。对经停枢纽机场的旅客而言,登机手续在始发机场即办理完毕,获取航程中所有登机牌,在枢纽机场换乘目的地航班时不需要重新办理转机手续,极大地方便了旅客,也省去了原来需要再次购买机场建设费和航空保险的费用。由于购买的是直达机票,比原来两条航线上机票相加的金额会更加便宜,从而为旅客带来了更多的经济实惠。四是促进民航业的合作和重组。枢纽机场的出现将会给民航业带来巨大的合作与重组机遇。由于转乘航班一般由另一航空公司运营,本着平等互利的原则,双方往往互相代理对方航班在当地的销售和服务工作,并允许对方通过代码共享方式实现航线航班的成倍增加,提高航班密度和利用率。这样,双方就由以前的简单竞争关系转变成为战略合作关系。枢纽机场的出现间接促进了市场行为上的航空合作与航空联盟建设,推动了航空公司集团化、联盟化的发展趋势。[①]

(二) 陆侧交通网络

陆上交通网络服务的层次包括城际交通和城市交通,方式包括城际铁路、长途大巴、城市轨道、公共汽车等。西方发达国家的大型枢纽机场多与多层次、多方式、多功能的交通网络进行衔接。铁路和民航主要承担中长途旅客运输,公路客运、城际铁路等多以中短途为主。如英国希思罗机

---

① 参见马少华《机场卓越经营》,中国民航出版社 2005 年版,第 103 页。

场衔接航空、城际铁路、城市轨道、公路客运等网络，还有可能引入更多的新线路，从而进一步扩大枢纽的辐射覆盖面。①

1. 城市轨道网络

国际航空枢纽往往有连接城市中心区的轨道网络。如伦敦希思罗国际机场的地铁皮卡迪利线，这条地铁线穿过伦敦主要的酒店区、商业区及旅游景点，并与伦敦市内12条地铁线路中的9条通过同站换乘得以紧密衔接，使得机场乘客能够以很少的换乘次数就可以到达伦敦大部分区域，轨道快线只需15～20分钟。还有一条连接伦敦市区帕丁顿火车站的机场专线，开行慢线与快线服务。由此可见，轨道交通的便捷性是非常明显的。

2. 公共汽车网络

公共汽车网络是国际航空枢纽建设的必备要素。公共汽车网络包括城市公共汽车和长途公共汽车网络。如伦敦希思罗国际机场有近20条常规公交线路与市区连接，可以通达市区的重要交通枢纽。希思罗国际机场的第二辐射圈层是英国东南大都市群，该机场同时是英国东南部最大的长途汽车枢纽。从机场的长途汽车站出发，可以直接到达1200个目的地，还能够通过一次换乘到达另外1200个目的地。全英10%的长途高速大巴业务要经过希思罗长途汽车站，每年约70万非航空旅客经希思罗国际机场换乘。希思罗国际机场还通过高速巴士到达瑞丁、沃克与沃特福特火车站，实现与国家铁路网的衔接。

3. 铁路网络

铁路网络是国际航空枢纽联结国内广大区域腹地的重要交通方式，特别是通过高速铁路为旅客和货邮的集聚创造便利的条件。如希思罗国际机场通过快线衔接至帕丁顿火车站，与英国铁路网络连接；还可通过希思罗站，实现英国北部地区与南部铁路网的连接、机场与英格兰主铁路网西部的连接、机场与伦敦及泰晤士河口地区的连接、机场与威尔斯敦的西海岸

---

① 参见宿凤鸣《综合交通枢纽的典范：希思罗机场》，载《中国民用航空》2013年第4期，第17-19页。

线连接。通过规划中的线路，与斯坦斯蒂德相连直至机场以南，与斯劳相连而到达机场西北部的英国，实现伦敦西南部整个地区和萨里、汉普郡各个区的联结，并提供到达整个泰晤士河谷和英格兰西部的主干线铁路运输服务。

三、优良的软性基础架构

（一）航空枢纽建设的政策环境

合理、宽松的政策环境。航空公司应有决定航线、票价、机型、时刻、服务项目的适度自由，使航空公司能顺利、成功地建设和营运枢纽航线网络；机场应有流程安排、收费、服务项目设置、旅客货物进出港安排的适度自由，以适应枢纽营运的需要和提供有效的保障；海关、边防应放开某些限制，等等。

国际航空枢纽建设还需要充足的空域资源和高效的空管指挥能力。航空运输需要空中与地面资源相匹配，空域资源充足、空管技术能力强，才能最大限度地利用地面设施资源，协调空中地面运行容量，满足日益增长的航空运输需求。这也特别需要国家层面的政策支持。

（二）科学的航空运营模式和措施

1. 成熟的基地航空公司

成熟的基地航空公司对市场有正确的定位，有明确的发展方向，积极组织和参与航空公司间的联盟，营建行之有效的航线网络；合理配备运力，选择合适的机型和数量，有技术过硬的飞行机组、良好的机务维修保障、一支高素质的管理队伍、严格的规章制度和定期的培训制度，以确保战略市场需要和营运的应变能力。

2. 良好、顺畅的部门协调

与枢纽营运功能相关的基地航空公司、机场当局、空中交通管制部门、海关边检等部门必须紧密配合、积极协调,任何一个部门的细小差错,都会打乱整个枢纽运营的正常运行,因此要建立健全所有驻场单位的规章制度和责任原则。

3. 高效的地面管理服务

机场应以最大限度地满足航空公司枢纽运营需要为出发点,与航空公司密切协作,合理配置资源,构建运行顺畅、保障有力的平台,为航空公司和旅客提供优质、高效的服务。同时,通关效率直接关系到航空枢纽的竞争实力,高效的联检通道是构建国际航空枢纽的关键环节。目前,我国已有多个城市实行 72 小时免签政策,如何应用好这项特殊政策值得认真研究。人性化的机场服务也是吸引旅客的重要手段。例如,新加坡樟宜国际机场为中转候机时间超过 4 小时的旅客免费提供 2 小时的巴士市内观光服务;仁川国际机场为旅客免费提供手工制作、民族服装摄影等娱乐休闲活动,使原本枯燥无味的候机时间变得轻松愉悦。上述机场不仅为转机的国际旅客提供舒适的候机和购物环境,还安排了丰富多彩的文化体验。①这些服务也是旅客选择航班和中转机场的重要影响因素。

4. 强大的营销能力

为了吸引航空公司,国际航空枢纽机场往往会采取灵活的营销策略,如减免航空性收费,机场的经营收益更多地依靠商业零售等非航业务的开发。因此,非航业务开发成熟也是国际枢纽机场的重要特点。

当然,上述各要素之间也是紧密联系、相互影响的。航空基础设施体系是航空公司运营航班、相关支持企业提供物流服务的基本保障,也是吸引航班、物流服务商集聚的条件,对网络连通性、客货集聚性有着重要的影响。中枢辐射式航线网络和陆侧交通网络的连通性及其与航空基础设施的有效匹配也十分重要,能否把机场、航空网络与市场需求直接联结起来,决定着国际航空枢纽的国际竞争力。优良的软性基础架构,包括完善

---

① 参见吴振坤《基于区域战略的国际航空货运枢纽竞争力研究》,载《港口经济》2016 年第 6 期,第 5—9 页。

的政策环境、科学的航空运营模式和措施,将促进各相关利益方之间的协作,促进网络扩展和优化,促进市场需求的多样化和需求扩张,有利于提高设施利用效率和服务效率。

第二节 国际航空枢纽评价的指标体系

航空运输服务的核心和本质是航空位移服务,即航空公司使用飞机将旅客从一个地点运输到另一个地点。旅客购买航空运输服务的首要目标就是实现航空位移。航空公司如果不能提供适当的航空位移服务,即使其他服务做得再好,旅客也不会购买。国际航空枢纽具有四个比较明显的特征:具备较大的业务规模,国际业务量和占比较大,具有较高的中转比例(一般在30%以上),具有主基地航空公司枢纽运作。其在市场需求、地理位置、基地公司、服务及运作效率、地面交通、设施及空域、政府支持、安全运营等各个方面都具有明显的优势。因此,国际航空枢纽评价与一般航空港的评价在指标体系上应有所不同。该指标体系应能够全面反映国际航空枢纽各个方面的基本特征,具有一定的系统性、全面性;与国际航空枢纽形成的基本机理及实践经验相吻合,有着明晰的理论和实践逻辑依据;侧重围绕国际枢纽的功能来进行,用精炼指标尽可能精简地表征国际航空枢纽的功能特质;确保数据的可操作性,数据口径具有可比性。从上述要求出发,国际航空枢纽建设水平的衡量,可以围绕国际间客货运输,从区位因素与腹地支撑能力(其中可以包含城市客货集散能力)、枢纽机场设施承载能力、枢纽网络化水平、基地航空公司与航空服务产业链的保障能力、临空经济发展水平、枢纽对外开放能力六大方面,综合评价其建设水平。这六个方面就是国际航空枢纽评价一级指标,每个一级指标下又可分为若干二级指标体系(详见表3-1)。

表3-1 国际航空枢纽评价的主要指标体系

一级指标	二级指标	一级指标	二级指标
区位因素与腹地支撑能力（包含城市客货集散能力）	国际区位	枢纽机场设施承载能力	航站楼数量
	国内区位		跑道数量/飞行区等级
	国际航线绕航率		机场占地面积
	城市人口		停机坪数量
	人均GDP①		仓储设施
	城市GDP		年旅客吞吐量
	旅游资源丰富度		年货邮吞吐量
	铁路旅客运输量		年起降架次
	铁路货物运输量		航班正常放行率
	公路旅客运输量	基地航空公司与航空服务产业链的保障能力	基地航空公司数量
	公路货物运输量		基地公司航班量
枢纽网络化水平	国内航线		基地航空公司占枢纽客流份额
	国际航线		航空服务产业链
	通航点数量	临空经济发展水平	空港经济区建成规模
	专业化的航空货运航班数量		机场产业群成熟度
	对外联系程度		特殊政策
	客运航班数量	枢纽对外开放能力	进出口贸易
	与其他大型枢纽机场的连接频率		对外承包合同
			对外劳务合作
	市区交通衔接度		年国际游客人数
			对外投资
	信息化程度		对外开放政策

一、区位因素与腹地支撑能力

在一级指标中，区位因素与腹地支撑能力反映机场腹地的客货源基

---

① 指国内生产总值（Gross Domestic Product，GDP）。

础、经济发展规模、航空服务购买力以及旅游吸引力。可以用国际区位、国内区位、国际航线绕航率、城市人口、人均GDP、城市GDP、旅游资源丰富度等二级指标来评价。

区位因素是航空枢纽发展的关键环节之一，不同的地理位置对航空运输市场的发展也会带来不同的市场效应。一个机场在地理位置上是否具有航线航班组织上的相对成本优势，是影响航空公司选择枢纽机场的首要因素。机场所在位置应有利于航空公司采用中枢辐射式航线布局模式，既要考虑航程的经济性，又要考虑潜在的发展市场，还要与未来的发展战略相联系。大型航空枢纽均拥有优越的航空地理条件，位于服务区域的地理中心，从而成为全球航空网络上的重要节点。

腹地支撑能力也是国际航空枢纽建设的重要基础。本地需求条件是吸引航空公司和航线航班的驱动力。影响本地需求的条件主要有：区域经济整体发展水平、对外贸易发展水平、航空运输依赖型产业发展水平以及区域物流需求增长前景。本地需求条件影响航空公司进入的积极性，是区域争夺航空航线航班的重要条件，也是推动网络连通性改善、维持和发展枢纽竞争力的因素。枢纽机场需要扩大机场腹地，才能汇集较大的本地和中转客流，强化机场集聚效益。本地客流很大程度与地区经济发展有关，根据国际民航发展规律，地区人均GDP超过3000美元，是航空高速发展阶段，城市航空客运量增幅为人均GDP增幅的1.3～1.5倍。中转客流一般占国际航空枢纽旅客吞吐量的30%以上，更多是通过航线组织发挥枢纽汇集效益。

二、枢纽机场设施承载能力

枢纽机场设施承载能力是国际航空枢纽建设的核心内容。其基本的外在指标是航站楼数量、跑道数量、停机坪数量、机场占地面积等，并在这些设施的支撑下反映在年旅客吞吐量、年货邮吞吐量、年飞机起降架次等容量性指标上。

枢纽机场设施是在国际航空枢纽建设中必不可少的基本设备、服务和装置等。在航空运输体系中，基本的基础设施包括两个方面：一方面是机场，包括航站楼数量、跑道数量、停机坪等，以及飞行区等级、容量、配套设施及专门服务货物中转的设施等方面的衡量指标；另一方面是无形但又非常重要的、保障飞机空中飞行的空间资源，也就是空域。

航空运输必备的基础设施，其条件的优劣是影响竞争力的核心因素。航空货运枢纽在提供中转服务时，大量的货物在机场集散等待转运，要求仓储设施有足够的容量，而且一些特殊的货物如冰鲜、鲜活易腐货物等，对仓储设施设备处理能力也有较高要求。因此，仓储设施条件是保障货物中转存储、吸引货源集散的重要因素。货物在机场货站和航班之间的服务也就是机场地面操作，如货物的组板（集拼）、分拣、装卸等，也是航空货运服务链上的一个重要环节。

三、枢纽网络化水平

对国际航空枢纽所在地来说，其网络连通性反映竞争能力和水平。枢纽网络化水平指标反映机场网络发展格局与潜力，可以用国内航线数量、国际航线数量、通航城市数量以及对外联系程度指标来衡量，还可以用反映通达范围的通航点数量、专业化的航空货运航班数量和客运航班数量、与其他大型枢纽机场的连接频率等来评价。同时，陆侧交通网络的发展水平和现代信息网络也是国际航空枢纽建设的重要方面。

1. 机场网络

在全球的流动中，由于市场的非均衡性和航空资源的有限性，导致大量货物的航空运输实际上并不是从始发地直达目的地，而是借助中枢辐射式航线网络或通过一些大型国际枢纽机场集疏转运。卡萨达教授曾指出，大型国际枢纽机场集疏转运就像互联网的路由器一样，扮演着全球"实物互联网"网关的角色。国际航空货运枢纽的主要供给工具是航空运输网络,这种网络相比较其他地区(或机场)的竞争力可以用连通性来反映。所谓连通性,简单的理解就是从这个地方到达其他地方的便捷程度,如是否可达、时效如何、成本如何等。第一,影响可达的一个基本因素是通达范围,具体来说,就是通航点的总体数量决定了网络连通范围的大小。第二,从结构上看,专业化服务货物运输的全货运航线航班的通达能力是关键。与此同时,尽管客运航线航班主要服务旅客,但由于其腹舱可以载货,而且具有频率高、通航范围大等优势,尤其是随着网络购物消费的发展,更多小批量、高附加值、追求时效的商品要依赖客运航班的腹舱来运送,使客运航线航班的数量和能力在航空货运服务中同样受到重视。第三,与其他枢纽机场的航线航班连接是影响国际航空货运枢纽竞争力的重要因素。一方面,主要枢纽机场是全球航空货运网络中的关键节点,一个机场与其他枢纽连接密切,体现了它在全球航空货运网络中的地位;另一方面,主要枢纽机场的货运需求较大,与主要枢纽机场之间建立航线航班联系,也可以更好地满足市场需求。

2. 陆侧交通网络

国际航空枢纽必须具备发达的地面集疏运交通网络,通过陆侧交通网络进行航班衔接、中转旅客和货物,以确保进出机场客货流的高效、便捷与安全。同时从全球主要航空枢纽机场地面交通方式可以看出,他们均配建了与市区及周边城镇的快速交通联系,其主要方式包括机场巴士、轨道交通和私人小汽车。现代交通的发展,各种交通方式在竞争中也越来越趋向合作,而合作的基本保障条件是各种交通方式的衔接。地面的陆路(有些地区有海运、水运)与机场之间的连接通道是否顺畅,直接影响航空运输系统的辐射能力,典型的如航空货运需要陆路交通进行货物配送。地面交通运输条件的改善和"多式联运"的发展,可以使航空运输在更大范围集散客流和货物,拓展市场空间,放大本地市场需求。

表3-2 各主要机场地面集疏运方式

机场名称	交通方式
美国亚特兰大国际机场	市域轨道、机场班车、常规公交、私人小汽车、出租车
英国伦敦希思罗国际机场	市域轨道、机场班车、私人小汽车、出租车
日本东京成田国际机场	市域轨道、机场班车、私人小汽车、出租车
荷兰阿姆斯特丹史基浦国际机场	市域轨道、机场班车、常规公交、私人小汽车、出租车
法国巴黎戴高乐国际机场	市域轨道、机场班车、私人小汽车、出租车
德国法兰克福国际机场	市域轨道、机场班车、常规公交、私人小汽车、出租车
北京首都国际机场	市域轨道、机场班车、私人小汽车、出租车
上海虹桥国际机场	市域轨道、磁悬浮、机场班车、私人小汽车、出租车

3. 信息网络

航空运输业技术密集、信息化程度高，机场、航空公司、空管之间的信息协作在航空网络运行效率中的影响作用十分重要。基于现代信息技术的"电子口岸平台"是改善通关监管服务的重要举措，专业化的公共物流信息平台则可以将航空货运服务链上的成员连接起来，通过信息资源共享和业务协作推动服务链整合，提升服务链的竞争力。

四、基地航空公司与航空服务产业链的保障能力

基地航空公司与航空服务产业链的保障能力是国际航空枢纽建设的重要着力点，可以用基地航空公司数量、基地航空公司航班量、基地航空公司占枢纽客流份额等指标来衡量。基地航空公司与相关企业直接影响航空货运服务链的竞争力，包括航空货运服务链上的机场管理机构、货运代理、卡车运输、仓储、地面操作等企业，在纵向上，沿着航线航班形成服务链，每一个环节都影响服务链的竞争力；在横向上，它们在机场周边聚集形成物流服务产业集群，成为国际航空货运枢纽竞争力的一个重要支撑。

国内外机场发展经验证明，一个机场的成功发展，与该机场的基地航空公司有着密不可分的关系。从全球前10位机场市场份额来看，基本上是由1～2家基地航空公司占据主导地位，除特例外，基地航空公司市场份额均在50%以上。基地航空公司作为机场的主要航空运营者，机场的大部分收入均直接或者间接来自基地航空公司，只有与实力雄厚的基地航空公司合作，机场才能得到快速发展。

一家航空公司在飞机数量既定的情况下，提高其航空运输通达能力，可以有两种主要途径。一种是公司内部挖潜，通过优化本公司的航线网络结构和生产组织，提高航空运输通达的广度和厚度，但是，通过这种方式提高通达能力的空间比较有限。另一种是外部合作，通过与其他航空公司实施航空联运，共同组织航班运输活动，提高航空运输通达的广度和厚度，且通过这种方式实施提升的空间很大。通过外部合作提高通达力的主要工具就是纵向代码共享，也可以称为纵向的航线联营。具体来说，就是从旅客出发地到目的地的一段航空运输活动中，由一家航空公司负责组织航空运输和销售活动，多家公司分别实施航空运输，共同实现旅客的旅行目标。

五、临空经济发展水平

尽管航空枢纽是以服务中转市场为主要特色，但本地需求是刺激产业发展的动力。临空经济发展水平也是国际航空枢纽建设的重要基础，因为中转市场变化较大、不确定性因素较多，航空公司选择在某地运营航线航班时，首先会考虑当地的货物运输需求能否为航线航班运营提供基本的收益保障。临空经济发展可以用机场产业群成熟度、临空型经济发展水平等方面的指标来表征。

从宏观环境上，机场所在地区的经济发展水平是影响货运需求的主要因素。特别是航空运输依赖性比较高的产业，那些追求高时效、高附加值、对运输成本不是太敏感的产业，如电子消费品、时尚产品、高端农产品等，是航空货运的主要货源，而且市场稳定性好，是航空货运网络持续稳定运营的重要支撑。

六、枢纽对外开放能力

国际航空枢纽的对外开放能力是枢纽自身建设的关键性因素，可以用对外贸易的活跃程度（如进出口贸易额）、对外承包合同、对外劳务合作、对外投资、对外开放政策等方面的指标来表征。涉及枢纽对外开放的政策，可以包括民航管理政策、海关等管理部门的服务效率、航空口岸通关政策等，还包括相关的战略规划、治理机制、财政扶持、基础设施投入、科教人才扶持、综合保税区等方面的开放政策，这将综合地体现国际航空枢纽的对外开放能力。

国际航空枢纽的对外开放涉及诸多的领域。在国际货物通关监管方面，海关、商品检验、边防检查是必不可少的环节，履行监管职责的政府部门，其服务效率直接影响航空货运的时间成本和服务质量，也是航空公司和货主选择机场的一个重要因素。航权航班时刻管理政策关系到市场准入，是吸引航空公司投放和运营航班的基本条件。而在国际航权方面，如某地机场被优先作为航权开放的航点，就意味着在吸引国外航空公司方面可以获得明显的竞争优势。在国际航空货运服务中，航空口岸的通关政策十分重要。特种商品进出口指定口岸政策决定了一些特定商品能否从某个机场进出，比如获得鲜活商品指定口岸就是区别于其他地区（或机场）的重要优势；对国际中转货物来说，保税物流的税收优惠、转关服务等政策具有明显的吸引力，而保税航油加注也是境外航空公司看重的一个条件。能够获得这些选择性的政策，本身就是区别于其他竞争对手的优势。从区域本身来看，选择国际航空枢纽这个战略，还需要政府创造富有竞争力的宏观政策环境，如科学的战略规划、协同高效的治理机制、积极的财政扶持、持续的基础设施投入、科教和人才扶持政策等。在国际上，自由贸易园区政策是国际航空枢纽竞争的高级优势，它是国际投资、贸易、口岸开放等系列政策的整合。如韩国仁川机场的仁川自由经济区、新加坡樟宜机场的自由贸易园区等，它们不仅具有吸引国际航空公司、国际货物中转的有利条件，而且成为本地航空运输依赖型产业发展的优势平台。

第三节　广州国际航空枢纽与国内先进国际航空枢纽的比较

依照上述评价国际航空枢纽的指标体系，以下尝试从区位因素与腹地支撑能力、枢纽机场设施承载能力、枢纽网络化水平、基地航空公司与航空服务产业链、临空经济发展水平、枢纽对外开放能力六个方面，对国内外主要的国际航空枢纽进行大致的比较（以 2017 年数据为主，限于部分数据的可得性较弱，有些方面也作了定性的判断），这种比较可以作为参考，有利于进一步明确广州建设国际航空枢纽的方向。

一、区位因素与腹地支撑能力比较

从国际区位看，北京和上海都是世界城市，其中，北京是国家的国际交往中心，有"第一国门"之称。两市在 GaWC 的城市排名中都较前，2018 年，北京首次进入"四强"，上海排名第 6，广州排名第 27。从国内区位看，北上（深）广的一线城市地位仍然比较突出。从国际航空格局看，与京沪相比，广州有着自身的优势，主要表现在飞往东南亚和澳大利亚、新西兰等地航线绕航率相对较低。广州的腹地人口规模相对较小，大致相当于京沪的 67% 和 60%，经济总量分布相当于京沪的 76% 和 71%，但是人均 GDP 上较京沪高出 15%～17%。不过，在旅游资源的丰富程度上，广州较为不足（详见表 3-3）。

表3-3 国内三大航空枢纽区位因素与腹地支撑能力比较

一级指标	二级指标	北京	上海	广州
区位因素与腹地支撑能力	国际区位	"第一国门"、世界城市排名第4	世界城市排名第6	世界一线城市,排名第27
	国内区位	中国首都,一线城市	全国中心城市,一线城市	国家中心城市,一线城市
	往东南亚和大洋洲方向国际航线绕航率	1.57	1.30	1.07
	城市人口(人)	2170.70万	2418.33万	1449.84万
	人均GDP(元)	12.90万	12.66万	15.06万
	城市GDP(元)	28000.40亿	30133.86亿	21503.00亿
	旅游资源丰富度	丰富	较丰富	一般

在城市客货集散能力方面,广州具有海陆空综合的交通枢纽优势。北京陆路运输发达,但没有海洋运输;上海则在陆路运输上有所欠缺。因此,总体的客货集散能力以广州最强。特别是货运方面,以2017年为例,货运量广州在三者中最大,达到12.07亿吨,上海为9.72亿吨,北京只有2.38亿吨。

表3-4 国内三大航空枢纽城市客货集散能力比较

一级指标	二级指标	北京	上海	广州
城市客货集散能力	客运量(人次)	6.74亿	2.08亿	4.94亿
	货运量(吨)	2.38亿	9.72亿	12.07亿

二、枢纽机场设施承载能力比较

从枢纽机场的承载能力看,北京、上海都具备了"一市二场"的民航机场体系,机场承载能力最强的将来可能是北京,广州与之相比,有一定的差距。从航站楼数量和面积看,北京将有4座航站楼,合计达284万平方米;上海已有3座航站楼,共126.86万平方米。广州虽有140.37万平方米,但过于集中在白云国际机场一地,其潜能发挥容易受到掣肘。在跑道数量、飞行区等级、机场占地面积、机位数量、仓储设施等方面，广州亦有明显差距。因此，2017年广州实际的年旅客吞吐量、年货邮吞吐量和年起降架次都明显落后于北京、上海（见表3-5）。

表3-5 国内三大航空枢纽机场设施承载能力比较

一级指标	二级指标	北京	上海	广州
枢纽机场设施承载能力	航站楼数量	首都国际机场：3座，共141万平方米；大兴国际机场：143万平方米	浦东国际机场：航站楼2座，82.4万平方米；虹桥国际机场：航站楼1座，44.46万平方米	白云国际机场航站楼2座；140.37万平方米
	跑道数量/飞行区等级	首都国际机场：3/4F；大兴国际机场：4/4F	浦东国际机场：5/4F；虹桥国际机场：2/4E级	白云国际机场3/4F
	机场占地面积	首都国际机场：13.13平方千米；大兴国际机场：27.3平方千米	浦东国际机场：40平方千米；虹桥国际机场：4.55平方千米；	白云国际机场14.4平方千米
	机位数量	首都国际机场：314个；大兴国际机场：137个	浦东国际机场：218个；虹桥国际机场：89个	白云国际机场202个
	仓储设施	大兴货运站：25127平方米	浦东国际机场年货邮能力420万吨；虹桥国际机场年货邮能力100万吨	白云国际机场250万吨货邮能力
	年旅客吞吐量	首都国际机场9578.6万人次	浦东国际机场：7000.43万人次；虹桥国际机场：4188.41万人次	白云国际机场6972.04万人次
	年货邮吞吐量	首都国际机场202.96万吨	浦东国际机场：383.56万吨；虹桥国际机场：40.75万吨	白云国际机场250万吨
	年起降架次	首都国际机场59.7万架次	浦东国际机场：49.69万架次；虹桥国际机场：26.36万架次	白云国际机场47.73万架次
	航班正常放行率（2019年3月）	首都国际机场85.21%	浦东国际机场：84.53%；虹桥国际机场：89.77%	白云国际机场87.95%

三、枢纽网络化水平比较

从国内航线和国际航线的比较看,三大航空枢纽不相上下,国内航线都在150条左右,可以比较全面地覆盖全国的大中城市。国际航线以广州稍多,为157条,但实际的国际交往质量和水平,与京沪两市仍有较大差距,其中有着诸多不可比因素。在通航点数量方面,北京具有明显的优势,接近300个,是目前全国最大的枢纽机场,上海有280个,广州为220个。因此,空中的网络优势,当属北京最好,其次为上海,广州居三者中末位。但是,在市区交通衔接度和信息化程度方面,三者水平是大体相当的(见表3-6)。

表3-6　国内三大航空枢纽网络化水平比较

一级指标	二级指标	北京	上海	广州
枢纽网络化水平	国内航线(条)	132	156	143
	国际航线(条)	120	124	157
	通航点数量(个)	国内160,国际136	280	220
	专业航空货运航点(个)	21	N/A	N/A
	对外联系程度	高	较高	次之
	市区交通衔接度	轨道交通、高速公路等	轨道交通、高速公路等	轨道交通、高速公路等
	信息化程度	智慧停车、自助值机	智慧停车、自助值机	智慧停车、自助值机

注:N/A指未获得数据。

四、基地航空公司与航空服务产业链比较

从基地航空公司的实力看,北京最强,上海次之,广州较弱。但广州的南方航空是中国最大的航空公司,2017年南方航空运送3176万人次,占机场总运量的55%。在航空服务的产业链条来说,三者差别不大,而广州的航空维修业位居全国第一。(见表3-7)

表3-7 国内三大航空枢纽相关指标比较(2017年)

一级指标	二级指标	北京	上海	广州
基地航空公司与航空服务产业链	基地航空公司数量	4家:国航、首都航空、奥凯航空、中国联合航空	4家:东方航空、上海航空、春秋航空、吉祥航空	南方航空、九元航空、深圳航空等
	基地航空公司占枢纽客流份额	国航在北京首都国际机场市场份额约53%	东航在上海枢纽的份额超过50%	南方航空公司3176万人次,占机场总运量的55%
	航空服务产业链	建设临空经济带,具备较为完整的航空服务产业链	虹桥商务区(临空经济示范区)已具备较为完整的航空服务产业链	建设临空经济示范区,相关航空服务产业链逐步成型

五、临空经济发展水平比较

从临空经济发展水平看,空港经济区的发展规模以京穗两地稍大;但比较成型的当属上海的虹桥商务区,其特色更为突出,依托国家会展项目建设和高端会议展览业,以发展国际贸易业务为核心,促进上海国际贸易中心平台建设。北京首都国际机场临空经济示范区主要发展航空运输类企

业、战略性新兴产业、产业金融类企业、会展类企业等类型的企业，相对产业发展比较杂，类型多。广州空港经济区主要发展航空维修与制造业、航空物流业、跨境电商业、通用航空业、飞机租赁业、航空总部商务等产业，目前，飞机维修、航空物流和航空租赁等方面已有明显的起色。上海虹桥国际机场商务区在产业发展上与航空主业的链接虽然不那么紧密，但由于处于比较成熟的城市区域，综合发展的配套完善，因此其发展可算是比较成型的（见表3-8）。

表3-8 国内三大航空枢纽临空经济发展水平比较

一级指标	二级指标	北京	上海	广州
临空经济发展水平	空港经济区发展规模	首都国际机场临空经济示范区115.7平方千米，核心区规划总面积10平方千米	虹桥商务区核心区27平方千米，拓展区59平方千米	白云国际机场空港经济核心区11.6平方千米
	机场产业群成熟度	航空运输类企业、战略性新兴产业、产业金融类企业、会展类企业	形成以总部经济为核心，以高端商务商贸和现代物流为重点，以会展、商业等为特色	航空维修与制造业、航空物流业、跨境电商业、通用航空业、飞机租赁业、航空总部商务等产业
	特殊政策	享受临空经济示范区政策	享受临空经济示范区政策（虹桥国际机场）	享受临空经济示范区政策

六、枢纽对外开放能力比较

三大枢纽的对外开放能力，以上海的对外经贸能力为最强。上海在进出口贸易、对外投资、对外承包合同、对外劳务合作以及对外开放政策创新等方面都有着极强的实力。特别是上海的进出口贸易,达到79 211.4亿美元,数倍于广州和北京;对外投资达到110.8亿美元,也大致相当于北京和广州的2倍。对外承包合同总金额上,广州也比较弱。在对外开放政策的创新上,最为突出的是上海的自贸区政策创新,全国多数自贸政策创新来自上海(见表3-9)。

表3-9 国内三大航空枢纽对外开放能力比较

一级指标	二级指标	北京	上海	广州
枢纽对外开放能力	进出口贸易（美元）	21923.9亿	79211.40亿	9714.36亿
	对外承包合同（美元）	40.3亿	108.5亿	3.1263亿
	对外劳务合作（派出人次）	12782	18935	20493
	年国际游客人数（人次）	392.6万	873.01万	900.48万
	对外投资（美元）	61亿	110.8亿	50.8亿
	对外开放政策	政策创新与广州类似	自贸区政策创新多	自贸区政策创新相对不足

七、比较后的若干启示

从上述六大方面的比较来看,广州在区位因素与腹地支撑能力、枢纽机场设施承载能力、枢纽网络化水平、枢纽对外开放能力等方面较弱;在基地航空公司与航空服务产业链、临空经济发展水平、城市客货集散能力方面具有一定的基础;在城市客货集散能力方面略有综合优势。其中,有些因素是主观上很难转变的,如区位因素与腹地支撑能力;有些因素是可以逐步提升的。在补短板的战略重心上,一是要在枢纽机场承载能力上加大力度，以世界一流的标准建设具有强大承载能力的机场体系，形成强大的机场转运能力。二是要推动枢纽机场的国内外网络连接能力，集聚和扩散国内外航空资源，进行有效的配置，依托基地航空公司的网络优势，深化扩展网络连接，形成强大的航空服务能力。三是要进一步提升临空经济发展水平，在已有的航空维修与制造业、航空物流业、跨境电商业、通用航空业、飞机租赁业、航空总部商务等产业的基础上，加强引资选资工作，做好临空经济产业链条，推动实现临空经济的飞跃发展。

第四章

全球国际航空枢纽建设的基本格局与广州国际航空枢纽

第四章 全球国际航空枢纽建设的基本格局与广州国际航空枢纽

当今世界,随着全球经济一体化和世界贸易的不断发展,国际航空枢纽运输网络飞速发展,已成为国家间社会经济交流的重要途径。目前,世界国际航空网络最显著的特点是在全球形成了以若干个大型国际航空枢纽机场为轴心、连接其他国际航空枢纽机场、辐射周边次枢纽机场的中枢辐射式航线网络发展布局。2017 年,中国的航空旅客吞吐量为 5.49 亿人次,比上年增长 12.6%。据国际航空交通协会预测,到 2036 年,航空旅客吞吐量将达 78 亿人次。中国将在 2022 年成为航空旅客吞吐量第一的国家。随着中国"一带一路"合作的实施,中国与世界的合作交流将更加频繁、更加密切,这也必将深刻改变全球国际航空枢纽的格局。

第一节 全球国际航空枢纽的基本格局

一、全球航空枢纽的基本分布格局

(一) 欧洲、北美和亚洲是全球最大的三大航空市场

全球范围形成的以大型国际航空枢纽机场为核心的中枢辐射式航空网络布局,主要表现为全球重点区域形成了多个超级枢纽。在北美逐步形成了亚特兰大机场、洛杉矶国际机场、芝加哥奥黑尔机场、达拉斯—沃思堡国际机场、纽约肯尼迪机场和丹佛国际机场等超级枢纽;在欧洲逐步形成了伦敦希思罗国际机场、巴黎戴高乐机场、法兰克福机场和阿姆斯特丹史基浦国际机场四大超级枢纽;在东亚形成了北京首都国际机场、香港国际机场、上海浦东国际机场、广州白云国际机场、东京羽田国际机场和仁川国际机场等枢纽机场;在东南亚形成了雅加达苏加诺国际机场、新加坡樟宜国际机场等枢纽机场;在中东和南亚形成了迪拜国际机场、伊斯坦布尔国际机场和新德里国际机场等国际枢纽。2017 年各大枢纽机场的旅客吞

吐量，亚特兰大机场以1.039亿人次继续领跑，成为全球最繁忙机场，而北京首都国际机场以9577.4万人次排名第二。从2017年全球主要机场旅客吞吐量可以大致认知全球航空枢纽的空间格局（见表4-1）。从排名前20位机场名单来看，北美、欧洲分别占据5个和4个机场，传统上比较发达的经济体的航空发展仍然实力超群；但是东亚、南亚、东南亚、西亚等亚洲区域内的旅客吞吐量上升趋势也十分明显，共有11个机场进入到全球的前20位。

欧洲、北美和亚洲是全球最大的三大航空市场。根据2015年的航空市场统计数据，欧洲机场旅客吞吐量占全球市场份额的30.18%，航空货运吞吐量占全球市场份额的19.16%；北美机场旅客吞吐量的全球市场份额为27.48%，航空货运吞吐量的全球市场份额为30.68%；亚太（不含中东地区）机场旅客吞吐量的全球市场份额为27.13%，航空货运吞吐量占全球市场份额35.45%。地理位置处于欧亚非大陆交接地带的中东地区立足航空国家战略，航空业务量发展迅猛，尤其是在国际长途中转业务量方面。中东地区机场旅客吞吐量的全球市场份额为4.55%，航空货运吞吐量占全球市场份额8.17%。拉美及南美洲地区机场旅客吞吐量的全球市场份额为8.17%，航空货运吞吐量占全球市场份额4.91%。非洲大陆则属于航空运输的贫困地区，其机场旅客吞吐量的全球市场份额为2.49%，航空货运吞吐量占全球市场份额1.63%。

全球航空客运枢纽50强中，亚太（含中东）22家机场入围。其中，中国9家，日本2家，印度2家。全球航空货运枢纽50强中，亚太（含中东）23家机场入围。其中，中国8家，阿联酋3家，日本3家，印度2家。全球航空客运枢纽50强中，欧洲10家机场入围，其中，英国2家，德国2家，西班牙2家。全球航空货运枢纽50强中，欧洲10家机场入围，其中，德国3家，而德国的客运和货运枢纽都不是该国首都。

表 4-1 2017 年全球前 20 位的主要机场的区域分布格局

国际区域	名次	机场名称	旅客吞吐量/人次
北美	1	亚特兰大国际机场	1.04 亿
	5	洛杉矶国际机场	8456 万
	6	芝加哥奥黑尔国际机场	7983 万
	12	达拉斯-沃思堡国际机场	6709 万
	20	丹佛国际机场	6138 万
欧洲	7	伦敦希思罗国际机场	7801 万
	10	巴黎戴高乐国际机场	6947 万
	11	阿姆斯特丹史基浦国际机场	852 万
	14	法兰克福国际机场	6450 万
东亚	2	北京首都国际机场	9579 万
	4	东京羽田国际机场	8541 万
	8	香港国际机场	7266 万
	9	上海浦东国际机场	7000 万
	13	广州白云国际机场	6589 万
	19	仁川国际机场	6216 万
西亚、南亚	3	迪拜国际机场	8824 万
	15	伊斯坦布尔国际机场	6387 万
	16	印度德里机场	6345 万
东南亚	17	新加坡樟宜国际机场	6222 万
	18	雅加达苏加诺国际机场	6302 万

（二）中美两国成为名副其实的航空大国

2017 年，全球商业航空旅客运输量超过 38 亿人次，全球商业机场超过4000家，其中美国拥有民用商业机场540个左右，中国拥有民用机场229个。2017年全球最大的50个航空客运枢纽机场整体旅客吞吐量达27.24亿人次，占全球整体航空旅客吞吐量的70%以上。美国最大的50个航空客运枢纽机场整体旅客吞吐量为14.22亿人次，占全美整体旅客吞吐量的88%左右。中国最大的50个航空客运枢纽机场整体旅客吞吐量为9.36亿人次，占中国整体旅客吞吐量的93%以上。航空货运枢纽的数据亦然，只是航空货运枢纽的集中度更高。

二、全球航空货运枢纽分布特征

（一）国际枢纽机场货邮吞吐量

2018年，国际枢纽机场货邮吞吐量总体增长高于预期。排名前20位的枢纽机场货邮吞吐量合计约5061.7万吨，同比增长6.8%，高于国际航空运输协会年初预测的4%的增长率，但低于2017年全球航空货邮吞吐量7.9%的增长率。

机场之间差距较大。全球航空货运枢纽机场中，货邮吞吐量在300万吨以上的机场3个，吞吐量合计1321.1万吨；货邮吞吐量在200万吨~300万吨的机场13个，吞吐量合计3033.2万吨。根据货邮吞吐量来排名，香港国际机场以超过500万吨吞吐量高居榜首，美国孟菲斯国际机场以433.7万吨位居第2，上海浦东国际机场以382.4万吨居第3位，台北桃园国际机场则上升两位排名第9，台北桃园国际机场首次客（国际旅客量）货运同时进入前10名。北京首都国际机场以203万吨排名第15，广州白云国际机场排名第18。就国家来讲，美国有6个机场进入20强，中国有5个机场（包括港台）进入20强。2017年货邮吞吐量最大的20个机场分别是：香港国际机场（505万吨）、孟菲斯国际机场（433.7万吨）、上海浦东国际机场（382.4万吨）、仁川国际机场（292.2万吨）、安克雷奇国际机场（271.3万吨）、迪拜国际机场（265.4万吨）、路易斯维尔机场（260.3万吨）、东京成田国际机场（233.6万吨）、台北桃园国际机场（227万吨）、巴黎戴高乐国际机场（220万吨）、法兰克福国际机场（219.4万吨）、新加坡樟宜国际机场（216.5万吨）、洛杉矶国际机场（215.8万吨）、迈阿密国际机场（207.2万吨）、北京首都国际机场（203万吨）、多哈国际机场（202万吨）、伦敦希思罗国际机场（179.4万吨）、广州白云国际机场（178万吨）、阿姆斯特丹史基浦国际机场（177.8万吨）和芝加哥奥黑尔国际机场（172.2万吨）。排名第1位的香港国际机场与排名第20位的芝加哥奥黑尔国际机场相差332.8万吨。（见表4-2）

与2016年相比，2017年货邮吞吐量前20位的机场排名变化不大。台北桃园国际机场和伦敦希思罗国际机场分别上升2位，安克雷奇国际机场、新加坡樟宜国际机场、洛杉矶国际机场分别上升1位，迈阿密国际机场和阿姆斯特丹史基浦国际机场分别下降2位，迪拜国际机场、巴黎戴高乐国际机场和法兰克福国际机场分别下降1位。

表4-2 2017年全球主要枢纽机场货邮吞吐量排名

2017年排名	排名变化	机场名称	货邮吞吐量（吨）	同比增长
1	—	香港国际机场	505.0万	9.4%
2	—	孟菲斯国际机场	433.7万	0.3%
3	—	上海浦东国际机场	382.4万	11.2%
4	—	仁川国际机场	292.2万	7.6%
5	+1	安克雷奇国际机场	271.3万	6.7%
6	-1	迪拜国际机场	265.4万	2.4%
7	—	路易斯维尔机场	260.3万	6.8%
8	—	东京成田国际机场	233.6万	7.9%
9	+2	台北桃园国际机场	227.0万	8.2%
10	-1	巴黎戴高乐国际机场	220.0万	2.8%
11	-1	法兰克福国际机场	219.4万	3.8%
12	+1	新加坡樟宜国际机场	216.5万	7.9%

续表 4-2

2017年排名	排名变化	机场名称	货邮吞吐量（吨）	同比增长
13	+1	洛杉矶国际机场	215.8万	8.1%
14	-2	迈阿密国际机场	207.2万	2.9%
15	—	北京首都国际机场	203.0万	4.5%
16	—	多哈国际机场	202.1万	15%
17	+2	伦敦希思罗国际机场	179.4万	9.4%
18	—	广州白云国际机场	178.0万	7.8%
19	-2	阿姆斯特丹史基浦国际机场	177.8万	4.9%
20	—	芝加哥奥黑尔国际机场	172.2万	12.6%

（二）国际枢纽机场货运量

以国际货运量来说，香港国际机场（493.7万吨）继续保持第一名，而上海浦东国际机场（290.7万吨）则超越韩国仁川国际机场和阿联酋迪拜国际机场，上升两个位次名列第二，台北桃园国际机场（225.3万吨）位居第六。2017年国际货运量最大的20个机场分别是：香港国际机场（493.7万吨）、上海浦东国际机场（290.7万吨）、仁川国际机场（282.6万吨）、迪拜国际机场（265.4万吨）、东京成田国际机场（226.3万吨）、台北桃园国际机场（225.3万吨）、新加坡樟宜国际机场（212.5万吨）、法兰克福国际机场（206.6万吨）、安克雷奇国际机场（199.8万吨）、多哈国际机场（199.4万吨）、巴黎戴高乐国际机场（196.8万吨）、迈阿密国际机场（175.5万吨）、阿姆斯特丹史基浦国际机场（175.3万吨）、伦敦希思罗国际机场（169.7万吨）、曼谷素万那普机场（139.3万吨）、洛杉矶国际机场（130.1万吨）、芝加哥奥黑尔国际机场（122.3万吨）、莱比锡国际机场（104.7万吨）、纽约肯尼迪国际机场（104.7万吨）、伊斯坦布尔国际机场（103万吨）。（见表4-3）

表4-3 2017年全球主要枢纽机场国际货运量排名

2017年排名	排名变化	机场名称	货邮吞吐量（吨）	同比增长
1	—	香港国际机场	493.7万	9.2%
2	+2	上海浦东国际机场	290.7万	15.2%
3	-1	仁川国际机场	282.6万	8.6%
4	-1	迪拜国际机场	265.4万	2.4%
5	—	东京成田国际机场	226.3万	8.6%
6	—	台北桃园国际机场	225.3万	8.3%
7	+1	新加坡樟宜国际机场	212.5万	7.9%
8	-1	法兰克福国际机场	206.6万	4.0%
9	+1	安克雷奇国际机场	199.8万	5.1%
10	+1	多哈国际机场	199.4万	14.5%
11	-2	巴黎戴高乐国际机场	196.8万	2.7%
12	—	迈阿密国际机场	175.5万	2.2%
13	—	阿姆斯特丹史基浦国际机场	175.3万	5.4%
14	—	伦敦希思罗国际机场	169.7万	10.2%
15	—	曼谷素万那普机场	139.3万	10.6%
16	—	洛杉矶国际机场	130.1万	10.5%
17	—	芝加哥奥黑尔国际机场	122.3万	12.2%
18	+1	莱比锡国际机场	104.7万	7.7%
19	-1	纽约肯尼迪国际机场	104.7万	7.4%
20	+1	伊斯坦布尔国际机场	103.0万	16.5%

三、枢纽机场飞机起降情况以美国领先

以飞机起降架次来说，美国机场遥遥领先。根据2017年统计数据，世界上起降最繁忙的20个机场中，美国就有9个，而且前4名均为美国

机场，其中亚特兰大机场年起降架次达到88万，北京首都国际机场排名第5，年起降架次为59.7万，上海浦东国际机场排名第10（49.7万架次），广州白云国际机场排名第15（46.5万架次）。2017年，世界航班起降最多的20大机场分别是：亚特兰大国际机场（88万架次）、芝加哥奥黑尔国际机场（86.7万架次）、洛杉矶国际机场（70万架次）、达拉斯—沃思堡国际机场（65.4万架次）、北京首都国际机场（59.7万架次）、丹佛国际机场（57.5万架次）、夏洛特国际机场（55.4万架次）、拉斯维加斯国际机场（54.3万架次）、阿姆斯特丹史基浦国际机场（51.5万架次）、上海浦东国际机场（49.7万架次）、巴黎戴高乐国际机场（48.3万架次）、伦敦希思罗国际机场（47.6万架次）、法兰克福国际机场（47.6万架次）、多伦多皮尔逊国际机场（46.6万架次）、广州白云国际机场（46.5万架次）、伊斯坦布尔国际机场（46.1万架次）、旧金山国际机场（46万架次）、东京羽田国际机场（45.3万架次）、休斯敦国际机场（45万架次）、墨西哥城国际机场（45万架次）。

第二节　中国航空枢纽发展现状与布局

一、中国航空枢纽发展的现状

（一）中国5大机场进入前20强榜单

国际机场理事会发布了2017年世界机场客运量、国际客运量、货运量、国际货运量、起降架次等20强机场榜单，北京首都国际机场、上海浦东国际机场、广州白云国际机场、香港国际机场和台北桃园国际机场5个机场进入相关榜单，其中香港国际机场5个榜单全部上榜。

（二）民航机场旅客吞吐量情况

2017年，我国境内民用航空（颁证）机场共有229个（不含香港、澳门和台湾地区，下同），其中定期航班通航机场228个，定期航班通航城市224个。

在我国境内229个民航机场中，总旅客吞吐量约11.48亿人次。其中，年旅客吞吐量1000万人次以上的机场达到32个，比上年增加了太原武宿、长春龙嘉、南昌昌北、呼和浩特白塔机场4个机场，完成旅客吞吐量占全部境内机场旅客吞吐量的81.0%，较上年提高1.9%；北京、上海和广州三大城市机场旅客吞吐量占全部境内机场旅客吞吐量的24.3%，较上年下降1.9%。年旅客吞吐量200万～1000万人次机场有26个，较上年净增5个，完成旅客吞吐量占全部境内机场旅客吞吐量的11.8%，较上年下降1.0%。年旅客吞吐量200万人次以下的机场有171个，较上年净增2个，完成旅客吞吐量占全部境内机场旅客吞吐量的7.3%，较上年下降0.8%。国内各地区旅客吞吐量的分布情况是：华北地区占15.0%，东北地区占6.3%，华东地区占29.0%，中南地区占24.2%，西南地区占16.5%，西北地区占6.4%（新疆地区占2.6%）。

（三）全国机场货邮吞吐量分布状况

在我国境内229个机场中，货邮吞吐量合计约1618万吨。其中，年货邮吞吐量1万吨以上的机场有52个，较上年净增2个，完成货邮吞吐量占全部境内机场货邮吞吐量的98.5%，较上年提高0.2%；北京、上海和广州三大城市机场货邮吞吐量占全部境内机场货邮吞吐量的49.9%，较上年提高0.3%。年货邮吞吐量1万吨以下的机场有177个，较上年净增9个，完成货邮吞吐量占全部境内机场货邮吞吐量的1.5%，较上年下降0.2%。国内各地区货邮吞吐量的分布情况是：华北地区占15.4%，东北地区占3.4%，华东地区占41.2%，中南地区占26.2%，西南地区占10.1%，西北地区占2.5%（新疆地区占1.2%）。

表4-4　2017年全国境内主要机场生产情况

机场	旅客吞吐量		货邮吞吐量		起降架次	
	名次	人次	名次	吨	名次	架次
合计		1147866788		16177345.40		10248859
北京/首都	1	95786296	2	2029583.60	1	597259
上海/浦东	2	70001237	1	3824279.90	2	496774
广州/白云	3	65806977	3	1780423.10	3	465295
成都/双流	4	49801693	5	642872.00	6	337055
深圳/宝安	5	45610651	4	1159018.60	5	340385
昆明/长水	6	44727691	8	418033.60	4	350273
上海/虹桥	7	41884059	9	407461.10	10	263586
西安/咸阳	8	41857229	14	259872.50	7	318959
重庆/江北	9	38715210	11	366278.30	8	288598
杭州/萧山	10	35570411	6	589461.60	9	271066
南京/禄口	11	25822936	10	374214.90	11	209394
厦门/高崎	12	24485239	12	338655.70	13	186454
郑州/新郑	13	24299073	7	502714.80	12	195717
长沙/黄花	14	23764820	21	138737.60	17	179575
青岛/流亭	15	23210530	15	232063.90	16	179592
武汉/天河	16	23129400	16	185016.70	15	183883
海口/美兰	17	22584815	20	154496.00	21	157535
乌鲁木齐/地窝堡	18	21500901	19	156741.50	20	167822
天津/滨海	19	21005001	13	268283.50	18	169585
三亚/凤凰	20	19389936	29	89115.90	26	121558
哈尔滨/太平	21	18810317	23	121176.20	24	136803
贵阳/龙洞堡	22	18109610	27	102369.70	22	149050
大连/周水子	23	17503810	17	164777.60	23	141428
沈阳/桃仙	24	17342626	18	159117.10	25	127387
济南/遥墙	25	14319264	28	95151.50	27	115529
南宁/吴圩	26	13915542	25	110444.20	28	108049
兰州/中川	27	12816443	33	60905.50	29	103690

续表 4-4

机场	旅客吞吐量 名次	旅客吞吐量 人次	货邮吞吐量 名次	货邮吞吐量 吨	起降架次 名次	起降架次 架次
福州/长乐	28	12469235	22	125602.70	31	98908
太原/武宿	29	12401086	36	48428.40	30	101076
长春/龙嘉	30	11662943	30	88907.30	36	86041
南昌/昌北	31	10937105	35	52262.40	34	89863
呼和浩特/白塔	32	10348617	40	39611.30	33	96872
石家庄/正定	33	9582921	39	41013.20	38	80492
宁波/栎社	34	9390527	24	120446.90	43	73257
温州/龙湾	35	9285621	31	75531.90	42	74505
珠海/金湾	36	9216808	42	37379.00	41	74694
合肥/新桥	37	9147128	32	63575.00	40	76263
银川/河东	38	7936445	37	42181.60	45	67059
桂林/两江	39	7862015	47	24188.30	46	64260
丽江/三义	40	7105345	52	10265.60	50	54250
无锡/硕放	41	6683380	26	107598.10	52	52839
烟台/蓬莱	42	6503015	38	41140.70	47	62105
北京/南苑	43	5953883	48	23204.90	63	41340
西宁/曹家堡	44	5627696	44	27687.20	54	48529
泉州/晋江	45	5340586	34	59277.80	59	43926
揭阳/潮汕	46	4851015	46	26271.40	53	49109
西双版纳/嘎洒	47	3990867	50	13060.70	69	31925
拉萨/贡嘎	48	3718350	43	32364.90	67	32561
绵阳/南郊	49	3543403	59	7225.00	19	169088
常州/奔牛	50	2510512	49	18871.30	64	40498

(四) 飞机起降情况

2017 年, 全国境内 229 个民航机场总的飞机起降架次为 10248859 架。其中完成飞机起降 1024.9 万架次, 比上年增长 10.9% (其中运输架次为 872.9 万架次, 比上年增长 10.0%)。分航线看, 国内航线完成 938 万架次，比上年增长11.3%（其中内地至香港、澳门和台湾地区航线完成19.2万架次，比上年下降5.4%）；国际航线完成86.9万架次，比上年增长7.3%。

二、未来中国航空枢纽的发展布局

（一）航空枢纽格局覆盖面扩大

根据《全国民用运输机场布局规划》（发改基础〔2017〕290号），至2020年，全国运输机场数量将增加到260个左右，北京新机场、成都新机场等一批重大项目将建成投产，以及其他机场的规划建设，枢纽机场设施能力进一步提升，一批支线机场将投入使用。未来将建成覆盖广泛、分布合理、功能完善、集约环保的现代化机场体系，形成3个世界级机场群、10个国际枢纽、29个区域枢纽。京津冀、长三角、珠三角世界级机场群形成并快速发展，北京、上海、广州机场国际枢纽竞争力明显加强，成都、昆明、深圳、重庆、西安、乌鲁木齐、哈尔滨等国际枢纽作用显著增强，航空运输服务覆盖面进一步扩大。展望2030年，机场布局进一步完善，覆盖面进一步扩大，服务水平持续提升，中国将成为世界航空强国。

（二）发展专业化协同分工国际航空枢纽

未来中国必将成为全球名副其实的民航大国和民航强国，伴随着中国民众享受航空服务水平接近甚至超越世界平均水平，中国航空枢纽必须形成多元化、专业化分工协作的机场群，这既包括国内和国际服务的专业化分工，又包括干线和支线的层级分工，还包括客货运综合以及客运和货运专业化分工运营的立体枢纽业态布局。

中国的航空枢纽建设已经在国际市场崭露头角，北京首都国际机场旅客吞吐量全球排名第二，上海浦东国际机场货运吞吐量全球排名第三。但是中国的国际航空客运枢纽在全球范围内地位尴尬，在亚太区域范围内也落后于周边机场,这与中国对外开放引领世界全球化的追求和身份不符。在中国的国际航空货运枢纽中,长三角浦东国际机场一枝独秀,但是,在国内落后于香港,与周边机场相比,落后于中东的迪拜和东部的邻居仁川。这与中国全球第一大贸易大国、中国全球第一大快递大国、中国全球高科技世界工厂的地位不符。北上广之外的国际航空枢纽建设无论在航线网络连通性还是在国际化能力和水平上都是任重道远,专业化机场群发展和多元层次枢纽机场建设,航空产业以及关联物流、旅游、金融贸易、商务的全面进步协同,都显得十分重要。

第三节 广州航空枢纽与粤港澳大湾区及周边省区发展竞合与展望

一、广州航空枢纽与粤港澳大湾区及周边省区发展竞合的现状

(一)粤港澳大湾区及周边省份的航空发展地位十分重要

粤港澳大湾区日前拥有广州白云国际机场、深圳宝安机场、香港国际机场三大国际枢纽以及澳门机场、珠海机场、惠州机场、佛山机场等大中小型机场错位发展的多机场体系。2017年,粤港澳大湾区五大机场(香港、澳门、广州、深圳、珠海)的总体旅客吞吐量超过2亿人次,货邮吞吐量近800万吨,运输规模已经超过纽约、伦敦、东京等世界级机场群,位于全球湾区机场群之首,在全国航空发展中居于十分重要的位置。其中,广州白云国际机场的旅客吞吐量、货邮吞吐量、飞机起降架次在全国都居于前列,较之于周边省份的厦门高崎、长沙黄花、武汉天河、海口美兰、福州长乐、南昌昌北、桂林两江等机场,具有明显的规模优势。

表4-5 2017年广州白云国际机场主要竞争对手的业务对比

	机场	旅客吞吐量（人次）		货邮吞吐量（吨）		起降架次（架次）	
		名次	本期完成	名次	本期完成	名次	本期完成
	合计		1147866788		16177345.4		10248859
全国层面国际航空枢纽的竞争	北京/首都	1	95786296	2	2029583.6	1	597259
	上海/浦东	2	70001237	1	3824279.9	2	496774
	广州/白云	3	65806977	3	1780423.1	3	465295
	成都/双流	4	49801693	5	642872.0	6	337055
	深圳/宝安	5	45610651	4	1159018.6	5	340385
	上海/虹桥	7	41884059	9	407461.1	10	263586
周边省份机场竞争	厦门/高崎	12	24485239	12	338655.7	13	186454
	长沙/黄花	14	23764820	21	138737.6	17	179575
	武汉/天河	16	23129400	16	185016.7	15	183883
	海口/美兰	17	22584815	20	154496.0	21	157535
	福州/长乐	28	12469235	22	125602.7	31	98908
	南昌/昌北	31	10937105	35	52262.4	34	89863
	桂林/两江	39	7862015	47	24188.3	46	64260
	泉州/晋江	45	5340586	34	59277.8	59	43926
	张家界/荷花	61	1773700	102	1426.3	85	17289
	赣州/黄金	75	1279798	62	6628.8	87	16787
	井冈山	108	626775	87	2219.6	126	6266
	景德镇/罗家	109	621880	88	2120.0	150	4638
	宜春/明月山	118	542727	144	370.0	130	6153
	武夷山	124	493460	123	826.9	135	5832
	琼海/博鳌	147	316246	180	52.0	116	8523
	上饶/三清山	180	146655	201	6.6	193	1634
	梧州/长洲岛	219	27475	199	7.5	32	98260

续表 4-5

机场		旅客吞吐量（人次）		货邮吞吐量（吨）		起降架次（架次）	
		名次	本期完成	名次	本期完成	名次	本期完成
珠三角及广东层面的机场	香港		72860000		5050000		423400
	广州/白云	3	65806977	3	1780423.1	3	465295
	深圳/宝安	5	45610651	4	1159018.6	5	340385
	惠州/平潭	87	956858	77	3985.9	114	8670
	湛江	54	2090568	71	5238.9	74	25487
	珠海/金湾	36	9216808	42	37379.0	41	74694
	揭阳/潮汕	46	4851015	46	26271.4	53	49109
	佛山/沙堤	126	471472	157	242.5	163	3381
	梅县/长岗岌	139	397857	165	126.9	142	5414

数据来源：中国民用航空局。

（二）航空空域资源的局限与竞争问题突出

珠三角区域是中国航空运输最繁忙的地区之一，广州白云国际机场半径 100 千米范围内有深圳宝安国际机场、珠海金湾机场、香港国际机场、澳门国际机场 4 个大型民用机场，珠海九洲、深圳南头 2 个直升机场以及佛山、岑村、惠阳 3 个军用机场；有 39 条国际国内航路、9 个民航等待空域、19 个军事训练空域、15 条军事训练航线及 10 个战备空域。以佛山机场为例，其军航飞行活动会直接影响广州白云国际机场西面空域的使用，仅此影响就使广州白云国际机场起降架次下降 20%~25%，大大限制了广州白云国际机场飞行空域的使用。在航空运输业务保持快速发展的形势下，珠三角空域紧张的问题将在一定程度上制约广州白云国际机场航空枢纽建设，合理利用、有效整合机场空域资源迫在眉睫。目前，浦东国际机场许可高峰小时起降 90 架次，北京首都国际机场许可高峰小时起降 86 架次，广州白云国际机场仅有 71 架次，空域不足已经成为制约广州白云国际机场发展的明显短板。

（三）腹地市场抢占竞争激烈

在广东省域机场群中，广州白云国际机场优势明显，客货运吞吐量等指标多年排名首位。但由于香港国际机场以及几年来快速崛起的深圳机场的竞争，白云国际机场旅客吞吐量增速明显减缓，2015年甚至只有0.8%的微弱增长，在大珠三角各民航机场中增速垫底。究其原因，在出境方面，香港国际机场对国际旅客的分流明显。据统计，广州白云国际机场的珠三角腹地市场中，有接近50%的旅客选择经香港国际机场前往国外。在流失率最高的20条航线中，其中有3条是涉及台湾航线，两岸间的航权政策还存在限制是造成这个现象的主要原因。在国内航线中，深圳、珠海、佛山、潮汕、湛江、惠州、梅州等机场对国内旅客的分流逐步明显。2015年，上述机场的旅客吞吐量增速都明显高于广州。

（四）周边省份机场的竞争日趋激烈

周边省份有厦门高崎、长沙黄花、武汉天河、海口美兰、福州长乐、南昌昌北、桂林两江、泉州晋江、张家界荷花、赣州黄金、井冈山、景德镇罗家、宜春明月山、武夷山、琼海博鳌、上饶三清山、梧州长州岛等机场，在腹地上会有一定的竞合关系。从发展趋势看，近年来周边省份也积极发展航空产业，其机场建设力度不断加大，新开航线不断增加，有些还加快开通国际航线，不少航线直接与广州白云国际机场相竞争。

二、粤港澳大湾区航空枢纽建设的前景展望与策略思考

（一）前景展望

1. 以建设世界级机场群为粤港澳大湾区航空枢纽建设的重要目标

粤港澳大湾区中的三大机场作为大型国际机场，辐射范围较广，拥有广阔的内陆腹地市场，未来需要进一步增强机场群的国内通达性和全球辐

第四章 全球国际航空枢纽建设的基本格局与广州国际航空枢纽

射力,成为在全球具有巨大影响力的机场群。

2. 未来将以国际航空枢纽机场为龙头,带动周边机场建成互补发展的国家级大湾区机场群

大湾区机场群的核心是国际航空枢纽机场,与周边中小型机场形成干支结合的竞合关系。要在以地面交通以地区干线铁路和高速公路为支撑,满足区域内航空交通需求的同时,不断提升对外辐射能力,满足服务东南亚及亚太地区的航空客货需求。

(二)策略思考

1. 进一步加强粤港澳大湾区机场发展

粤港澳大湾区拥有世界三大湾区之一的优势资源,三大主要机场所处城市均拥有享誉世界的名牌,香港是亚洲著名的金融城,深圳是快速发展的创新知识城,广州保有大量先进制造业。在粤港澳大湾区的交织融合和共同发展下,粤港澳大湾区的航空市场不仅拥有强大的内需,国际航空市场也将进一步增加。因此,应加快推动广州第二机场、珠三角西部机场等项目的建设,推动航空枢纽的国际化发展,引领和推动大湾区机场群结构调整。

2. 积极响应建设"一带一路"倡议

进一步强化大湾区机场群作为对外开放的重要空中门户功能,协同加密或新增通达沿线国家的国际航线,发挥大湾区机场群在促进国内外贸易往来、实现全球资源高效配置中的作用,突出大湾区机场群在21世纪海上丝绸之路上的国际客运优势。

3. 健全粤港澳大湾区机场群管理体制机制,协调大湾区机场群的分工和合作

进一步探索粤港澳大湾区机场群的创新管理模式,建立健全大湾区机场群的横向协调管理体制机制,明确各大机场定位,构建有序竞争格局,积极提高机场群的枢纽连通性及客源集中度;明晰枢纽机场与支线机场的功能协调和分工合作,强化国际航线的合作运营,推动大湾区机场群的协同发展，形成整体统一、分工明确、功能完善、发展联动以及共赢共利的机场群。

4. 积极推进大湾区空域改革，合理调配空域资源

优化粤港澳大湾区机场群的空域管理，推广空域精细化管理改革试点经验，从优化空域使用审批制度、动态管理灵活使用空域、规范军民航调配标准等入手，率先在珠三角地区建立管理严格、审批规范、标准合理、调整灵活、协调有效、利用充分的空域管理体制机制，有针对性地提升高峰小时飞机起降架次。

第五章

广州与海上丝绸之路沿线国家和地区的航空联系

第五章 广州与海上丝绸之路沿线国家和地区的航空联系

经过80多年发展的广州白云国际机场，各项业务得到迅猛发展，与世界各国和地区的联系日益紧密。随着21世纪海上丝绸之路的建设，广州国际航空枢纽的发展前景潜力不断增大，将会迎来更加广阔的发展前景。从广州与海上丝绸之路国家和地区的现实联系出发，进一步搭建"空中丝绸之路"，挖掘潜力，拓展市场，是广州国际航空枢纽建设的应有之义。

第一节　广州须以"空中丝绸之路"联结"海上丝绸之路"

海上丝绸之路是一个巨大的、纵横欧亚非大陆的开放性地域范畴，在地理空间上并没有明确的界限。大致重点的区域可以包括：东南亚、南亚、西亚、北非和中东欧地区，涉及地域非常辽阔。在这样一个巨大的地域上进行共商共建共享的建设，必将涉及巨大的人流、物流、信息流及资金流，形成越来越多的人文经贸联系；必然会有更多的航空联系，形成通往21世纪海上丝绸之路的"空中丝绸之路"。

一、"空中丝绸之路"是建设21世纪海上丝绸之路的加速器

在众多的交通方式中，航空运输是速度最快、可达性强、带动性好的运输方式，以此为支撑搭建"空中丝绸之路"，必将大大助力21世纪海上丝绸之路的建设。

（一）"空中丝绸之路"提升丝路沿线的联络效率

21世纪海上丝绸之路涉及东亚、东南亚、西亚、中东欧、北非等地，有着万水千山的阻隔。在这样广阔的地域上开展经贸文化交流，需要远涉

万里重洋和高山大河，时效性的要求也更高。若用水运、铁路、高速公路等其他的交通方式，都需耗费较多的时间（见表5-1）。从目前看，航空运输是最快的交通方式，是国际区域交流交往的重要运输工具，尤其在旅途遥远、时效要求高的情况之下，航空运输往往成为首选。

表5-1 不同运输方式的时效性差异

运输方式	路途及耗时	时效性
水运运输	从上海到埃及苏伊士运河需30天，到阿姆斯特丹需40天	较慢
铁路运输	从连云港沿新亚欧大陆桥到中亚的努尔苏丹需15天，到欧洲的鹿特丹需30天。国内比较著名的"渝新欧""郑新欧""蓉新欧"等货运专列，单程需约15天乃至更长时间	较快
高速公路	高速公路运输时效性基本上与铁路相同	较快
航空运输	从上海到中亚的塔什干需7小时，到中东的迪拜需9小时，到法兰克福需12小时	最快

（二）空中丝绸之路是以较低成本提升通达性的重要方式

海上丝绸之路沿线国家和地区涵盖亚非欧广大地区，地形地貌复杂，社会民族风貌多样，各种势力复杂交错，与各个地区的联系都需要克服重重困难。若用水运、铁路和高速公路等交通方式，需要花费大量资金修建铁路、公路和港口码头，并且需要有地面空间上的连续性，这样既要克服各种地形地貌的不利影响，还要获得不同国际区域的许可，以及不同地区利益上的平衡和博弈。而航空运输虽然需要建设机场及各种附属设施，但相比之下可以跨越诸多地面线路，实现点对点连接。因此，航空运输是一种能以较低成本提升"丝绸之路"沿线国家和地区通达性的方式。在当今交通技术之下，建设"空中丝绸之路"，无疑是提升海上丝绸之路沿线国家和地区通达性的重要方式，它能使地理上比较封闭的地区联结起来，实现"双向"开放。

（三）航空交通方式的发展对促进沿线国家和地区的产业发展作用显著

航空运输是一种高度技术集约的产业，它能带动飞机制造、维修和租赁等航空产业发展，还能引领现代物流产业的发展。许多航空导向型的产业也因此而兴起，如电子电器设备、通信设备、医疗器械、特殊金属及塑料部件制造等产品附加值高、运输时效要求高的高新技术产业。这些产业往往集聚在航空港附近，刺激航空物流产业的发展，进而刺激房地产、酒店、教育培训以及其他服务业的发展，促进空港地区成为"航空大都市"。

二、与"海上丝绸之路"国家和地区的经贸联系是建设"空中丝绸之路"的基础前提

广州建设国际航空枢纽的腹地区域与"一带一路"尤其是海上丝绸之路沿线国家和地区有着极为紧密的经济联系，初步形成了全方位、多层次、宽领域、高水平的开放发展新格局。作为省会城市和国家中心城市的广州，也正在按照国家的战略部署，构建21世纪海上丝绸之路的战略枢纽。在日益紧密的经贸联系的需求推动下，广州建设国际航空枢纽，搭建"空中丝绸之路"，是顺应现实需要的必然选择。

（一）基础设施网络互联互通搭起了海上丝绸之路的经贸脉络

基础设施的互联互通是"海上丝绸之路"建设的重要抓手。目前，广东已与海上丝绸之路沿线国家和地区形成了较为紧密的港口、航运、铁路、信息等各种基础设施的互联。在港口方面，以广州港、深圳港为核心，珠海港、湛江港、汕头港等周边港口为支点，携手香港、澳门强化港口、航运等服务上的对接，初步形成了错位发展、合作共赢的世界级港口

群，积极参与丝路沿线国家和地区的港口（如瓜达尔港等）建设，推动港口的互联互通；在铁路方面，广东加强了与新疆、内蒙古等地的投资合作交流，同蒙古、俄罗斯等国的投资合作也在不断加强，力求打造丝路进出口双向铁路货运通道，初步形成了广东（石龙）铁路国际物流基地；在信息化建设方面，建设立足广东境内、面向全球的国际通信枢纽和区域性国际通信中心，逐步积累形成服务沿线国家的大型国际数据中心。在其他设施互联互通的基础上，广东与海上丝绸之路沿线国家和地区的经贸联系将得以加强，并衍生出更多的航空基础设施服务需求，以促进珠三角民航机场与香港、澳门机场的合作发展。

（二）越来越紧密的经贸往来交流成为维系"空中丝绸之路"的现实需求

广东省作为白云国际机场的主要腹地，在引进外资和对外投资方面都有着极为强大的实力。不少大型跨国公司尤其是世界500强、行业龙头企业的加工制造环节、采购中心和研发机构均落户广东；同时，广东鼓励外资投向高端装备制造、新能源汽车、精细化工、节能环保、生物医药等先进制造业和工业设计、建筑设计、文化创意等现代服务业，已成为东南亚及丝路沿线国家重要的投资目的地；广东与多个国家合作建设的产业园区，逐步建设成型，如中以（东莞）国际科技合作产业园、中德（佛山）工业服务区、中瑞（中山）产业园、中意（云浮）产业园、中德（揭阳）金属生态城、中韩（惠州）科技园等。广东在丝路沿线国家和地区的投资也逐步增加，基础设施、资源能源、制造业、农业渔业等方面的对接合作日益增多，广东的电子、轻工、家具、建材、纺织等传统优势龙头企业"走出去"的步伐加快，与沿线国家和地区建设了不少工业园区，如中白（广东）光电科技产业园、埃塞俄比亚华坚轻工业城、中国（广东）—乌干达国际产能合作工业园。通信、电力、路桥、港口等工程企业与当地的基础设施投资合作呈现出明显的优势和活力，农机出口、良种推广、产品加工等方面的合作也逐步增多。依据不同地区的优势条件及其与广东的互补性，与南亚、非洲、东欧、拉美等地区合作明显得到加强。搭建广东与沿线国家和地区在教育、医疗、体育、旅游、文化、科技等领域的交流合作平台，借助"广东文化周""南粤文化海外行"等活动，广东音乐、粤剧等特色文化逐步走出国门。对外旅游合作势头强劲，2017年广东省各旅行社组团出境游人数达到1021万人次。日益广泛而深入的对外经贸文化交往交流衍生出巨大的航空服务需求，搭建稳定、安全可靠的"空中丝绸之路"有着现实的需求。

第二节　广州与海上丝绸之路沿线国家和地区的航空联系

国际航空枢纽是广州对外开放的"工具"和形象。广州已经与海上丝绸之路沿线国家和地区建立了广泛的联系，航线不断加密，航班逐步增加，逐步搭建起以广州为起点的"空中丝路"，建成辐射泛珠三角、服务全国、连通世界的民航运输网络，与国内其他地区、东北亚、东南亚、南亚主要城市形成"4小时航空圈"；同时，大力发展中远程国际航线和洲际航线，增设国际直飞航线，与全球主要城市实现12小时通达。截至2017年，广州白云国际机场航线网络已覆盖全球200多个通航点，其中国际及地区航点超过87个，通达全球40多个国家和地区；有近75家航空公司在白云国际机场运营，其中外航和地区公司44家。借着2018年世界航线发展大会的东风，广州将进一步确立国际航空枢纽中心的地位，为广州提升国家中心城市地位、粤港澳大湾区持续快速发展，发挥更大的作用。①

---

① 参见《广州将与世界主要城市建立"12小时航空交通圈"》，载《中国产经》2017年第10期，第80页。

开通一条国际客运航线要考虑的因素很多，但是最主要的是要有稳定的客源与和平的环境。两个国家或者城市之间如果贸易、旅游往来的人口太少，是难以形成长期而稳定的客源和货源的。只有与这些还没有开通航线或者开通城市航线较少的国家加强经贸往来，才可能形成稳定的客源和货源，进而提升航班的旅客上座率和货物满载率。总体来看，广州国际客运以东南亚为主、货运以欧洲和西亚较多的现状，是与目前的经贸往来情况相吻合的。

一、广州与海上丝绸之路沿线国家和地区的航空客运联系

（一）"海丝之路"客运通航点不断增多

在国家航空对外开放的力度不断加大的背景下，中国航空的国际市场空间不断扩展，国际影响力日益提升。截至2018年，与我国签署航空运输协议的国家和地区已有125个。广州长期以来就是国家对外经贸的窗口，是国内外旅客进出国门的一个重要节点。截至2017年，广州已与海上丝绸之路的东南亚9个国家、东亚2个国家、西亚7个国家、南亚6个国家、欧洲8个国家和非洲4个国家总共66个城市实行客运通航。其中，开通航线最多的是东南亚，有9个国家25个城市开通了航线，这也从另一侧面显示出东南亚和广州的经贸往来相对较多。另外，东亚的日本、韩国两个国家和广州的联系较密切，韩国开通了釜山、济州、首尔3个通航点，日本开通了大阪、东京成田、东京羽田、福冈、名古屋5个通航点。大洋洲和广州的联系程度与东亚情况相仿，澳大利亚和新西兰两个国家共开通了6个通航点。这就是广州空港航空运输的基本国际空间布局（见表5-2）。

表 5-2 白云国际机场 2017 年客运通航国家和地区

通航区域	东南亚	东亚	西亚	南亚	欧洲	大洋洲	非洲	美洲	地区
通航国家和地区（个）	9	2	7	6	8	2	4	2	2
通航城市（个）	25	7	8	6	8	6	4	5	4

数据来源：白云国际机场股份有限公司（http：//www.gbiac.net/destination）。

（二）客运通航城市相对集中在东南亚

广州与东南亚的关系自古比较紧密，东南亚大部分华人祖籍为广东、福建、广西 3 个省区。广州白云国际机场与东南亚地区的航班往来也一直较为密切，截至 2017 年，在东南亚开通航线的国家有 9 个，只有文莱、东帝汶没有通航；通航的城市也高达 25 个，包括拉瓦格、马尼拉、金边、暹粒、万象、槟城、亚庇（沙巴）、吉隆坡、兰卡威、新山、仰光、甲米、曼谷、曼谷（廊曼）、普吉岛、清迈、素叻他尼、新加坡、巴厘岛、雅加达、富国岛、河内、胡志明市、岘港、芽庄。（见表 5-3）

截至 2017 年，广州与南亚 8 个国家中的 6 个国家开通了客运航线，其中与阿富汗、不丹还没有开通客运航线；与印度和巴基斯坦两个人口大国分别只有 1 个城市通航（德里和拉合尔）。中东欧国家有 19 个，目前只开通了 8 个国家的客运航线，特别是在东欧区域，白云国际机场很少涉足这个地域；西非和北非地区有 19 个国家，目前白云国际机场仅开通了 7 个国家的客运航线，通航的城市也只有 8 个，除了与沙特阿拉伯开通了 2 个城市的航线之外，其他每个国家都只开通了 1 个城市。

表5-3 2017年白云国际机场国际及地区客运航点

区域	国家	航点
东南亚	菲律宾	拉瓦格
		马尼拉
	柬埔寨	金边
		暹粒
	老挝	万象
	马来西亚	槟城、亚庇（沙巴）、吉隆坡、兰卡威、新山
	缅甸	仰光
	泰国	甲米、曼谷、曼谷（廊曼）、普吉岛、清迈、素叻他尼
	新加坡	新加坡
	印度尼西亚	巴厘岛、雅加达
	越南	富国岛、河内、胡志明市、岘港、芽庄
东亚	韩国	釜山、济州、首尔
	日本	大阪、东京成田、东京羽田、福冈、名古屋
西亚	阿联酋	迪拜
	阿塞拜疆	巴库
	卡塔尔	多哈
	沙特阿拉伯	吉达、利雅得
	伊拉克	巴格达
	伊朗	德黑兰
	约旦	安曼
南亚	巴基斯坦	拉合尔
	马尔代夫	马累
	孟加拉国	达卡
	尼泊尔	加德满都
	斯里兰卡	科伦坡
	印度	德里

续表 5-3

区域	国家	航点
欧洲	德国	法兰克福
	俄罗斯	莫斯科（多莫杰多沃）、莫斯科（谢列梅捷沃）
	法国	巴黎
	芬兰	赫尔辛基
	荷兰	阿姆斯特丹
	土耳其	伊斯坦布尔
	意大利	罗马
	英国	伦敦（希思罗）
大洋洲	澳大利亚	布里斯班、墨尔本、珀斯、悉尼
	新西兰	奥克兰、基督城
非洲	埃及	开罗
	埃塞俄比亚	亚的斯亚贝巴
	肯尼亚	内罗毕
	毛里求斯	毛里求斯
美洲	加拿大	温哥华
	美国	旧金山、洛杉矶、纽约、塞班
地区	中国	高雄、台北、台中、香港

数据来源：白云国际机场股份有限公司（http://www.gbiac.net/destination）。

二、广州与海上丝绸之路沿线国家和地区的航空货邮联系

（一）航空货邮境外合作逐渐增多

航空货邮更多地体现在产业及贸易往来的密切程度。2004年11月3日，全球十大航空公司之一的德国汉莎航空与中国国际航空公司签署协议，开通广州到慕尼黑的货运直航。自2008年联邦快递亚太转运中心在广州白云国际机场运营以来，广州的货邮吞吐量快速增长。白云国际机场货站又建立起"进口海鲜养殖和转运中心"和"进口水果处理中心"，从

而实现"国外选货—航空运输—机场服务—园区养殖—派送全国"的"一条龙"服务模式,欧洲的波士顿龙虾、珍宝蟹等海鲜以及美国牛油果、智利车厘子等十余种高档水果通过航运就可以直接派送到全国消费者的餐桌。尤其是南航货运凭借着丰富的航线网络,不仅能够提供几乎覆盖国内所有大中型城市的航空货运服务,也有能力提供通达全亚洲主要城市的货运服务;凭借着在阿姆斯特丹、法兰克福、巴黎、伦敦、洛杉矶、纽约、旧金山、多伦多等欧洲、北美主要城市的网点设置,还可以提供中国至欧洲、北美的航空物流服务。另外,南航通过设在阿姆斯特丹、法兰克福等地的"飞机—卡车"联运模式,可以将货物运输至欧洲的120多个城市;通过设在北美芝加哥的"飞机—卡车"联运网络,可以将货物运输至北美的80多个城市。

(二) 白云国际机场货运航点主要集中在欧洲和西亚

截至2017年,广州白云国际机场共有货运航点19个(见表5-4)。其中,欧洲有5个城市,分别是法兰克福、克拉斯诺雅茨克、阿姆斯特丹、伊斯坦布尔和伦敦(斯坦斯特德);西亚有5个城市,分别是阿布扎比、迪拜(阿勒马克图姆)、多哈、吉达、利雅得。而客运航线和通航点较多的东南亚却是货邮运输点较少的区域,只有河内1个点。

表5-4　2017年白云国际机场国际及地区货运航点

区域	国家	航点
东南亚	越南	河内
东亚	韩国	首尔
	日本	东京成田
西亚	阿联酋	阿布扎比、迪拜(阿勒马克图姆)
	卡塔尔	多哈
	沙特阿拉伯	吉达、利雅得
中亚	吉尔吉斯斯坦	比什凯克

续表 5-4

区域	国家	航点
欧洲	德国	法兰克福
	俄罗斯	克拉斯诺雅茨克
	荷兰	阿姆斯特丹
	土耳其	伊斯坦布尔
	英国	伦敦（斯坦斯特德）
非洲	埃塞俄比亚	亚的斯亚贝巴
美洲	美国	安克雷奇、洛杉矶
地区	中国	台北、香港

数据来源：白云国际机场股份有限公司（http://www.gbiac.net/destination）。

第三节 广州与21世纪海上丝绸之路沿线国家和地区的航空联系潜力

一、广州建设国际航空枢纽的潜力分析

（一）海上丝绸之路沿线国家和地区是目前国家民航运力对外配置的重点

从国家层面看，我国与"一带一路"沿线国家的航空联通水平不一。就运量来说，中国与东南亚区域的各个国家之间的互联互通水平较高，且运力增量较大（表5-5）。其中，联系最紧密的是泰国，2017年上半年中国直飞泰国出港航班3.7万班次，共有运力743.1万座，占沿线国家总运力的27.9%。就运力来说，与2016年同期相比，运力同比增长最快的前6个国家均属东南亚区域，分别是越南、马来西亚、菲律宾、柬埔寨、印度尼西亚和新加坡。其中，越南运力增长明显，是沿线国家中运力增加

最多的国家。

表5-5 "一带一路"沿线国家和地区2017年上半年中国民航运力配置

国家和地区	运力（座）	国家和地区	运力（座）
泰国	743.1万	菲律宾	239.8万
马来西亚	278万	印度尼西亚	152.6万
越南	256.4万	阿联酋	128.4万
新加坡	366.3万	俄罗斯	89.4万
卡塔尔	40.7万	"一带一路"沿线国家和地区总和	2664.3万

（二）华南地区机场是海上丝绸之路沿线国家和地区航空联系的主力

华南地区的机场是与沿线国家互联互通的主力军。2017年，中国机场已有67个与"一带一路"沿线国家有定期直飞航班，其中，华南地区的机场承担了46.6%的出港运力，是与沿线国家互联互通的主力军。香港国际机场发挥国际航空枢纽的功能，承担超过1/4的运力；广州白云国际机场运力增长迅速，成为内地联通沿线国家的第一出口，其运力增长主要来自南方航空公司；西南地区的成都、昆明、重庆三大机场是辐射东南亚、南亚国家的"排头兵"。（见表5-6）

表5-6 2017年上半年中国直飞"一带一路"沿线国家的主要机场

主要机场	地区	出港航班运力（座）	直飞航线（条）
香港国际机场	华南	693.5万	56
台北桃园国际机场	华东	324.4万	24
广州白云国际机场	华南	297.5万	45
上海浦东国际机场	华东	289.0万	36
北京首都国际机场	华北	250.7万	49
成都双流国际机场	西南	83.9万	30
昆明长水国际机场	西南	81.1万	34

续表 5-6

主要机场	地区	出港航班运力（座）	直飞航线（条）
深圳宝安国际机场	华南	63.6 万	16
澳门国际机场	华南	54.9 万	13
重庆江北国际机场	西南	46.6 万	17
厦门高崎国际机场	华南	45.2 万	9
杭州萧山国际机场	华东	43.6 万	14
武汉天河国际机场	中部	39.2 万	23
长沙黄花国际机场	中部	29.0 万	13
南京禄口国际机场	华东	26.7 万	7
乌鲁木齐地窝堡国际机场	西北	26.1 万	21

（三）粤港澳大湾区三大机场扮演了重要的互联互通角色

粤港澳大湾区机场群是与海上丝绸之路沿线国家和地区的联络的主要航空港（见表 5-7）。其中，2017 年上半年香港国际机场至"一带一路"沿线国家实际出港航班 2.8 万班次，共承担 693.5 万座运力，直飞航线 56 条，可达 24 个沿线国家，是中国民航"走出去"的重要出口。目前香港与"一带一路"沿线国家中的 40 多个已签署民航协定，随着出境游的日益火爆，许多内地游客的出境游行程会选择经由香港转机，这也在很大程度上促进了香港国际机场国际中转枢纽竞争力的提升。凭借优越的地理位置和发达的航线网络，加上广阔的内地航空市场为支撑，香港将持续发挥其国际航空枢纽的功能，与内地共同架起"一带一路"沿线的空中桥梁，拓展"一带一路"沿线的航空市场。

广州白云国际机场在建设复合型国际航空枢纽的过程中，与"一带一路"沿线国家的互联互通不断加强，其运力配置增长迅猛，目前已超过上海浦东国际机场（PVG），在中国内地机场中排名第一。2017 年上半年，广州白云国际机场至"一带一路"沿线国家实际出港航班 1.6 万班次，共承担 297.5 万座运力，直飞航线 45 条，可达 23 个沿线国家，是运力增长量最多的机场；而其中 42.4% 的运力增长是来自南方航空公司。

国家在"十三五"规划中明确提出，要加快建设深圳机场等国际航空枢纽，强化区域性枢纽机场功能。目前，深圳宝安机场着力发展"一带一路"中短途航线，16 条均为直飞东南亚国家的航线。与 2016 年同期相比，2017 年上半年深圳宝安至沿线国家运力增加 22.8 万座，同比增速 55.9%。其运力的增长主要来自南方航空公司和深圳航空公司，运力增长点则是东南亚地区的马来西亚。

表 5-7 2017 年上半年与海上丝绸之路沿线国家和地区联络的主要机场

指标	香港国际机场	广州白云	深圳宝安	重庆江北	昆明长水	成都双流
实际出港航班量	28000	15765	3815	2445	5062	4339
直飞航线（条）	56	45	16	17	34	30
出港航班运力（座）	693.5 万	297.5 万	63.6 万	46.6 万	81.1 万	83.9 万
运力同比增量（座）	—	62.1 万	22.8 万	11.9 万	24 万	12.3 万
运力同比增速	—	26.4%	55.9%	34.3%	42%	17.2%
运力增长主要来源	—	南航	南航、深航	川航、亚航	东航	春秋、川航
运力增长点	—	越南	马来西亚	越南、新加坡	泰国、老挝	菲律宾

（四）南方航空公司在海上丝绸之路沿线国家和地区联系中扮演着重要角色

作为白云国际机场基地航空公司的南方航空公司，在全国四大航空公司中表现亮眼（表 5-8）。目前，南方航空在"一带一路"沿线 17 个国家开通了 64 条直飞航线，主要利用广州白云和乌鲁木齐地窝堡两大枢纽机场,构建起空中互联互通的桥梁,促进了中国与"一带一路"沿线国家多元化的连接。南航在广州白云国际机场有 23 条直飞"一带一路"沿线国家的航线,其中 21 条航线直飞东南亚、南亚国家。凭借优越的地理位置,广州白云国际机场具有覆盖东南亚、连接欧美澳,辐射内地各主要城市的天然网络优势,是南方航空连通"一带一路"东南亚、南亚地区沿线国家的重要枢纽。乌鲁木齐地窝堡国际机场作为中国面向中亚、西亚和连接欧亚的国家门户枢纽机场,南航在此有 16 条直飞"一带一路"沿线国家的航线,其中,中亚 8 条,西亚北非 4 条,东欧 3 条,南亚 1 条,与广州白云国际机场形成优势互补。2017 年,南航加密和优化了 7 条与乌鲁木齐相关的国际航线,并新增 1 班乌鲁木齐直飞德黑兰的航班,进一步强化了乌鲁木齐地窝堡国际机场的枢纽作用。南方航空作为我国维系与"一带一路"国家和地区联络的重要实体,其角色和地位在目前是十分突出的。

表 5-8 2017 年全国四大航空公司在"一带一路"民航联系中的地位

指标	南方航空	东方航空	中国国际航空	海南航空
运力投放(座)	187.6 万	131.4 万	92.1 万	32.1 万
运力同比增量(座)	26.6 万	14.0 万	12.3 万	17.7 万
运力同比增速	16.5%	11.9%	15.4%	122.2%
运力增长点	越南	老挝	越南	越南
直飞航线(条)	64	64	30	23
新开航线(条)	8	9	4	14

二、广州与 21 世纪海上丝绸之路沿线国家和地区的航空合作潜力

(一)借力国家政策挖掘境外航空合作潜力

借力中国民用航空局 2016 年编制印发的《民航推进"一带一路"建

设2016—2030行动计划》，进一步挖掘广州与21世纪海上丝绸之路沿线国家和地区的航空联系潜力，助力广州国际航空枢纽建设，也助力广州经济高质量发展。从广州与相关国家和地区的经贸往来看，在国家实施新一轮对外开放、大力推动"一带一路"建设和自由贸易区战略实施的背景下，广州一方面需要主动转变对外经贸发展方式，大力发展跨境电子商务和服务贸易，与东南亚、南亚、非洲等海上丝绸之路沿线国家建立更紧密的经济联系，倚重广州国际航空枢纽的建设，利用航空网络深化延伸的优势，以构建对外开放新格局。另一方面需要通过国际航空枢纽这一突出优势，吸引全球高端客人、高品级货邮、高级航空器和高端航空企业进驻本地。两者之间有着正向的促进关系，只有在良好的高端航空服务的城市形象的支撑下，才能吸引国际商业投资、设立企业总部、落地国际行业组织、开设政府驻外机构、注册经济活动交易中心、搭建文化交流平台以及建立飞机采购、服务、使用及维修的延伸产业链，借开放之力促进广州转型升级，推动广州国家中心城市建设全面上水平。

（二）努力拓展广州国际航空枢纽网络建设的市场合作新空间

航空业客货运需求属于典型的派生性需求。绝大多数国际旅客选择乘机旅行，即到异地从事经济、政治、旅游活动或其他目的。寻找拓展广州国际航空枢纽网络建设的新空间，需要从区域人口分布、区域经济发展环境、经济开放度、旅游业发展环境、政府外交政策干预等方面，综合考虑21世纪海上丝绸之路相关国家和地区的航空合作潜力。从国家发展和改革委员会、外交部、商务部联合发布的《推动共建丝绸之路经济带和21世纪海上丝绸之路的愿景与行动》看，21世纪海上丝绸之路重点方向是从中国沿海港口过南海到印度洋，延伸至欧洲；从中国沿海港口过南海到南太平洋。南线主要涉及新加坡、泰国、印度尼西亚等东南亚国家，澳大利亚、新西兰等大洋洲国家，延伸至东北非和西南欧；北线主要涉及韩国、日本等国家，延伸至北美和俄罗斯远东地区。

从现实的情况看，进一步扩大航空市场规模，加大网络覆盖区域，形成枢纽网络型新格局，具有重要的现实意义。根据《2017 "一带一路" 航线运力发展报告》，截至 2017 年年底，我国国内机场（不含香港、澳门和台湾地区，以下简称 "国内机场"）直飞航线网络已覆盖 40 个 "一带一路" 沿线国家，与亚洲 35 国家实现直航；但在东欧 20 国中，仅与 5 国实现直航。东亚地区是相对成熟的航空市场区域，可挖掘的潜力在于进一步强化经贸关系，加大经贸和人文交往交流的密度、频度，以培育出更大的航空市场。东南亚地区是我国相对较大的航空市场，东南亚各国成为国人最大的旅游目的地。2017 年 "一带一路" 沿线国家中，国内直飞东南亚地区运力达 2538 万座，占直飞 "一带一路" 沿线国家总运力的 77.2%，其中直飞泰国、新加坡、马来西亚的分别为 1062.7 万座、402.6 万座、349.4 万座；直飞泰国的航线达到 175 条，新开泰国和越南航线分别达到 44 条和 38 条；运力增速最快的是尼泊尔、老挝、柬埔寨 3 个国家，分别增长 115.8%、74.0%、65.6%。由于这一地区华人华侨众多，发展潜力巨大，多数属于发展中的新兴经济体，进一步挖掘这一地区的航空市场潜力，仍然大有可为。而南亚地区人口众多，地域辽阔，文化多元，特色鲜明，多数属发展中的新兴经济体，是全球航空市场增长潜力最大的地区，拓展南亚地区的航空市场应是广州建设国际航空枢纽的重点目标区域；而其中十分重要的是加强与这些地区的经贸合作和人文交流，为航空市场的拓展奠定坚实的基础。西亚、中东欧和北非地区土地辽阔，资源储藏丰富，尤其是石油资源堪称世界宝库，文化特色鲜明而多样，与我国经济互补性强，是我国能源资源的主要来源地；依托紧密的能源经贸联系，必将继续衍生出更多的航空服务需求，为建设广州国际航空枢纽提供广阔的市场合作空间。这也是广州逐步实现由重要的国内枢纽向具有国际影响力的国际枢纽的战略转变。为此，广州国际航空枢纽的建设必须顺应 "一带一路" 及国际区域经济合作发展的态势，及早谋划广州机场的国际化战略，选择适当的区域服务中心点，集聚和辐射影响周边腹地，形成结构合理、布局有序的网络节点格局，并借助一些具有全球意义的展会活动，如中国进出口商品交易会（广交会）、世界航线发展大会、世界港口大会等，进一步增强广州对全球航空资源的配置能力，提升广州在全球航空网络中的地位。

第六章

广州建设"空中丝绸之路"的深度开发区：东南亚

第六章 广州建设"空中丝绸之路"的深度开发区：东南亚

东南亚位于亚洲东南部，包括中南半岛和马来群岛两大部分；多数国家为我国的南部邻国，自古以来与中国交往密切，存在着广泛的政治、经济、文化联系。该地区是当今世界经济发展最有活力和潜力的地区之一。这些国家和地区的经济发展总体势头良好，与我国的进出口贸易和投资、承包工程及劳务合作等方面的经贸合作也较多。其中，越南、泰国、缅甸、马来西亚、新加坡、印度尼西亚、菲律宾、老挝等国的 25 个城市与白云国际机场都有航班往来，平均每个国家有 3 个城市与白云国际机场有航班往来。这些地区与广东的合作也较多，不少广东企业到这些地区投资设厂，开展境外贸易合作。在航空联系上虽然已有较多的航线，但随着我国与东南亚地区经贸往来的增多，航空客货运输的需求也会继续增加，因此，可以继续进行深度的开发，进一步挖掘这一地区的航空市场潜力。

第一节 东南亚区域特点

东南亚地区包括越南、老挝、柬埔寨、泰国、缅甸、马来西亚、新加坡、印度尼西亚、文莱、菲律宾、东帝汶 11 个国家，面积约 457 万平方千米。其中，老挝是东南亚唯一的内陆国，越南、老挝、缅甸与我国陆上接壤。

一、地理位置：扼"三洋""两洲"之"十字路口"

东南亚西临印度洋、东连太平洋、南邻大洋洲，北邻中国、印度，是亚洲与大洋洲、太平洋与印度洋之间的"十字路口"。马六甲海峡地处马来半岛和苏门答腊岛之间，全长约 900 千米，最窄处仅有 37 千米，可通行载重 25 万吨的巨轮，是这个路口的"咽喉"，战略地位十分重要，太平洋西岸国家与南亚、西亚、非洲东海岸、欧洲等沿海国家之间的航线大多经过于此。泰国、新加坡和马来西亚镇守马六甲海峡沿岸,其中新加坡处于该海峡的最窄处,是马六甲海峡的"十字路口"和"咽喉",交通位置特别重要。这些国家是我国在海上的重要贸易通道,也是陆上传统联系比较紧密的国家,是"海上丝绸之路"建设的重要区域。(见表6-1、表6-2)

表6-1 2017年东南亚国家的基本情况

国别	国土面积(平方千米)	人口	GDP/人均GDP	国家类型
越南	32.9万	9370万,居世界第14位	2276亿美元;人均约2431美元	发展中大国,新兴市场国家;属中等偏下收入国家
老挝	23.68万	691.4万	170.98亿美元;人均约2341美元	发展中国家;属中等偏下收入国家
柬埔寨	18.10万	1600万	222.8亿美元;人均约1435美元	中等偏下收入国家
泰国	51.3万	6450万	4554亿美元;人均约7012美元	中等偏上收入国家
缅甸	67.6万	5300万	475亿美元;人均约1196美元	中等偏下收入国家
马来西亚	33万	3205万	3145亿美元;人均约9945美元	中等偏上收入国家
新加坡	724.4	563.87万	3240亿美元;人均约57722美元	高收入国家
印度尼西亚	190万	2.6亿,居世界第4位	10152亿美元;人均约3877美元	中等偏下收入国家
文莱	5767	44.36万	141.3亿美元;人均约28291美元	高收入国家
菲律宾	29.97万	1.06亿,居世界第13位	3135.95亿美元;人均约2989美元	中等偏下收入国家

续表6-1

国别	国土面积（平方千米）	人口	GDP/人均GDP	国家类型
东帝汶	1.5万	132.25万	15.43亿美元，石油基金滚存至158亿美元；人均约1299美元	中等偏下收入国家

注：按照2018年7月1日世界银行公布的国家收入标准阈值，人均国民总收入（现价美元）：低收入国家＜995美元，中等偏下收入国家996～3895美元，中等偏上收入国家3896～12055美元；高收入国家＞12055美元。

表6-2　东南亚各国地理区位及其与中国的区位关系

国家	地理特点	与中国区位关系
越南	陆地面积32.9万平方千米，地形狭长，略呈S型。红河三角洲和湄公河三角洲两大平原是主要农业产区；海岸线长3260千米，港口众多，运输便利。河流密布，其中红河、湄公河（九龙江）等长度在10千米以上的河流达2860条	我国的陆上邻国，北与中国广西、云南接壤，中越陆地边界线1347千米，沿中国边境有7个国家级陆地边境口岸，其中广西4个：凭祥、东兴、友谊关、水口，云南3个：天保、河口、金水河。中越两国边境贸易传统悠久，对于发展当地经济、改善人民生活作用巨大
老挝	中南半岛北部唯一的内陆国家，流经多国的湄公河在该国长1900多千米	北邻中国，与中国有着悠久的友谊
柬埔寨	北与老挝交界，东部和东南部同越南接壤，西部和西北部与泰国毗邻，西南濒临泰国湾	地理上与我国的邻国接壤，在空间上的联系比较紧密，为人均收入较低的中等偏下收入国家
泰国	东南方比邻泰国湾，西南濒临安达曼海；西部及西北部与缅甸交界，东北部与老挝毗邻，东连柬埔寨，南接马来西亚	在区位上是中国邻国的"邻国"，传统交往比较密切
缅甸	西南临安达曼海，西北与印度和孟加拉国为邻，东南接泰国与老挝	东北部比邻中国，是我国的重要邻国；是我国从西南部陆路进入印度洋，距离最短、最具潜力地区之一

续表 6-2

国家	地理特点	与中国区位关系
马来西亚	扼守马六甲海峡，地处东南亚核心地带，东临南中国海，连接海上东盟和陆上东盟	是进入东盟市场和前往中东、大洋洲的桥梁，区位优势明显
新加坡	处于"海上的十字路口"，与马来西亚、印度尼西亚等通过扼守马六甲海峡、柔佛海峡等，地理位置优越	控制着关键的国际海洋交通线
印度尼西亚	别号"千岛之国"，地跨南北两个半球、横卧两洋两洲（太平洋、印度洋；亚洲、大洋洲），扼守马六甲海峡、巽他海峡、龙目海峡等重要的国际贸易航道	控制着关键的国际海洋交通线，在全球战略上居重要地位。2013年10月，习近平主席在印度尼西亚首次提出共建"21世纪海上丝绸之路"
菲律宾	"群岛国家"。北隔巴士海峡与中国台湾遥遥相对，西濒南中国海，与印度尼西亚、马来西亚隔海相望	地处亚太地理中心位置，距亚太地区主要经济体首都飞行时间均不到4小时，历史上菲律宾一直是地区与全球贸易的中心
文莱	北临南中国海，东、西、南三面与东马来西亚沙巴、砂拉越相邻	控制着关键的国际海洋交通线
东帝汶	地处东南亚努沙登加拉群岛最东端，西部与印度尼西亚西帝汶相接，南隔帝汶海与澳大利亚相望	控制着关键的国际海洋交通线

二、深受华人文化影响

东南亚地区与我国有着悠久的交往历史，截至2017年，该地区华人华侨数量接近4000万，是有着最多华人华侨的国际区域。各个国家都有一定比例的华人华侨（见表6-3），其中以印度尼西亚的华人华侨人数最多，有1300多万人；而新加坡、马来西亚和泰国的华人华侨占其本国总人口的比例较高。这些国家不同程度地受到传统儒家思想和东方价值观的影响,华人伦理道德观念强,传统教育比较严格,重视家祖宗舍,保留着过春节、端午节和中秋节等中国传统节日的习惯。该地区华人华侨多从事进出口贸易、日用百货、旅游餐饮、食品加工、制衣、五金机械、房地产、建筑、木材加工、农业、渔业等行业。华人华侨在各国的影响也有所不同,如泰国的华人华侨在政治、工商、金融、旅游业、传媒业中有着举足轻重的地位和影响。在马来西亚,华人全面融入马来西亚的经济、生活和文化等各个领域,马来西亚的华人基本上能用普通话或方言交谈,普遍使用的方言有粤语、闽南语、客家话、潮州话、海南话、福州话等。目前,马来西亚全国共有63所华文独立中学,1296所华文小学。2017年在马来西亚的中国留学生达14854人。东南亚地区的华人华侨祖籍主要为广东、海南、福建、云南、广西、四川、山东、湖南、湖北、浙江等省。新加坡的"中华总商会"、柬埔寨的"柬华理事总会"及其18个柬华理事分会、马来西亚的华人政党等在当地都有着较大的影响力。不少华人华侨都能讲普通话或粤语、海南话、潮州话、客家话、闽南语等方言。在"一带一路"建设方面,不少国家与中国都有着一定的共识和战略协议,如中国和越南两国领导人达成了积极推动中国"一带一路"倡议和越南"两廊一圈"的战略对接等一系列重要共识。

表6-3 东南亚国家华人华侨人数及比例(截至2017年)

国家	华人华侨总数	华人华侨占总人口比例	国家	华人华侨总数	华人华侨占总人口比例
越南	90万	1.1%	老挝	3万	0.4%
柬埔寨	100万	6%	泰国	900万	14%
缅甸	250万	4.7%	马来西亚	664.8万	23.2%
新加坡	419万	74.34%	印度尼西亚	1300万	5%
文莱	4.57万	10.3%	菲律宾	250万	2%~3%
东帝汶	2.5万	2%	东南亚总数	约3983万	6.2%

三、经济增长活跃

根据 2018 年 7 月 1 日世界银行公布的国家收入标准阈值,越南、老挝、柬埔寨、缅甸、印度尼西亚、菲律宾、东帝汶属中等偏下收入国家,马来西亚、泰国属中等偏上收入国家,新加坡、文莱属高收入国家。目前,这些国家总体收入水平普遍较低,只有 2 个高收入国家和 2 个中等偏上收入国家。但经济增长率普遍较高,如越南 2017 年 GDP 总量同比增长 6.81%,多年 GDP 增长基本在 5%～7%;老挝 2017 年经济增长率为 6.83%;根据缅甸计划与财政部数据,2012/13 财年缅甸 GDP 增长率为 7.3%,2013/14 财年缅甸 GDP 增长率为 8.4%,2014/15 财年缅甸 GDP 增长率为 8.0%,2015/16 财年缅甸 GDP 增长率为 7.0%,2016/17 财年缅甸 GDP 增长率为 5.9%;马来西亚多年经济增长率维持在 4%～6%之间,2017 年达 5.9%;印度尼西亚经济增速多年来一直保持在 5%左右,在全球主要经济体中位列前茅,2017 年同比增长 5.07%;菲律宾经济增速可观,近 5 年平均增长率超过 6%,2017 年增速为 6.7%;东帝汶在 2012、2013、2014、2015、2016、2017 年 GDP 实际增长率分别为 8.2%、8.1%、7.0%、7.0%、5%、3.9%。这些国家的原有经济资源利用程度不高,劳动力成本相对较低,劳动生产率不高;随着这些国家进一步纳入国际化进程,具有比较优势的要素资源利用效率随之提升,经济增长速度也随之加快。如越南劳动力成本相对较低,越南 15 岁以上劳动力有 5480 万人,根据越南政府规定,2018 年起越南劳动力最低月薪为 267 万～398 万越南盾(合 800～1200 元人民币)。越南是人口年轻化的国家,35 岁以下的年轻人占 73%,在消费习惯上具有追求新鲜、追捧进口产品的特点,他们日趋讲究时尚和品味。目前,越南已签署或正在推进 16 项自贸协定,投资者可利用东盟经济共同体、中国—东盟自贸区等自由贸易平台接近更广阔的国际市场。而新加坡优越的地理位置、完善的基础设施、稳定的社会政治、广泛的商业网络、多样化的融资渠道、健全的法律体系、廉洁高效的政府等因素，共同助力实现其经济的持续增长，尤其在生物医药、环境与水技术、互动与数字媒体技术等多个领域的科技创新能力和创新成果上居于世界前列。

第二节　东南亚与我国的航空经济合作潜力

一、东南亚各国的经济发展与合作机遇

（一）产业特色明显

东南亚各国的产业特色比较明显，由于地处南北回归线之间，适合热带作物生长，农业以热带水果及水稻、玉米、甜薯、甘蔗、木薯、黄豆等为主；多数国家临海，海洋渔业比较发达。越南、老挝、泰国、缅甸、印度尼西亚、菲律宾都可算是农业大国。第二产业主要是汽车及其零部件装配、电子产品、计算机和光学产品、塑料、纺织、食品加工、玩具、建材、石油化工、小型机械制造、纺织、印染、碾米、木材加工、制糖、造纸、化肥、制药、数据存储设备、电信及消费电子产品和生物医药等。第三产业中，旅游业成为重要的支柱，主要景点有世界闻名的万象塔銮、玉佛寺、占巴塞孔埠瀑布、琅勃拉邦光西瀑布、吴哥窟、仰光大金塔、文化古都曼德勒、万塔之城蒲甘、茵莱湖水上村庄以及额布里海滩等。不少国家的海岛资源丰富，如印度尼西亚和菲律宾海岛旅游资源非常丰富，拥有许多风景秀丽的热带自然景观、丰富多彩的历史遗迹和民族文化，旅游业发展条件得天独厚。东南亚地区港口众多，海上航运业比较发达。同时，贸易、住宿业、餐饮业、物流业、通信业及金融业也比较发达，其中，新加坡是全球第三大金融中心、第三大外汇交易市场和第六大财富管理中

心，金融业发达。新加坡还是世界第三大炼油中心和石油贸易枢纽之一，也是亚洲石油产品定价中心。（见表6-4）

表6-4　东南亚各国主要产业行业

国家	第一产业	第二产业	第三产业
越南	水稻、玉米、甜薯、甘蔗、木薯、黄豆、木材；鱼类、虾类	汽车及其零部件，电子产品、计算机和光学产品	旅游业等
老挝	甘薯、蔬菜、玉米、咖啡、甘蔗、烟草、棉花、茶叶、花生、大米、水牛、猪、牛和家禽	金、银、铜等矿产	旅游业等
柬埔寨	水稻、木薯	制衣业和建筑业	旅游业等
泰国	稻米、天然橡胶、木薯、玉米、甘蔗、热带水果	汽车装配、电子、塑料、纺织、食品加工、玩具、建材、石油化工等	旅游业是泰国服务业的支柱产业
缅甸	农业占25.5%，主要包括水稻、小麦、玉米、花生、芝麻、棉花、豆类、甘蔗、油棕、烟草和黄麻等	工业占35.0%，主要为石油和天然气开采、小型机械制造、纺织、印染、碾米、木材加工、制糖、造纸、化肥和制药等	服务业占39.5%，大力发展旅游业
马来西亚	农业、采矿业在GDP中所占比例分别为8.2%和8.4%。主要有棕榈油、橡胶、可可、稻米、胡椒、烟草、菠萝、茶叶等	制造业、建筑业在GDP中所占比例分别为23%、4.6%。主要为电子、石油、机械、钢铁、化工及汽车制造等行业	服务业在GDP中所占比例为54.4%。旅游业是服务业的重要部门之一；航运业比较发达

续表 6-4

国家	第一产业	第二产业	第三产业
新加坡	第一产业占GDP比重不足0.1%，主要为兰花、热带观赏鱼、鸡蛋奶牛、蔬菜等出口性农产品	在GDP中制造业占17.97%。主要为半导体、计算机设备、数据存储设备、电信及消费电子产品、炼油、石化、生物医药等	在GDP中，商业服务业占13.9%，批发零售业占16.5%，金融保险占12.46%，运输仓储业占6.77%。是全球第三大金融中心、第三大外汇交易市场和第六大财富管理中心，金融业发达，旅游业也较发达
印度尼西亚	第一产业占12.82%。主要包括棕榈油、橡胶、咖啡、可可，渔业资源丰富	第二产业占40.56%。主要为采矿业、纺织、电子、木材加工、钢铁、机械、汽车、制纸化工、橡胶加工、皮革、制鞋、食品、饮料等	第三产业占46.62%。贸易、住宿、餐饮业、物流业、通信业、金融业及旅游业比较发达
文莱	少量水稻、橡胶、胡椒和椰子、木瓜等热带水果	油气产业是其唯一经济支柱，约占国内生产总值的2/3、财政收入来源的90%和外贸出口的95%以上	建筑业以及旅游、贸易、交通和金融等服务业
菲律宾	农业占GDP的比重为9.66%。包括椰子油、香蕉、鱼和虾、糖及糖制品、椰丝、菠萝和菠萝汁、未加工烟草、天然橡胶、椰子粉粕和海藻	工业占GDP的比重为30.45%。主要为矿业、电子、食品等轻工产品	服务业占GDP的比重为59.89%。旅游业发达
东帝汶	农业占GDP的比重为9.4%。主要有玉米、稻谷、薯类、咖啡、橡胶、椰子	工业占GDP的比重为57.8%。主要为纺织品、饮用水装瓶和咖啡加工等；矿业以石油、天然气为主	服务业占GDP的比重为31.3%。主要为贸易、餐饮、旅店等

（二）经贸往来日渐增多

中国与东南亚国家的经贸往来比较频繁。从双边贸易看，中国对东盟各国93%以上的产品实行零关税，中国对东盟的平均关税从9.8%降至0.1%；东盟6个老成员对中国的平均关税从12.8%降至0.6%，东盟4个新成员对中国的平均关税则降至5.6%。中国—东盟自由贸易协议（FTA）自2018年1月1日升级后，中国出口到东盟成员国的正常产品都能享受零关税待遇。越南、马来西亚、泰国、印度尼西亚、菲律宾等国与中国的双边贸易数额均较大，其中，中国对越南、泰国、马来西亚都处于逆差状态，对菲律宾、缅甸等国处于顺差状态。中国对这些国家的出口产品包括：机械器具及零件、电机、电气、音像设备及其零附件、钢铁、钢铁制品、车辆及其零附件、船舶及浮动结构体、贵金属的化合物、棉花、化学纤维长丝、针织物及钩编织物、有机和无机化学品、塑料及其制品、涂料、油灰、家具、灯具、光学照相医疗等类设备及零附件、橡胶及其制品、肥料、纸浆、纸或纸板制品、陶瓷产品、玻璃及其制品等。中国则从这些国家进口矿产品、动植物油脂、塑料、橡胶、化工产品、纤维素浆及纸张、木及制品、纺织品及原料、机电产品、贱金属及制品、活动物及动物产品、食品、饮料、烟草、植物产品、鞋靴、伞等轻工产品、光学、钟表、医疗设备、运输设备等。中国与这些国家的商品进出口品类复杂，数量也较大。（见表6-5）

表6-5　中国与东南亚诸国主要贸易情况

国家	2017年双边贸易额	中国出口	中国进口
越南	双边贸易额达1212.7亿美元。中国出口582.3亿美元，同比增长16.4%；从越南进口354.6亿美元，同比增长61.5%	机械器具及零件；电机、电气、音像设备及其零附件；钢铁制品；针织或钩编的服装及衣着附件；车辆及其零附件，但铁道车辆除外；矿物燃料、矿物油及其产品等	矿物燃料、矿物油及其产品；沥青等；手机及手机零配件；食用蔬菜、根及块茎；橡胶及其制品；机械器具及零件；电机、电气、音像设备及其零附件；棉花等

续表6-5

国家	2017年双边贸易额	中国出口	中国进口
老挝	双边贸易额为30.2亿美元,同比增长28.6%,增幅在东盟国家中位居第二。中国出口14.27亿美元,从老挝进口15.91亿美元	主要为农产品	主要为农产品
柬埔寨	双边贸易额为57.9亿美元。中国出口10.47亿美元,从柬埔寨进口47.84亿美元	燃油、建材、手机、机械、食品、饮料、药品和化妆品等	服装、鞋类、橡胶、大米、木薯等
泰国	中泰贸易总额802.9亿美元,同比增长6.0%。中国出口387.1亿美元,同比上升4.1%;从泰国进口415.8亿美元,同比上升7.9%。中方贸易逆差28.7亿美元	电气设备、音响设备、电视设备等,锅炉等整机及零部件,钢材,塑料及制品,光学、医学或外科仪器等,车辆或零部件,化工制品,有机化学品,钢铁制品,家具及家居用品	橡胶及制品,塑料及制品,光学、医学或外科仪器等,木材、木制品及木炭,有机化学品,矿物燃料、石油、矿物蜡等,食用水果和坚果,柑橘类水果或瓜类,车辆或零部件
缅甸	双边贸易额达135.4亿美元,同比增长10.2%。中国出口90.1亿美元,从缅甸进口45.3亿美元,同比分别增长10.0%和10.5%	出口成套设备和机电产品、纺织品、摩托车配件和化工产品等	进口原木、锯材、农产品和矿产品等
马来西亚	双边贸易额达960.27亿美元,同比增长10.5%。中国出口417.25亿美元,同比增长10.8%;从马来西亚进口543.02亿美元,同比增长10.2%	机电产品、贱金属及制品和化工产品	机电产品、矿产品和塑料橡胶

续表 6-5

国家	2017年双边贸易额	中国出口	中国进口
菲律宾	双边贸易总额为512.8亿美元,同比增长8.5%。中国出口320.4亿美元,同比增长7.4%;从菲律宾进口192.3亿美元,同比增长10.5%	电机、电气、音像设备及其零部件;机械器具及零件;钢铁;矿物燃料、矿物油、沥青、矿蜡;服装;塑料及其制品;钢铁制品;玩具、游戏和运动器材及其零部件;车辆及其零部件,铁道车辆或电车除外;鞋靴、护腿和类似品及其零件	机械器具及零件;矿砂、矿渣及矿灰;铜及其制品;食用水果及坚果,柑橘类水果或甜瓜果皮;塑料及其制品;矿物燃料、矿物油、沥青、矿蜡;动物或植物油脂、油料;玻璃及玻璃制品
东帝汶	贸易额为1.34亿美元,同比下降18.3%	机电零部件、水泥、钢铁制品、陶瓷产品、纺织品、家具等	机电零部件、农产品、木制品等
印度尼西亚	双边贸易总额为633.2亿美元,同比增长18.3%。中国出口347.6亿美元;从印度尼西亚进口285.5亿美元,同比增加33.3%	核反应堆、锅炉、机械器具及零件、电机、电气、音像设备及其零附件、钢铁、钢铁制品、车辆及其零附件、船舶及浮动结构体、贵金属的化合物、棉花、化学纤维长丝、针织物及钩编织物、有机和无机化学品、塑料及其制品、涂料、油灰、家具、灯具、光学照相医疗等类设备及零附件、橡胶及其制品、肥料、纸及纸板;纸浆、纸或纸板制品、陶瓷产品、玻璃及其制品	矿产品、动植物油脂、塑料、橡胶、化工产品、纤维素浆及纸张、木及制品、纺织品及原料、机电产品、贱金属及制品、活动物及动物产品、食品、饮料、烟草、植物产品、鞋靴、伞等轻工产品、光学、钟表、医疗设备、运输设备等

第六章 广州建设"空中丝绸之路"的深度开发区：东南亚

续表6-5

国家	2017年双边贸易额	中国出口	中国进口
新加坡	双边货物贸易额为792.43亿美元。新对华出口745.6亿新元，自华进口625.55亿新元	机电产品占63.7%，矿产品占11%，贱金属占5%。中国是新加坡机电产品、贱金属及制品、纺织品及原料、家具玩具的第一大进口来源地	机电产品占46.3%，化工品占11.3%，矿产品占10.3%，塑料橡胶占10.2%

中国与东南亚国家的投资逐年增加，其中，中国对越南投资主要集中于加工制造业、房地产和电力生产行业，较大的投资项目包括铃中出口加工区、龙江工业园、深圳—海防经贸合作区、赛轮（越南）有限公司、百隆东方、天虹集团、申州国际、河内新希望集团有限公司、永兴一期火电厂、越南光伏等。对老挝的主要投资领域包括矿产、水电、农林、房地产、园区开发和酒店业等，据中国商务部统计，2017年中国对老挝直接投资流量达12.2亿美元，累计对老挝直接投资存量为66.55亿美元。2017年年底，中国对柬埔寨直接投资存量为54.49亿美元，主要集中于电力、农业、旅游开发、经济特区、信息通信等领域的投资合作；累计派出各类劳务人员2604人，年末在柬埔寨劳务人员5877人。中国对泰国直接投资存量为53.58亿美元，主要涉及农产品、防洪抗旱、铁路发展、自然资源保护等领域的投资。2017年，中国企业在马来西亚新签承包工程合同773份，新签合同额248.53亿美元，完成营业额81.46亿美元；累计派出各类劳务人员18339人，年末在马来西亚劳务人员27919人。据统计，目前在新加坡注册登记的中资企业超过7000家，经营范围涵盖贸易、金融、航运、基础设施、物流、房地产等多个行业。截至2017年年末，中国累计对新加坡直接投资445.7亿美元，2017年达63.2亿美元，主要投资行业为金融保险业和贸易业，投资方式以并购为主。2017年，中国对菲律宾直接投资流量为1.09亿美元，截至2017年年

末,中国对菲律宾直接投资存量为8.2亿美元。中国在菲律宾投资主要涉及矿业、制造业和电力等领域。2017年中国企业在菲律宾新签承包工程合同177份,新签合同额36.86亿美元,增长23.6%;完成营业额18.85亿美元,增长13.5%;累计派出各类劳务人员3188人,年末在菲律宾劳务人员3772人。目前,在东帝汶正式注册的中国大中型国有企业有20余家,并有大量国内民营企业在东帝汶开展工程、房地产、贸易、农业开发等业务;还有数千中国个体经营者从事劳务、建筑、贸易、餐饮等行业。

(三) 发展规划对接机遇

东南亚是一个正在兴起的发展中地区,投资和合作机会较多。推进"一带一路"建设,最重要的是与当地的发展规划对接,找准合作的契合点,推进多种形式的经贸合作。各国发展的重点领域都有所不同,应积极对接其重点发展领域,合作方式也各有差别。如在越南主要发展能源、电力和交通、煤炭、汽车、纺织工业等领域以及商定共同推动跨境经济合作区的建设。我国在老挝投资主要涉及经济合作区、铁路、电网、水电站、房地产和通信卫星等领域,在万象赛色塔综合开发区主要涉及能源化工、机械制造、农产品加工、仓储物流等行业;中老磨憨—磨丁经济合作区是中国与毗邻国家建立的第二个跨国境的经济合作区。中国对柬埔寨投资主要分布在水电站、电网、通信、服务业、纺织业、农业、烟草、医药、能源矿产、境外合作区等领域。泰国在4.0战略中,为实现高附加值经济模式,提出了基础设施建设、加大投资力度、吸引外国游客、提振出口等举措,着力发展新一代汽车制造、智能电子、高端旅游与医疗旅游、农业与生物技术、食品深加工等传统优势产业和工业机器人、航空与物流、生物能源与生物化工、数字经济、医疗中心等未来产业。为了吸引更多的中国投资,泰国积极对接"一带一路"倡议,并计划规划建设中泰铁路,联结中国市场。目前,中资企业对缅甸直接投资存量达55.25亿美元,分别

第六章 广州建设"空中丝绸之路"的深度开发区：东南亚

在油气资源勘探开发、油气管道、电力能源开发、矿业资源开发及纺织制衣等加工制造业等领域，主要采用"建设—经营—移交"（build-operate-transfer，BOT）、"公共私营合作制"（public-private-partnership，PPP）或"产品分成合同"（production-sharing-contract，PSC）的方式运营。新加坡提出"深化并扩展国际联系""掌握并善用精深技能""加强企业创新与壮大的能力""增强数码能力""打造机遇处处的蓬勃互通都市""发展并落实产业转型蓝图""携手合作促进创新与增长"7个方面的战略。2017年，中企在新加坡新签承包工程合同237份，新签合同额35.17亿美元，完成营业额34.37亿美元；累计派出各类劳务人员42409人，年末在新加坡劳务人员95488人，主要分布在咨询服务、计算机及信息服务、运输等行业。2018年，印度尼西亚政府提出年均经济增速要达到6.7%～8.3%的目标，推出3个重大计划，即"有潜力的大都会加速发展计划""城市和农村同步振兴计划""偏远和边境地区基础设施和基本服务加速发展计划"，随后每年将启动数千个公路、桥梁、铁路、电站等基础设施建设项目，对中国来说，将会衍生出诸多的投资机会。文莱实施教育、经济、国家安全、体制发展、本地商业发展、基础设施发展、社会安全及环境保护等战略。菲律宾提出建设"富足的中产国家"，鼓励创新，促进包容性增长等战略愿景和目标，并大力推动"大建特建"的基础设施建设。东帝汶在未来20年将加强基础设施领域的投资，该国有潜力的投资领域包括基础设施建设（帝巴新港、Com港、Metinaro港等）、农业合作、海洋渔业、能源矿产、旅游酒店、商业贸易和交通运输等，重点发展农业、旅游业、石油工业，建设公路、港口、码头、机场、电信、电力等各领域基础设施，计划于2030年达到中高收入国家水平。这些国家的发展规划和投资重点，对航空发展都将会衍生出潜在的新机遇。

二、航空发展基础与合作潜力

（一）航空发展基础

东南亚各国的航空发展基础差别较大，新加坡、马来西亚、泰国、印度尼西亚、菲律宾和越南发展相对较好，老挝、柬埔寨、缅甸、文莱、东帝汶航空发展的规模较小。从机场数量看，印度尼西亚是一个机场很多的国家，共有652个机场，其中航空港179个，达到国际标准的有23个。从航空发展、航空公司、航线网络和客货吞吐等方面看，印度尼西亚航空的发展潜力最大，因岛屿众多，有"千岛之国"之称，由于受山脉和海洋阻隔，主要依靠航空和水上航运进行各个岛屿之间的联系，因此对航空的需求增长很快。越南运营21个航空港，其中7个国际港，14个国内港。泰国有机场74个，其中商业机场36个，非商业机场38个。马来西亚是东南亚重要的空中枢纽之一，有50多家国内、国际航空公司在该国经营，2017年旅客吞吐量达9910万人次，共有8个国际机场，即吉隆坡国际机场、槟城国际机场、兰卡威国际机场、亚庇国际机场、古晋国际机场、马六甲国际机场、柔佛士乃国际机场以及瓜拉登嘉楼苏丹马穆德机场，吉隆坡国际机场是马来西亚最主要和规模最大的国际机场，也是全球最繁忙的机场之一。新加坡是亚太地区重要的航空运输枢纽，虽然只有一个国际机场，但却是东南亚最负盛名的国际机场，曾获560多项国际机场奖项，2017年单一机场年旅客吞吐量达到6222万人次，货运量213万吨，飞机起降超过37万架次，其国际性是在东南亚各国中最为突出的，多数为往来各国和地区的旅客，国际航空的网络也比较完备，能连接超过59个国家的116个城市。菲律宾与印度尼西亚相似，有着大量的机场，达到288个，主要包括首都马尼拉的尼诺·阿基诺国际机场、宿务市的马克丹国际机场和达沃机场等。泰国航空事业比较发达，从泰国任何一个地区到曼谷的飞行时间仅1小时左右。东南亚部分国家航空发展情况见表6-6。

表6-6 东南亚部分国家航空发展情况

国家	机场	航空公司	航线网络	航空流量
马来西亚	共有8个国际机场，即吉隆坡国际机场、槟城国际机场、兰卡威国际机场、亚庇国际机场、古晋国际机场、马六甲国际机场、柔佛士乃国际机场以及瓜拉登嘉楼苏丹马穆德机场	马航、亚洲航空、马印航空公司等50多家航空公司	马来西亚是东南亚重要的空中枢纽之一	2017年空运旅客9910万人次。飞机起降超过35万架次
新加坡	樟宜国际机场，曾获得560多项"最佳机场"奖项	100多家航空公司在此运营。是新加坡航空、新加坡航空货运、捷达航空货运、欣丰虎航、胜安航空、捷星亚洲航空和惠旅航空的主要运营基地	通往全球400多个城市，每周超过7200个班次的航空网络，平均每84秒即有一架飞机起降	2017年客运量6222万人次，货运量213万吨，飞机起降超过37万架次
印度尼西亚	共有机场652个，有179个航空港，其中达到国际标准的有23个	印度尼西亚鹰航空公司、梅帕蒂航空公司、印度尼西亚狮子航空公司、斯里维加亚航空公司	印度尼西亚鹰航的航线覆盖40余个国内及36个国际目的地	苏加诺—哈达国际机场2017年客运量达6300万人次，居全球第17位
文莱	文莱国际机场	文莱皇家航空公司现有4架波音787、4架空客A320和2架空客A319	每周有多个航班直达中国、澳大利亚、中东、欧洲、东盟等国家和地区	2016年，文莱国际机场飞机起降13572架次，进出港乘客172.7万人次，货运吞吐量2.2万吨

续表 6-6

国家	机场	航空公司	航线网络	航空流量
菲律宾	有 288 个机场，主要包括首都马尼拉的尼诺·阿基诺国际机场、宿务市的马克丹国际机场和达沃机场等	菲律宾航空飞往 21 个国内机场和 32 个国际城市。菲律宾航空的主要运营枢纽是马尼拉的尼诺·阿基诺国际机场。国航、南航、厦航、东航、中国远洋等经营海空运输、船舶代理的企业以及中国国家电网公司等在此设立分公司或代表处	国内航线遍及 40 多个城市，大多数主要航线每天或每周都有多个航班从马尼拉飞往亚洲国家和地区以及美国、欧洲与中东地区的主要城市	2018 年，尼诺·阿基诺机场旅客吞吐量 4508 万人
东帝汶	有 3 个一级机场、5 个二级机场。帝力机场是东帝汶唯一的国际机场	帝汶航空是东帝汶唯一运营的航空公司	主要为帝力往返新加坡、帝力往返巴厘岛的航班	2017 年，帝力国际机场到港航班 3131 架次，到港货物 141.81 吨，离港货物 156.37 吨

（二）中国与东南亚的航空合作

1. 合作基础较好

东南亚是与中国开展航空合作作为紧密的一个国际区域。新加坡、泰国、越南、菲律宾、马来西亚与我国的航空合作基础较好。新加坡有 12 家航空公司已开通新加坡直飞中国 33 个城市的航线。泰国曼谷有固定航班往返香港、北京、上海、广州、昆明、成都、汕头等地。越南国家航空（Vietnam Airlines）、越捷航空（Vietjetair）和捷士达太平洋航空（Jestar-

Pacific），中国的中国国际航空、南方航空、东方航空、四川航空、厦门航空、海南航空等参与中越航线经营，目前每周往返两国间的正班航班（不含包机）约 320 班次，越方航点主要有胡志明市、河内、岘港、芽庄和富国岛，中方航点主要有北京、上海、广州、深圳、成都、重庆、昆明、长沙、厦门、南宁、杭州等地。在菲律宾，中国国际航空、南方航空、厦门航空、东方航空、中国远洋等经营海空运输、船舶代理的企业以及中国国家电网公司等均设立分公司或代表处。马来西亚与中国也有多条航线，马来西亚航空公司、中国国际航空、南方航空、东方航空、厦门航空、深圳航空及香港国泰航空每周都有定期航班往来中国的北京、上海、广州、厦门、昆明、香港、澳门与马来西亚的吉隆坡、槟城、兰卡威及哥打基纳巴卢之间。亚洲航空公司是马来西亚最大的廉价航空公司，开通了多条前往中国广州、桂林、海口、杭州、深圳、成都、香港和澳门等旅游城市的航线。截至 2017 年年底，缅甸已与中国多个城市建立了直达航线，主要航线可达北京、昆明、广州、南宁、香港、台北等城市，例如，中国国际航空的北京—仰光、成都—昆明—仰光航线，东方航空的北京—昆明—仰光、昆明—曼德勒、南宁—仰光、昆明—内比都航线，南方航空的海口—广州—仰光航线。缅甸国内大城市和主要旅游景点亦均已通航。2016 年，柬埔寨国会通过了《中国—东盟航空运输协议》，开放第五航权，以吸引更多国际航空公司在柬埔寨机场途中经停、上下旅客和装卸货物，以及更多游客来柬埔寨旅游。2017 年，中国直飞柬埔寨航班快速增加。截至 2018 年，共有 15 家航空公司开通了中国直飞柬埔寨的航班，每周执飞 270 个航班，其中 11 家为中国航空公司。印度尼西亚连城航空在上海、北京、广州、成都等多个中国城市设立代表处，为中国旅客及货运客户提供服务。2017 年，中国到印度尼西亚的游客人数达 205.9 万人次。中国连续两年成为印度尼西亚第一大国际游客来源国。老挝也开通了万象—昆明、万象—南宁、万象—广州、万象—常州等直通中国的航线。

2. 航空合作潜力的挖掘

中国与东南亚国家的航空合作是建立在悠久的历史文化交往交流基础

上的，东南亚是华人华侨最多的区域，与中国的航空联系也随着经贸交往和人文交流而日益增多。中国与东南亚国家的航空合作还有很大潜力可挖，这些国家中的人口大国多为中等偏下收入国家，如越南、印度尼西亚、菲律宾等，都是人口基数大、地域面积相对较大的国家，航空增长的潜能远未发挥出来。加上近年来这些国家经济增长比较活跃，旅游出行需求增加明显，航空交通需求必将出现一个增长期。中转业务需求也会继续增加，如2017年中国经新加坡等国转往东帝汶帝力的人数达7519人次，该地区开始进入成长型市场。在与这些地区进行航空合作时，应紧密结合已有的航空发展基础，选择航空需求增长潜力巨大的越南、印度尼西亚、菲律宾等国进行战略性布点，以多种方式开展不同区域的合作，如航线联营合作、股权合作、互惠常旅客合作、代码共享、免疫性联营合作等，建立收入共享机制，在网络、收入管理、销售、产品、常旅客、广告品牌合作、货运、运营、信息技术、通信和金融，以及酒店、地接、购物城等具体的业务环节上开展机制性合作。

第七章

广州建设『空中丝绸之路』的重要潜力区：南亚

第一节　南亚各国经济社会总体情况

南亚地区共有8国，包括印度、巴基斯坦、孟加拉国、斯里兰卡、阿富汗、尼泊尔、不丹和马尔代夫。南亚不少国家是我国的邻国，是广州建设国际航空枢纽、开展航空国际合作的重要潜力区。

一、位置重要

南亚8国的地理位置十分重要，西接中东、东连东南亚，其巨大的三角形板块直插印度洋，横亘在穿越印度洋重要的国际航海线上，地缘优势突出，在世界各国的全球战略中具有举足轻重的地位。南亚也是我国推进"一带一路"和"中巴经济走廊"以及"孟中印缅经济走廊"建设的重点地区。南亚各国都有着独特的地理位置，印度、巴基斯坦、孟加拉国、斯里兰卡和马尔代夫都在重要的海上交通要道之上，位于我国联通世界通道的要冲之地；阿富汗、不丹和尼泊尔虽处内陆，但对于大国之间的博弈却具有重要的战略价值（见表7-1）。

表7-1　南亚各国地理位置及其战略意义

国家	地理位置	战略意义
印度	位于亚洲南部、印度洋北岸，东与缅甸接壤，西接巴基斯坦，南与斯里兰卡、马尔代夫隔海相望，北邻中国、尼泊尔、不丹、锡金，东南与孟加拉国为邻。它西濒阿拉伯海，北抵喜马拉雅山脉，东临孟加拉湾，南连印度洋	扼亚、欧、非、大洋洲的海上交通要冲

续表 7-1

国家	地理位置	战略意义
巴基斯坦	位于南亚次大陆西北部,南濒阿拉伯海,海岸线长840千米,北枕喀喇昆仑山和喜马拉雅山。东、北、西三面分别与印度、中国、阿富汗和伊朗接壤。全境3/5为山区和丘陵地形,源自中国的印度河从北流入巴境后,向南蜿蜒2300千米,注入阿拉伯海	处于"中巴经济走廊"上
孟加拉国	位于南亚次大陆东北部的恒河和布拉马普特拉河冲积而成的三角洲上。东、西、北三面与印度毗邻,东南部与缅甸接壤,南部濒临孟加拉湾。海岸线长550千米。全境85%的地区为平原,东南部和东北部为丘陵地带,国土大部分地区海拔低于12米	位于连接中国、印度和东盟世界三大经济体的枢纽位置,地理区位优势明显
斯里兰卡	位于印度洋中心,素有"印度洋上的珍珠"之称,北隔保克海峡与印度相望,南部靠近赤道	紧邻亚欧国际主航线,拥有连接东西方的优越地理条件
尼泊尔	位于喜马拉雅山脉南麓,北倚中国青藏高原,南接南亚次大陆,三面被印度环绕,是南亚地区的内陆国	大国博弈的战略要地,中国的陆上邻国
马尔代夫	是地处印度洋上的一个群岛国家,由26组自然环礁(包括珊瑚岛、珊瑚礁及其周围浅水海域)共计1192个珊瑚岛组成	属于群岛国家,是世界重要的旅游目的地
阿富汗	是亚洲中西部内陆国家,位于中亚、西亚和南亚交汇处。南部和东部与巴基斯坦接壤,西靠伊朗,北部与土库曼斯坦、乌兹别克斯坦、塔吉克斯坦为邻,东北部凸出的狭长地带瓦罕走廊与中国交界	大国博弈的战略要地,中国的陆上邻国
不丹	位于亚洲南部,是喜马拉雅山东段南坡的内陆国家,西北部、北部与中国西藏接壤,西部、南部和东部分别与印度锡金邦、西孟加拉邦、中国山南交界	内陆国家

二、人口众多

2018年，南亚地区人口接近18亿，超过世界人口（大约75亿）1/5。其中，印度人口于2018年已达13.24亿，是世界上仅次于中国的第二人口大国；而且其人口年增长率达1.2%，远远超过中国的人口自然增长率3.81‰，有望很快成为第一人口大国。巴基斯坦国家统计局于2017年公布的第六次全国人口普查初步报告显示，巴基斯坦总人口已超2亿。孟加拉国人口也达1.647亿，人口密度达每平方千米1100多人，是世界上各人口大国（即5000万以上人口国家）中人口密度最高的国家。以上三国都属于世界十大人口大国。而阿富汗、斯里兰卡和尼泊尔人口都在2000万以上（见表7-2）。

表7-2　2017年南亚主要国家的基本情况

国别	国土面积（平方千米）	人口	人均GDP	国家类型
印度	297.47万	13.24亿（2018年）	1940美元（2018年）	发展中国家，新兴市场国家；中等偏下收入国家
巴基斯坦	79.6万（不含巴控克什米尔的1.3万平方千米）	超2亿（2017年）	1545.1美元（2016/17财年）	发展中国家；中等偏下收入国家
孟加拉国	约14.76万	1.62亿（2016/17财年）	1544美元（2016/17财年）	发展中国家；中等偏下收入国家
斯里兰卡	6.56万	2144.4万（2017年）	4065美元（2017年）	中等偏上收入国家

续表 7-2

国别	国土面积（平方千米）	人口	人均 GDP	国家类型
阿富汗	64.75 万	2970 万（2017 年）	679 美元（2017 年）	低收入国家
尼泊尔	14.71 万	2871 万（2017 年）	1004 美元（2017 年）	中等偏下收入国家
不丹	3.84 万	78.4 万（2017 年）	3110 美元（2017 年）	中等偏下收入国家
马尔代夫	总面积为 9 万平方千米，其中陆地面积仅占 0.331%，约 298 平方千米	40.8 万（2017 年）	10000 美元（2017 年）	中等收入国家

三、发展潜力巨大

南亚 8 个国家多属发展中国家和新兴市场国家，是全球经济增长最快的地区之一，经济总量不可小觑。按照 2018 年 7 月 1 日世界银行公布的国家收入标准，印度、巴基斯坦、孟加拉国、尼泊尔、不丹都属中等偏下收入国家，阿富汗为低收入国家，马尔代夫和斯里兰卡属于中等收入国家。虽然这些国家的人均收入水平并不高，但由于这些国家的资源丰富或资源特色突出，劳动力和土地成本相对较低，逐渐受到国际资本的青睐，隐藏着巨大的发展潜力。其中，不少国家近年的发展速度已显示出快速增长态势。如印度独立后至 20 世纪 80 年代，经济平均增长率只有 3.5%，20 世纪 80 年代后上升为 5%～6%，21 世纪初进入 8%～9% 的快速增长阶段，成为发展最快的国家之一。近 10 年来，孟加拉国经济持续稳定增长，GDP 年均增长率维持在 6% 以上。2016/17 财年，孟加拉国实际 GDP 增长 14.02%，约合 1197 亿美元，较上年增长 7.28%，名义 GDP 约合

2497亿美元。巴基斯坦拥有2.07亿人，是世界第六人口大国，2016/17财年人均GDP为1545.1美元，市场潜力较大；增速近年屡创新高，2016/17财年增长率为5.28%，增速创2006/07财年以来新高，2017/18财年增长率为5.79%，创下13年来新高。2017年，斯里兰卡GDP总额为872亿美元，总量位列世界第64位，较上一年度增长3.1%；人均国民收入3759美元，连续3年保持5%左右的增幅。尼泊尔2016/17财年GDP增速按可比价格计算修正为7.91%，2018年创下多年来最高增速。2017年马尔代夫GDP总值46.48亿美元，经济增长6.9%。据阿富汗中央统计局提供的数据，2017/18财年阿富汗GDP总值约为202亿美元，同比增长2.9%。上述国家的经济增长速度都或多或少地表现出良好的发展势头，只要这些国家政治稳定，不出现社会动荡，其经济增长的潜力将逐步释放出来。

第二节　南亚与我国的航空经济合作潜力

一、与南亚各国的经济合作

建设21世纪海上丝绸之路的倡议与南亚地区的经济社会发展战略也高度吻合。世界第8大经济体印度近年来经济发展速度很快。虽然印度民众不是很富裕，但是作为全球四大古文明的发源地之一，印度有其自身独特的风情和产品，具有巨大的航空开发潜力。巴基斯坦是世界上第25大经济体，与我国经贸合作比较紧密。孟加拉国、斯里兰卡、阿富汗、尼泊尔、不丹和马尔代夫，都是资源丰富，具有十分鲜明的民族特色的国家。南亚各国与我国在贸易及投资、承包工程及劳务合作等方面的经贸合作前景都非常广阔，属于建设国际航空枢纽的高潜力区，也是广州航空网络拓展的一个重要区域。

（一）产业特色明显

南亚的印度是一个具有相对完整的产业体系的国家。农业主要是种植水稻、小麦等粮食作物，工业中既有传统的纺织、食品加工、化工、制药、钢铁、水泥、采矿、石油和机械等行业，也有汽车、电子产品制造、航空和空间等新兴工业。而其他7个国家的产业体系都不完整。巴基斯坦的农产品主要是小麦、大米、玉米、棉花、甘蔗和水果、蔬菜、牛奶、牛肉、羊肉等；工业中食品加工业、制糖业、化肥业、水泥业等发展相对较好，工程、机械、电子、汽车、化工等行业也逐步兴起；服务业发展滞后。孟加拉国农产品主要包括茶叶、稻米、小麦、甘蔗、黄麻及其制品、白糖、棉纱、豆油；工业以原材料和初级产品和劳动密集型的轻工业为主，服装业是孟加拉国的支柱产业；旅游业逐步发展；总体上新兴工业和服务业发展很不充分。斯里兰卡是以种植园为主的农业国家；工业主要是轻工业为主，包括建筑业、纺织服装、皮革、食品、饮料、烟草、化工、石油、橡胶、塑料、非金属矿产品加工业及采矿采石业，新兴工业发展滞后；但服务业发展较好，属于服务导向型经济，批发零售业和金融服务、旅游业和信息及通信业、酒店、餐饮业、物流、仓储、房地产及商用服务业等发展也较快。尼泊尔、马尔代夫、阿富汗、不丹四国的产业结构都十分单一，以农牧业、旅游业为主。（见表7-3）

表7-3 南亚各国的主要产业行业

国家	第一产业	第二产业	第三产业
印度	主要粮食作物有水稻、小麦等，主要经济作物有油料、棉花、黄麻、甘蔗、咖啡、茶叶和橡胶等	工业包括纺织、食品加工、化工、制药、钢铁、水泥、采矿、石油和机械等，新兴工业中汽车、电子产品制造、航空和空间等发展迅速	软件出口和服务外包业发展迅速，班加罗尔、金奈、海德拉巴、孟买、普纳和德里等都是世界著名的软件服务业基地城市

160

续表 7-3

国家	第一产业	第二产业	第三产业
巴基斯坦	小麦、大米、玉米、棉花、甘蔗；水果、蔬菜、牛奶、牛肉、羊肉	有着完整的从原棉、轧棉、纺纱、布料、印染直到成衣制造的产业链；食品加工业、制糖业、化肥业、水泥业等传统工业，工程、机械、电子、汽车、化工等行业逐步兴起	服务业相对落后
孟加拉国	农产品主要有茶叶、稻米、小麦、甘蔗、黄麻及其制品、白糖、棉纱、豆油	以劳动密集型的轻工业为主，服装业是孟加拉国的支柱产业。工业以原材料和初级产品生产为主，包括水泥、化肥、纸张等；重工业薄弱，制造业欠发达	丰富的旅游资源，有各种旅游设施
斯里兰卡	以种植园经济（茶叶、橡胶和椰子）为主的农业国家，渔业、林业和水力资源丰富	轻工业主要包括建筑业、纺织服装、皮革、食品、饮料、烟草、化工、石油、橡胶、塑料、非金属矿产品加工业及采矿采石业等	服务业是斯里兰卡的支柱产业，批发零售业和金融服务是主要的服务产业，旅游业和信息及通信业异军突起，其他如酒店、餐饮业、物流、仓储、房地产及商用服务业等发展也较快
尼泊尔	主要是农产品是水稻	主要有制糖、纺织、皮革制鞋、食品加工、香烟和火柴、黄麻加工、砖瓦生产和塑料制品等	徒步旅游和登山业

续表 7-3

国家	第一产业	第二产业	第三产业
马尔代夫	渔业资源丰富，盛产金枪鱼、鲣鱼、鲛鱼、龙虾、海参、石斑鱼、鲨鱼、海龟和玳瑁等	仅有小型船舶修造，以及海鱼和水果加工、编织、服装加工等手工业	旅游业是该国特色产业，有124个旅游度假岛
阿富汗	农牧业是阿富汗国民经济主要支柱	以轻工业和手工业为主，包括纺织、化肥、水泥、皮革、地毯、电力、制糖、金属制造和农产品以及水果加工等	主要为服务本地的生活服务业
不丹	农业是不丹的支柱产业	电力行业逐渐成为经济支柱之一	旅游业

（二）发展规划与需求对接机遇

南亚国家多数属于低收入国家和中下收入国家，少数进入中等收入水平的国家都是小型经济体，产业结构不甚完整，具有巨大的发展需求和对外的商品依赖。综观这些国家，大致可分为三类：人口大国、内陆低收入国家和海岛国家。

1. 人口大国

人口大国主要是印度、巴基斯坦、孟加拉国。这三国由于人口众多，市场需求特别大，只要人均收入水平不断提升，就会产生巨大的消费需求。随着印度中产阶级的日益壮大和人口结构年轻化，未来消费能力将得到持续提升。为适应这种需求变化，印度政府确立的经济发展目标是实现更快的、可持续的和更富包容性的增长。例如，重点推动能源、交通、自然资源、农村发展、制造业、医疗教育、社会和地区平等、城市化、服务业和政府治理等领域的发展和进步，改善供水、垃圾处理、公共交通、住房等城市化设施；在生产领域全面融入全球网络，优先发展纺织服装、皮革制鞋、珠宝、食品加工等劳动密集型产业；大力提高装备制造业水平，促进机械工具、大型电力设备、交通设备和采矿设备等制造业发展，重点扶持汽车制造、制药、医疗设备制造等具有广阔市场空间和比较优势的产业；新兴战略产业重点在空间技术、造船、IT硬件和电子、通信设备、太阳能技术等领域实现突破。巴基斯坦在其《2030年展望》提出：以知识进步为动力，有效利用资源，坚持快速、可持续发展，建设经济繁荣发达、社会公平正义的巴基斯坦。鉴于交通、电力等基础设施建设滞后的状况，该国计划全面扩建公路网络，提高公路密度和道路运输速度，降低车辆运营成本和道路故障，并确立了"使铁路成为国家主要运输形式、运输系统逐渐盈利、有力促进国家经济发展"的目标，同时要求缓解巴基斯坦电力供应紧张的状况。孟加拉国在其第七个五年规划中设定年均GDP增长7.4%、减少贫困人口、新增1290万个岗位就业、增加发电量至2.3万兆瓦等目标。这些国家基础设施建设相对落后的状态，有利于发挥我国基础设施工程建设的比较优势，在互利合作中推动彼此的共赢发展。

2. 内陆低收入国家

尼泊尔、阿富汗和不丹都属内陆山国，各国的基础设施由于战争、地形地质复杂等原因普遍落后，产业发展不足，加快发展是其重要的发展任务。如尼泊尔由于多年的内战，基础设施十分落后。该国在第14个三年发展规划中提出，在3年间实现年均7%左右的增速，计划重点改善能源、公路、航空、通信等基础设施以及发展财政、公共服务、环保等领域；改革农业，扩大旅游业，完成在建的几个机场项目、开发新的旅游目的地以及加大与国际游客来源地的联通；发展工业及中小企业。阿富汗政府将能源、矿产开发作为重点发展方向，过去几年中年均增速达到14%。阿富汗大力推进区域和境内"互联互通"网及土库曼斯坦—阿富汗—巴基斯坦—印度（TAPI）天然气管道项目建设；建设总里程近3万千米的公路网、2600千米的环阿富汗铁路干线和2210千米的环阿富汗公路（国道),连接各省的省际公路 4985 千米、省内公路 9600 千米以及乡村公路 17000 千米也在建设之中,逐步打造地区"交通枢纽"。不丹公路总里程 8366.2 千米,山区仍以马、牛、骡为主要运输工具;帕罗机场是不丹唯一的机场,距首都廷布 65 千米。

3. 海岛国家

斯里兰卡、马尔代夫属海岛国家,因优越的地理位置和独特的海岛资源,发展其具有独特优势的旅游业和相应的服务型经济。斯里兰卡在"2025 愿景"中,目标是将本国转变为印度洋的中心,发展知识型、高度竞争的社会市场经济,使斯里兰卡到 2025 年成为一个繁荣的国家。具体措施包括:鼓励企业实现出口多元化,并将为私营部门提供促进增长和投资的机会;逐步改变其严重依赖于巨大的公共基础设施投资和传统的种植园作物出口的状况,发展服装贸易和旅游业,吸引外国直接投资,扩大出口,努力将人均 GDP 提高到 5000 美元;创造 100 万个工作机会,扩大中产阶级。马尔代夫实施开放型经济政策,《马尔代夫经济多元化发展战略》提出了人均 GDP 达到 1.25 万美元,GDP 年增长率不低于 7%,总量达到 50 亿美元,失业率降低至 10%,以及旅游、交通、卫生、教育、基础设施建设等各领域发展目标;推出了北部经济特区建设、马累港新建、马累国际机场扩建、呼鲁马累岛二期建设、石油天然气勘探 5 个重点工程。由于人口数量较少,马尔代夫国内消费市场狭小,但旅游业比较繁荣,外来旅游人口的消费成为重要支撑。2011 年 1 月 1 日,马尔代夫正式从联合国最不发达国家过渡为中等收入国家。随着人口不断增长以及国内消费能力的逐步提高,马尔代夫进口量逐年增加,贸易逆差呈扩大趋势。

(三)经贸往来

我国与南亚各国经贸往来逐步增多,双边贸易与投资、承包劳务及其他方面的合作不断发展。总体来看,中国与这些国家的双边贸易规模较小,只有 1267 亿美元,与这一地区人口规模形成很大的反差。原因主要

第七章 广州建设"空中丝绸之路"的重要潜力区：南亚

是这一地区战争破坏、文化差异、自然条件等差别较大，经贸合作的类型相对单一，对这些国家的投资、劳务合作虽有所发展，但规模较小。但是双边经贸往来的潜力却是非常巨大的，随着这些国家贫困状况改善，中产阶层普遍形成，以及国家间合作关系的进一步提升，经贸合作和航空合作的需求将会日益增长。（见表7-4）

表7-4　南亚各国与我国双边贸易情况

国家	2017年双边贸易额（美元）	中国出口	中国进口
印度	844.1亿	电机、电气、音像设备及其零附件、锅炉、机械器具及零件、有机化学品，肥料、贵金属及制品、钢铁及制品、塑料及制品等	金属及制品、矿产品、珠宝、化工产品、纺织品及原料、塑料橡胶、植物产品等
巴基斯坦	200.9亿	机械设备、钢铁及其制品、有机化学品、电子设备、塑料制品等	棉纱、棉布、大米、矿石、皮革等
孟加拉国	160.4亿	棉花、锅炉、机械器具及零件、电机、电气、音像设备及其零附件、化学纤维短纤、矿物燃料、矿物油及其产品、沥青、针织物及钩编织物、化学纤维长丝、机动车、塑料及其制品、钢铁制品	非针织或非钩编的服装及衣着附件、针织或钩编的服装及衣着附件、其他植物纤维、纸纱线及其机织物、鱼及其他水生无脊椎动物、其他纺织制品、成套物品、旧纺织品、生皮（毛皮除外）及皮革、塑料及其制品、工业或药用植物等
斯里兰卡	44亿	针织物及钩编织物、电气及电子产品、机械器具及零件、钢铁及制品、矿物燃料、棉花、塑料及制品、其他纺织品、汽车及零部件	服装、散茶、珠宝、贵金属及制品、纸纱线及其机织物、调味香料、橡胶及其制品、鞋靴和类似品及其零件、杂项化学产品、矿砂、木及木制品

165

续表 7-4

国家	2017年双边贸易额（美元）	中国出口	中国进口
尼泊尔	9.9亿	电话和电机电气设备及零件、非针织服装、机械设备及零件、针织服装、鞋类、机械设备及零件、苹果、羊毛及羊毛纱线、航空器及其零件、肥料、化学短纤维、光学及医疗器具、医疗设备及零附件、钢铁制品皮革制品、车辆及零附件、皮革制品、塑料及制品、家具	贱金属雕塑像及其他装饰、地毯及纺织制品、医疗器具及零附件、生皮及皮革、披肩和围巾、针织制品、仿首饰、其他纺织制品、有机化学品、铜器、家具、打击乐器、木装饰品、羊毛机织物等
马尔代夫	2.96亿	机械器具及零件、电机、电气、音像设备及零附件、车辆及零附件、针织或钩编的服装及衣着附件、玻璃及制品、皮革制品、旅行箱包、动物肠线制品、光学、照相、医疗等设备及零附件、家具、寝具、灯具、活动房、食用蔬菜、根及块茎、玩具、游戏或运动用品及零附件	针织或钩编的服装及衣着附件、非针织或非钩编的服装及衣着附件、其他纺织制品、成套物品、旧纺织品、艺术品、收藏品及古物
阿富汗	5.44亿	电器及电子产品、医药、机械设备和纺织服装	农产品

二、航空发展基础与合作潜力

（一）航空发展基础

南亚航空发展相对不足，各国航空流量不算大，但它是当今世界上航空业发展较快的地区之一。有两大突出因素影响和支撑该地区的航空业增长。一是巨量的人口。2018 年，南亚地区有 18 亿多的人口，超过世界人口 1/5。二经济上处于明显的上升期。经济增长速度普遍较高，随着人均收入水平的提升，一大批中产阶层人口的增加是一个确定性的因素，乘坐航空运输工具的人口必将大大增加。目前，印度已表现出这样一种趋势，并成为当今世界上发展速度最快的民航市场之一，位列全球第 9。根据印度民航局公布的数据，2014 年、2015 年和 2016 年印度航空旅客吞吐量同比分别增长 7.3%、17.5% 和 19.5%。而孟加拉国、巴基斯坦等人口大国的航空潜力也非常大，只要能克服一些阻碍经济增长的不稳定因素，其航空人口的增长量将是巨大的。而阿富汗、不丹等国在国家局势稳定之后，航空交通也会迎来快速增长。由此可知，南亚地区是全球航空增长的重要潜力区，也是广州建设国际航空枢纽需要进一步关注的潜力区域。（见表 7-5）

表 7-5　南亚各国航空发展情况

国家	机场	航空公司	航线网络	航空流量
印度	125 个运营机场，其中德里、孟买、加尔各答、金奈等 20 多个主要城市建有国际机场	多家民营航空公司提供民航客运和货运服务	印度航空公司 Air India 已开通境内 120 个目的地及 39 个国家（地区）的航线	全球航空运输量排名第 5。2016 年印度拥有各类机场（相当于我国运输机场）82 个，年旅客吞吐量超过 1000 万人次的机场有 6 个

续表 7-5

国家	机场	航空公司	航线网络	航空流量
巴基斯坦	共有9个国际机场和27个国内机场，伊斯兰堡、拉合尔和卡拉奇分别为巴北部、中部和南部地区的航空枢纽	巴基斯坦国际航空公司（PIA）承担了80%的国内人员空运和几乎全部的货邮运输	开辟了30多条国际航线。与中国、印度、阿富汗等邻国及欧洲、北美、东南亚许多国家都有直航。目前，巴基斯坦已与94个国家和地区签署了双边航空协议，32家外国航空公司有定期往返巴基斯坦的航班	年旅客运输量约为1500万人次，货邮运输量为31.8万吨
孟加拉国	现有在使用中的机场共8个，其中3个国际机场（达卡、吉大港、锡莱特），2个国内机场	主要是孟加拉航空公司	开通孟加拉国直飞澳大利亚航线；达卡至伦敦货机直航重新开通	N/A
斯里兰卡	主要有两大国际机场。班达拉奈克国际机场（也称为科伦坡国际机场）是斯里兰卡第一国际机场；拉贾帕克萨国际机场（也称为马特拉国际机场）是斯里兰卡第二国际机场	包括斯里兰卡航空公司在内有来自全球40多家航空公司在班达拉奈克国际机场运行客运或包机航班，6家航空公司运行货运或包机航班	飞行网络覆盖范围广泛，包括42个航点，遍布23个国家，横跨了欧洲、中东以及亚洲各主要城市。其中12个为代码共享协议的航点	2017年，斯里兰卡2个国际机场共起降航班65881班次，同比略有下降。全年客流量为1135万人次，同比增长6%；航空货运量为26.6万吨，同比增长4.7%

续表 7-5

国家	机场	航空公司	航线网络	航空流量
尼泊尔	共有 56 个机场,包括 1 个国际机场、3 个地区中心机场和 52 个其他小规模机场。其中仅 32 个机场处于正常营运状态,还有 6 个机场正在建设中	共有 43 家尼泊尔公司取得了航空经营许可证,但只有 19 家提供航空服务	29 家国际航空公司开通了到尼泊尔的航线,从尼泊尔首都加德满都可飞往曼谷、新德里、新加坡、吉隆坡、达卡、伊斯坦布尔、拉萨、广州、成都、昆明、西安、香港等地	N/A
马尔代夫	民航业近年来取得较大发展,全国共有 4 个国际机场和 6 个国内机场	马尔代夫当地航空公司有 4 家,即马尔代夫国家航空公司、维拉航空和 1 家水上飞机公司	全球已有超过 50 家航空公司开通了多国至首都马累的客运或货运服务	N/A
阿富汗	现有喀布尔、坎大哈和马扎里沙里夫 3 个国际机场	目前在阿营运的航空公司共有 13 家,其中,外国公司 10 家,本国公司 3 家,分别为阿丽亚娜航空公司、卡姆航空公司和萨菲航空公司	共有国际航线 16 条	N/A
不丹	帕罗机场	不丹航空公司	航线包括从帕罗至新德里、加尔各答、加德满都、达卡、曼谷和仰光,无国内航线	载客量 13.26 万人次

注:N/A 为未获得数据。

（二）航空合作潜力

1. 与中国航空联络情况

中国与南亚地区的航空联系逐渐增多，但就各国航空联络来说，略有差别。中国国航、东航、南航、山东航空等航空公司都开通了飞往印度的直飞航班，其航线包括北京—德里、成都—班加罗尔、上海—成都—孟买、北京—上海—德里、昆明—加尔各答、广州—德里、济南—德里等。中国和巴基斯坦之间直航航班包括北京—伊斯兰堡—卡拉奇（国航）、乌鲁木齐—伊斯兰堡（南航）、乌鲁木齐—拉合尔（南航）、北京—伊斯兰堡—拉合尔（巴航）等，也可经泰国、阿联酋等转机。中国内地至达卡的航线主要有东方航空运营的北京—昆明—达卡航线和南方航空运营的广州—达卡航线。中国与斯里兰卡签订协议，双方确定航空运力额度将增至每周各70班，并完全开放昆明与斯里兰卡之间的直达航空运输市场；中国成都、上海、昆明、广州等口岸转机到达科伦坡的航班分别由中国国际航空、东方航空和南方航空执飞；同时，斯里兰卡航空公司执行北京、上海、广州和昆明至科伦坡达航班。中国与尼泊尔之间共有5条航线，分别是成都、拉萨、广州、昆明、西安至加德满都的航线。马尔代夫方面，中国首都航空、南方航空、东方航空、四川航空以及马尔代夫国家航空、香港国泰航空等航空公司参与中国北京、上海、广州、昆明、重庆、成都、武汉、南京、西安、长沙、杭州、香港等地直飞马累的定期或包机航班。中国和阿富汗之间有乌鲁木齐至喀布尔一条直飞航线，由阿丽亚娜航空公司负责运营，目前每周三有一趟往返航班。此外，中国还参与了南亚一些国家的机场建设贷款和工程项目，如2016年尼泊尔政府和中国政府签署的关于建设博卡拉地区国际机场项目的混合贷款协议。

2. 积极挖掘与南亚航空合作的潜力

按照南亚8国目前的经济发展水平，只有马尔代夫作为小型经济体但人均GDP进入中等收入国家水平。斯里兰卡刚刚跨越了中等收入国家的水平，而印度、巴基斯坦、孟加拉国、尼泊尔和不丹都属于中等偏下收入

第七章 广州建设"空中丝绸之路"的重要潜力区：南亚

的国家，阿富汗还处于低收入国家状态。但是，南亚占全球人口的比重超过1/5，只要收入水平继续提高，航空旅客的增长将会是爆发性的。按照国际民航发展经验，当人均GDP超过3900美元后，航空客运量增幅一般为人均GDP增幅的1.3～1.5倍。印度、孟加拉国、巴基斯坦、斯里兰卡等国都是全球经济增长较快的国家，因此可以预期这一地区将是航空发展的重要潜力区。

与南亚地区开展航空合作，广州在地缘上虽然比不上成都、昆明和重庆等枢纽机场，但广州基地航空公司——南方航空公司的网络优势还是可以充分利用的。因此，应针对南亚地区的具体情况，战略性地开展航线网络及航空资源的布局。一要发挥各自的比较优势，以我国与南亚地区经贸合作和人文交流为基础支撑，重点挖掘印度、巴基斯坦、孟加拉国等人口大国的航空合作潜力，抓住重点城市、重要区域和重要通道，以重点城市的节点作用为支撑，集聚与我国经贸联系的人流和物流。二要创新与南亚地区合作发展的方式方法，在全面熟悉南亚地区经济社会发展情况的前提下，选择客运代理、相互参股、代码共享等适当的方式，以规模经济和分享经济的模式，推动与南亚地区的航空合作。三要积极引入南亚地区的航空实体和航空资源，特别是南亚地区知名的航空公司，如曾获"南亚地区最佳航空公司"的斯里兰卡航空公司、印度航空公司及其航空网络资源，为开展航空合作进行战略性铺垫。四要与昆明、成都、拉萨等机场开展战略合作，共享网络运力，共同拓展南亚地区的航线网络。南亚的印度、巴基斯坦、斯里兰卡、阿富汗等国都是文明古国，旅游资源则相当丰富，后发潜力巨大，因此可以借助国内外知名的品牌国际旅行社，就南亚地区的重点旅游资源或景点、重要旅游线路组织客源，形成相对稳定的国际航线网络。

第八章

广州建设『空中丝绸之路』的外围拓展区：西亚北非中东欧

第八章　广州建设"空中丝绸之路"的外围拓展区：西亚北非中东欧

第一节　"空中丝绸之路"的外围拓展区概况

西亚、北非、中东欧地理位置都十分重要，蕴藏着丰富而重要的各种经济资源，与我国的经济互补性十分强，经济合作和联系的空间很大，可以成为重要的战略合作区。目前的交通联系虽然稍显薄弱，但今后经贸联系、商务出差、会议交流、探亲访友、留学深造、劳务输出等多形式的交往交流将日趋密切，因而在客货需求上有可能实现快速稳定的增长。从战略上考虑，这一地区也可能是广州未来拓展航空网络空间、建设"空中丝绸之路"的外围拓展区。

一、西亚

（一）地理位置重要

西亚是联系亚、欧、非三大洲和沟通大西洋、印度洋的枢纽。黑海出入地中海的门户是土耳其海峡，霍尔木兹海峡是波斯湾的唯一出口，航运十分繁忙。苏伊士运河和红海是亚、非两洲的分界线，沟通了印度洋和地中海。西亚是著名的石油产区，也是局势最为动荡的地区。西亚地区虽然沙漠遍布，缺少水资源，但其石油资源蕴藏丰富，有着巨大的经济价值。当今世界对石油的依赖日甚加深，因此西亚这一石油资源最为丰富的地区地理位置日益凸显。这些国家中，卡塔尔、伊拉克、伊朗、阿联酋、土耳其、沙特、以色列等国都有着重要的地缘战略位置和独特的历史宗教文化遗产。

(二) 华人华侨逐渐增多

随着中国的对外开放日益深入，华人华侨在西亚地区工作生活乃至定居的人数逐渐增多，但总体数量仍不算多。其中，华人华侨较多的国家有阿联酋、沙特、伊拉克、卡塔尔等。在阿联酋的华人总数近 30 万人。沙特的华人华侨数量在 3 万～5 万之间，主要居住在西部的塔伊夫、吉达、麦加等地。在沙特的华人华侨以从事小商业、旅店等服务业为主，少数人在沙特政府部门、商工会、学校、企业等任职。在伊拉克约有 1 万名中资企业人员，主要分布在南部巴士拉、米桑、济加尔、瓦西特、穆萨纳和北部苏莱曼尼亚和埃尔比勒等省。在卡塔尔华人约有 5000 人，大多数中国人工作、生活在首都多哈，绝大部分从事建筑工程、商贸等领域工作。近年来，随着中土战略合作关系特别是经贸关系的快速发展，在土耳其的华人华侨人数也日渐增加，汉语也已成为当地流行的外国语之一。西亚的其他国家，华人华侨也有零星分布。目前在阿塞拜疆长期居住的中国人不超过 1000 人，主要集中在巴库。约旦当地常住华人华侨约 300 人，主要在首都安曼、亚喀巴特区和省会城市，从事餐饮业、批发零售业、农业种植和旅游服务。约旦常住的华人大多经商、行医，能够积极融入当地社会，并享有较高的社会地位。目前在伊朗长期居住的华人有数百人，主要居住在德黑兰及其他大中城市。亚美尼亚当地华人稀少，常住在亚美尼亚的中国人有使馆工作人员、留学生、中资企业代表和建筑项目工人，主要集中在首都埃里温市。华人在叙利亚人数很少，除部分就职于叙利亚企业外，基本无经商人员。

表 8-1 2017 年西亚国家的基本情况

国别	国土面积（平方千米）	人口	GDP/人均 GDP	国家类型
卡塔尔	11521	270 万	21663.30 亿美元，人均约 60811 美元	高收入国家，小型经济体

续表 8-1

国别	国土面积（平方千米）	人口	GDP/人均 GDP	国家类型
阿曼	30.95 万	465.9 万	746.2 亿美元，人均约 16013 美元	高收入石油出口国家
黎巴嫩	1.04 万	623 万	527.1 亿美元，人均约 8741 美元	中等偏上收入国家
阿联酋	8.36 万	912 万	3825.75 亿美元，人均约 6.8 万美元，位列全球第 9	高收入国家
伊拉克	43.8 万	3827.5 万	1977.2 亿美元，人均约 5166 美元	中等偏上收入国家
阿塞拜疆	8.66 万	990 万	412 亿美元，人均约 4235 美元	中等偏上收入国家
伊朗	164.8 万	8202.1 万	4277 亿美元，人均约 5215 美元	中等偏上收入国家
亚美尼亚	2.97 万	297.29 万	115 亿美元，人均约 3880 美元	中等偏上收入国家
土耳其	78.36 万	8081.05 万	8510.46 亿美元，人均约 10597 美元	中等偏上收入国家
沙特	225 万	3255 万	6882 亿美元，人均约 21057 美元	高收入国家
叙利亚	18.52 万	1827 万	N/A	局势动荡，影响经济发展
约旦	8.93 万	953.17 万	401.8 亿美元，人均约 3992 美元	中等偏上收入国家
以色列	实际控制面积约为 2.5 万平方千米	883.47 万	3156 亿美元，人均约 36200 万美元	高收入国家

续表 8-1

国别	国土面积（平方千米）	人口	GDP/人均 GDP	国家类型
也门	55.5 万	2825 万	182.13 亿美元，人均约 660 美元（2016 年）	低收入国家
阿曼	30.95 万	465.9 万	746.2 亿美元，人均约 16013 美元	高收入石油出口国家
科威特	1.78 万	408.3 万	1203.5 亿美元，人均约 29000 美元	高收入石油出口国家

注：N/A 指未获得数据。

二、北非

（一）地理位置显要

北非地区的埃及、利比亚、突尼斯、阿尔及利亚、摩洛哥、苏丹等，人文特征与西亚相似，往往与西亚一起被称为阿拉伯世界；它北隔地中海望欧洲，南接南部非洲，西临大西洋，东有红海。苏伊士运河是联通欧亚的航运生命线，战略地位极其重要。北非虽然经济发展比较落后，但民族文化特色突出，旅游资源十分丰富。

（二）北非各国概况

北非的埃及、阿尔及利亚、利比亚、突尼斯、苏丹和摩洛哥诸国在全球中大体属于中等规模的国家，人口在几千万至 1 亿之间；国土面积在数十至一两百平方千米之间，国民收入水平多数为中等偏下。其中，利比亚 2017 年人均 GDP 达 7998 美元，算是北部非洲收入水平最高的国家；南苏丹却是一个十分落后的国家，人均 GDP 只有 237 美元，是世界最不发达国家之一。这些国家中，华人华侨人数较少。（见表 8-2）

表 8-2　2017 年北非部分国家的基本情况

国别	国土面积（平方千米）	人口	GDP/人均 GDP	国家类型
埃及	100.15 万	9600 万	2370.7 亿美元，人均约 2505 美元	中等偏下收入国家
南苏丹	64.4 万	1257.57 万	29.04 亿美元，人均约 237 美元	世界最不发达国家之一
阿尔及利亚	238 万	4220 万	1732 亿美元，人均约 4214 美元	中等偏上收入国家
利比亚	175.95 万	637.46 万	509.84 亿美元，人均约 7998 美元	中等偏上收入国家
突尼斯	116.22 万	1144.46 万	496.34 亿美元，人均约 4337 美元	中等偏上收入国家
苏丹	188.2 万	4078 万	1174.9 亿美元，人均约 2899 美元	中等偏下收入国家
摩洛哥	45.9 万	3533 万	1135 亿美元，人均约 3215 美元	中等偏上收入国家

三、中东欧地区

（一）中东欧国家的地理位置

中东欧地区包括爱沙尼亚、拉脱维亚、立陶宛、白俄罗斯、俄罗斯、乌克兰、摩尔多瓦、塞尔维亚、克罗地亚、斯洛文尼亚、波黑、黑山、北马其顿和阿尔巴尼亚等国家。大多东欧国家以斯拉夫民族为主体，大部分地区信仰东正教，以俄罗斯经济较为发达。除俄罗斯、乌克兰与中国经济联系较为密切外，其他国家与中国的经济联系较弱。

（三）中东欧国家概况

中东欧国家是经济发展水平较高的国家。小型的高收入经济体较多，拉脱维亚、斯洛文尼亚、立陶宛、爱沙尼亚、摩尔多瓦、塞浦路斯、立陶宛、爱沙尼亚的人均GDP都达到了世界银行的高收入国家的标准。而一些规模较大的国家如俄罗斯、白俄罗斯、乌克兰等收入水平处于中等偏下收入国家的水平，主要是在经济社会发展的转轨过程中发生了政治经济社会形势的曲折变化，内部矛盾不断出现，特别是乌克兰成为本地区几乎唯一的低收入国家。阿尔巴尼亚、波黑、克罗地亚、塞尔维亚、北马其顿、格鲁吉亚等都曾经历各种社会矛盾冲突乃至战争，"医治"其社会经济创伤的任务仍然十分艰巨。

表8-3 2017年中东欧国家的基本情况

国别	国土面积（平方千米）	人口	GDP/人均GDP	国家类型
拉脱维亚	6.45万	192.4万	268.57亿欧元，人均约13855欧元	高收入国家，小型经济体
斯洛文尼亚	2.02万	206.7万	432.78亿欧元，人均约20951欧元	高收入国家
立陶宛	6.53万	281万	418.66亿欧元，人均约14796欧元	高收入国家
爱沙尼亚	4.52万	131.56万	230.0亿美元，人均约17500美元	高收入国家
阿尔巴尼亚	2.87万	287.7万	130.6亿美元，人均约4537.9美元	中等偏上收入国家
波黑	5.12万	353.1万	180.54亿美元，人均约5152美元	中等偏上收入国家
克罗地亚	5.65万	412.5万	545亿美元，13138美元	高收入国家
塞尔维亚	7.74万（不含科索沃地区）	704万	416亿美元，人均约5909美元	中等偏上收入国家
乌克兰	60.37万	1100万	1100亿美元，人均约2591美元	低收入国家

续表 8-3

国别	国土面积（平方千米）	人口	GDP/人均 GDP	国家类型
摩尔多瓦	3.38 万	355.25 万	90.8 亿美元，人均约 2594 美元	高收入国家
北马其顿	2.57 万	207.47 万	104.0 亿美元，人均约 5451 美元	中等偏上收入国家
格鲁吉亚	6.97 万	372.96 万	151.6 亿美元，人均约 4067.7 美元	中等偏上收入国家
俄罗斯	1709.82 万	1.47 亿	1.5786 万亿美元，人均约 8769 美元	中等偏上收入国家
白俄罗斯	20.76 万	949.2 万	544.42 亿美元，人均约 5726 美元	中等偏上收入国家
塞浦路斯	9251	控制人口 85.48 万	192.14 亿欧元，人均约 22119.4 欧元	高收入国家
立陶宛	6.53 万	281 万	418.66 亿欧元，人均约 14796 欧元	高收入国家

第二节 西亚、北非、中东欧与我国的航空经济合作潜力

一、特色产业

（一）西亚地区的产业特色

西亚地区各个国家的产业发展总体比较单一，严重依赖石油和石化行业。近年不少国家开始推行经济多元化战略，大力促进非油产业发展，部

分国家服务产业特别是旅游业发展加快。在产业结构组成上，伊朗、土耳其和以色列三国的产业种类比较完整，并具有较强的竞争能力；而以色列的先进产业技术特色十分突出。其余的卡塔尔、沙特、伊拉克、叙利亚、也门等国产业结构比较单一，除石油之外其余产业规模都较小。（见表8-4）

表8-4　2017年西亚各国主要产业行业

国家	第一产业	第二产业	第三产业
阿联酋	农业占GDP的比重为0.8%	工业占GDP的比重为43.6%。建筑业占比为10.3%	服务业占GDP的比重为46.9%。批发零售、金融业逐渐兴起
卡塔尔	主要农产品包括水果、蔬菜、禽类、奶制品、牛肉和鱼	支柱产业是石油、天然气及与之相关的石化产业，长期占卡塔尔GDP的50%以上。包括液化天然气、原油产品和精炼油、氨水、化肥、石化、钢筋、水泥等行业	N/A
伊拉克	农业占GDP的比重为5.8%。主要农产品为小麦、黑麦、大麦、稻米、棉花、烟草、温带水果与椰枣等	工业占GDP的比重为40.6%。包括石油开采、提炼和天然气开采等行业	服务业占GDP的比重为54.6%。历史文化资源较为丰富，著名旅游景点有乌尔城遗址、亚述帝国遗迹和哈特尔城遗址等

续表 8-4

国家	第一产业	第二产业	第三产业
阿塞拜疆	农业占GDP的比重为5.63%	工业占GDP的比重为40.04%，包括石油和天然气开发、炼油、石油化工、石油机械、石油运输及销售、油田技术服务和工程服务等行业	服务业增加值占GDP的比重为10.40%
伊朗	农业占GDP比重为9.8%。传统农牧业国家，主要农产品包括小麦、大米、大麦、棉花、茶叶、甜菜、水果、干果、奶制品、鱼子酱、羊毛等	工业占GDP比重为35.9%，主要是矿产开发、制造业、水电气供应和建筑业。行业包括炼油、石化、钢铁、电力、纺织、汽车拖拉机装配、摩托车装配、食品加工、建材、机械加工、地毯、家用电器、化工、有色、冶金、造纸、制药、水泥和榨糖等	服务业占GDP的比重为54.3%。拥有五千多年的文明史，历史遗迹众多，旅游资源丰富
亚美尼亚	农业GDP 18.79亿美元，占GDP比重为16%	工业GDP 34.4亿美元，占GDP比重为29%；包括金属加工、食品加工、烟草制品加工业、电力工业	服务业GDP为30.11亿美元，占比26%。旅游业包括宗教旅游、体育旅游、健康旅游等多种旅游项目，餐饮、文化休闲、不动产、航空运输、旅游及银行业务等行业增长较快

续表 8-4

国家	第一产业	第二产业	第三产业
土耳其	占GDP的比重为6.7%。产量较大的农产品有烟草、棉花、稻谷、橄榄、甜菜、柑橘、牲畜等，同时还是无花果干、榛子、小葡萄干、杏脯和蜂蜜的主要生产国	占GDP的比重为31.8%。纺织和服装业是传统支柱行为，地毯、家纺家居产品、皮革制品、T恤衫和套头衫是土耳其纺织和服装业最独具特色也是最重要的产品门类。汽车成为土耳其新的龙头产业；建筑钢材、水泥、陶瓷和玻璃制品是土耳其主要产品；土耳其是世界第7大和欧洲地区第2大塑料生产国，也是欧洲地区第5大涂料生产国。土耳其是全球第5大船舶制造国，拥有77座造船厂	占GDP的比重为61.4%。旅游业是土耳其外汇收入重要来源之一
沙特	占GDP的比重为2.70%	占GDP的比重为59.41%，石油和石化工业是沙特的经济命脉，主要产品为原油和石化产品。还有化学品、塑料制品、基础金属及其制品、钢铁、化工、工程机械等行业产品出口	GDP占比重为37.89%
叙利亚	农林渔业增加值占GDP的比重为19.54%	工业（含建筑业）增加值占GDP的比重为35.91%，主要为石油矿业	N/A

续表 8-4

国家	第一产业	第二产业	第三产业
约旦	农业占 GDP 的比重为 4.3%。主要粮食作物为小麦和大麦，主要蔬菜为西红柿、马铃薯、茄子和西葫芦，主要果树为橄榄、葡萄、苹果、桃和柠檬	工业占 GDP 的比重为 28.9%。集中在磷酸盐、钾盐、炼油、水泥、化肥生产和制药几个方面，其他多属轻工业和小型加工工业，涉及的主要领域有采矿、炼油、食品加工、玻璃、纺织、塑料制品、卷烟、皮革、制鞋、造纸等	服务业占 GDP 的比重为 66.8%。旅游业的发展也带动了航空业、房地产、宾馆、医院以及其他行业的发展
以色列	农业约占 GDP 的 3%。主要农作物有小麦、棉花、蔬菜、柑橘等。粮食接近自给，水果、蔬菜生产自给有余，并大量出口。以色列农业科技含量很高，其滴灌设备、新品种开发举世闻名。农村经济主要以基布兹、莫沙夫及个体农场为主	工业约占 GDP 的 27%。主要工业部门有机械制造、军工、飞机制造、化工、电子和通信设备、精密仪器和医用激光器材、太阳能利用、建材、纺织、造纸、钻石加工等。生物制药和医疗器械行业也比较发达	服务业约占 GDP 的 70%。旅游业在以色列经济中占有重要的地位。以色列的主要旅游景点有耶路撒冷、拿撒勒、海法等重要宗教城市和港口城市埃拉特、死海以及地中海沿岸地区
也门	农林渔占 GDP 的比重为 15.9%。主要农产品包括：谷物、水果、蔬菜、豆类、咖特（阿拉伯茶叶中提取的一种麻醉剂）、咖啡、棉花、奶制品、家畜、禽类和鱼	工业占 GDP 的比重为 74.59%。主要工业包括：原油生产、石油精炼、天然气开发。其他工业有：小规模棉织品生产、皮革产品、食品加工、手工艺品、铝产品、水泥、商船维修	服务业占 GDP 的比重为 9.51%

注：N/A 指未获得数据。

(二)北非地区的产业特色

北非国家的产业主要是第一产业和第二产业,第三产业主要是旅游业,在结构上层次较低。第一产业中的主要农作物是谷物、硬麦、小麦、大麦、水稻、玉米、花生、柑橘、橄榄、烟草、椰枣、蔬菜、大豆等,以热带和亚热带作物为主;有些国家耕地资源丰富,南苏丹拥有丰富的可耕地,面积约为2800万公顷。摩洛哥的海域面积大,是世界上渔业资源最丰富的海域之一。北非工业涵盖石油、石化加工、采掘业、棉花、纺织等行业,加工能力较差。北非的旅游业因其较为丰富的历史文化资源和具有较大吸引力的自然风光,以及混合着阿拉伯、欧洲和非洲三种文化的特有风情,吸引着来自世界各地的游客。特别是金字塔、狮身人面像、卢克索神庙、非斯和梅克内斯的千年古城、阿斯旺大坝以及红海海滨等神秘而美丽的景观,令世界各地游客向往。

表8-5 2017年北非各国主要产业行业

国家	第一产业	第二产业	第三产业
埃及	农业占GDP比重为11.7%。主要农作物有棉花、小麦、水稻、玉米等	工业占GDP比重为33.1%。重要的石油和天然气生产国,勘探开发、石油工程服务、装备制造、物资贸易和炼化工程等领域;有非洲最大的棉花和纺织工业集群,产业链较完整;是非洲第二大生铁生产国,钢铁行业为埃及支柱产业	服务业占GDP比重为55.7%。游客主要来自俄罗斯、英国、意大利、德国和西班牙等欧洲国家。主要旅游景点有金字塔、狮身人面像、卢克索神庙、阿斯旺大坝以及红海海滨等

续表 8-5

国家	第一产业	第二产业	第三产业
南苏丹	适合耕种的作物种类很多，特别是一些热带和亚热带作物。拥有丰富的可耕地，面积约为 2800 万公顷	产业结构单一。以石油为主	N/A
阿尔及利亚	产业发展不充分	以石油天然气工业为主；碳化氢工业是支柱产业	旅游业，全境有 7 处自然、文化景点被联合国教科文组织列为世界遗产
利比亚	农业占 GDP 比重为 1.3%。主要农作物有小麦、大麦、玉米、花生、柑橘、橄榄、烟草、椰枣、蔬菜、大豆等	工业占 GDP 比重为 63.8%。石油开采及炼油工业发展迅速。石油是其经济命脉和主要支柱	服务业占 GDP 比重 34.9%
突尼斯	农业占 GDP 比重为 9.9%。橄榄油是出口创汇的主要农产品	工业占 GDP 比重 25.6%。以磷酸盐开采、加工及纺织业为主	服务业占 GDP 比重 64%。旅游业在国民经济中占据重要地位，是第一大外汇来源
苏丹	传统农业国，农业是其经济的主要支柱。农业产值占 GDP 的 32.4%。农作物主要有高粱、谷子、小麦和玉米。经济作物在农业生产中占重要地位，主要有棉花、花生、芝麻和阿拉伯胶等	工业占 GDP 比重为 20.1%。工业是其经济支柱，但加工工业基础薄弱。主要工业有制糖、制革、纺织、食品加工、制麻、烟草和水泥等；结构调整中重点发展石油、纺织、制糖、水泥、农产品加工业等工业	旅游业发展受到战乱等严重影响

续表 8-5

国家	第一产业	第二产业	第三产业
摩洛哥	占 GDP 的比重为 14.8%。主要粮食作物是谷物、硬麦和大麦。其海域面积大，是世界上渔业资源最丰富的海域之一	占 GDP 的比重为 29.1%。采掘业以磷酸盐的开采和加工为主，纺织品和制革是其工业中第一大就业产业。生产汽车金属制品和各类机械设备的企业有 1500 家	占 GDP 的比重为 56.1%。旅游业历来是其重要的经济支柱，非斯、梅克内斯等千年古城均留下了列入世界历史文化遗产的名胜古迹

注：N/A 指未获得数据。

（三）中东欧国家主要产业特色

中东欧地区地处中高纬度，属于温带、寒带农作物区，玉米、小麦、甜菜、马铃薯、向日葵、苜蓿、大豆、李子、苹果、葡萄、食糖、食油和烟草等农作物及其加工制品比较丰富。森林资源丰富，木材加工、家具制造的特色比较突出，如拉脱维亚和克罗地亚就是两个典型的国家。不少国家继承了苏联的技术传统，在军事工业、传统制造业方面优势明显，如俄罗斯、乌克兰、白俄罗斯。中东欧国家在人口教育素质上普遍较高，因此，一些高科技、高技能的产业在该地区发展较好，如电子设备、机械制造、交通运输和金属制造，激光发生器、电子光学元件、切割、涂层等激光加工设备及工作站等。（见表 8-6）

表 8-6 2017 年中东欧国家主要产业行业

国家	第一产业	第二产业	第三产业
拉脱维亚	农业是经济发展的基石之一。林业主要生产木材	木材加工及家具制造业	有非常多样化的自然风光

续表 8-6

国家	第一产业	第二产业	第三产业
斯洛文尼亚	农业分量很小	工业占 GDP 的 28.8%。拥有良好的工业和科技基础，以化学、电子设备、机械制造、交通运输和金属制造为支柱产业，国际竞争力强	服务业所占 GDP 比重最大，占 56.4%。仓储运输和住宿餐饮、信息通信、金融保险、房地产、科学技术管理和支持服务、公共管理、教育、医疗和社保、其他服务
立陶宛	占 GDP 的 3.3% 左右	约占 GDP 的 30.4%。机械工程和电子制造业领域表现突出，如激光发生器、电子光学元件、切割、涂层等激光加工设备及工作站等。分子生物和不同生物技术开发应用也很先进	约占 GDP 的 66.4%。共享服务和商务流程外包产业发展快。是小型软件和游戏开发初创企业以及大型信息和通信技术公司的地区性聚集中心。金融科技产业也较发达
爱沙尼亚	占 GDP 的比重为 3.4%。农业以畜牧业和种植业为主，畜牧业主要饲养奶牛、肉牛和猪	占 GDP 的比重为 27.8%。主要为制造业、矿产业和电力、天然气及热力供应。制造业主要包括机械制造、木材加工、电子和光学仪器制造、食品加工、金属材料加工与生产	占 GDP 的比重为 68.8%。交通运输业在其国民经济发展中起着举足轻重的作用
阿尔巴尼亚	占 GDP 比重为 21.7%。产品主要为药用及香料植物、橄榄油、蜂蜜、葡萄酒等特色农产品	占 GDP 比重为 23.9%。工业产品主要为纺织品、鞋类等基本轻工产品以及矿产、石油等	占 GDP 比重为 54.4%。以旅游业为代表的第三产业已成为拉动经济增长的重要动力

续表 8-6

国家	第一产业	第二产业	第三产业
波黑	农业、林业和渔业占 GDP 比重为 5.61%。奶制品、水果、蔬菜等可出口欧盟	制造业占 GDP 比重为 13.12%。工业以木材和家具及细木加工制品比重较大，金属加工业的主要产品为钢铁、电解铝、氧化铝、铅、锌及铜加工产品	旅游业为经济发展重要产业之一。房地产业、健康和社工业也占 GDP 较大比重
克罗地亚	农业占 GDP 的比重为 3.3%。农产品种类丰富，从工、农业作物到葡萄园经济作物，以及温带、热带水果、蔬菜等一应俱全	工业占 GDP 的比重 34.3%。造船业技术水平高，在全球排在第 9 位。食品加工业较发达，主要出口烟草、调味品、汤料、糖果、鱼罐头、牛肉罐头、烈性酒和啤酒。克罗地亚"波斯图普"和"丁加奇"牌葡萄酒及部分火腿肉、奶酪、李子酒等产品享有欧洲原产地保护商标。在医药工业方面有一定的开发和生产能力。森林工业在国民经济中占据重要位置	服务业占 GDP 的比重为 62.9%。是地中海旅游胜地，旅游业有悠久历史，是其支柱产业
塞尔维亚	占 GDP 比重为 9.0%。主要农作物有玉米、小麦、甜菜、马铃薯、向日葵、苜蓿、大豆、李子及苹果等	占 GDP 比重为 31.2%。主要工业部门有冶金、汽车制造、纺织、仪器加工等。信息通信技术产业是其具有比较优势的产业之一	占 GDP 比重为 59.8%

续表 8-6

国家	第一产业	第二产业	第三产业
乌克兰	占GDP比重为10.23%。盛产谷物，有着"欧洲粮仓"的美誉。主要农作物包括谷类粮食、油料作物、糖类作物和土豆等	占GDP比重为21.70%。军工科技实力较强，主要集中在机器制造业、燃料动力业及高技术部门，主要生产火箭装置、宇航装置、军用舰船、飞机和导弹等军工产品。主要工业部门有航空、航天、冶金、机械制造、造船、化工等	占GDP比重为68.07%。是中东欧最大的软件开发编程和IT外包服务市场
摩尔多瓦	农业占GDP的比重13.38%。适宜农作物生长，盛产葡萄、食糖、食油和烟草等，曾是苏联水果、浆果、玉米、向日葵和蔬菜等农作物的生产基地之一	工业占GDP的比重为17.59%。包括农产品（食品）加工、烟叶卷烟、纺织、皮革加工和制鞋、纺织等	服务业占GDP的比重为69.03%
北马其顿	农业占GDP比重为10.9%	工业占GDP比重为26.6%。主要产品包括热轧和冷轧钢板、铝棒、焊接管、铁合金、镍制品、铅、锌、铜、黄金、白银等，以及金属制造、汽车和电器设备制造业产品。在基础化工产品、人造纤维、聚氯乙烯以及洗涤剂、化肥、聚氨酯泡沫塑料和纤维等产品方面具有很强的生产能力。纺织和皮革业主要产品包括棉线和布料、羊毛纱线及其制品、针织品等，出口供应欧洲和北美市场	以服务业为主，占GDP比重为62.5%

续表 8-6

国家	第一产业	第二产业	第三产业
格鲁吉亚	2016年农业占GDP比重为8.2%。主要农产品包括葡萄酒、核桃和水果等	工业占GDP的比重为16.4%	旅游资源丰富，良好的自然环境吸引着大批欧洲和周边国家的游客
俄罗斯	占GDP的4.4%	占GDP的33.4%，石油天然气工业是其支柱。矿石开采和冶金行业也是其重要工业部门。国防工业从设计、研发、试验到生产体系较为完整，部门较为齐全，是世界上少有的能生产海、陆、空、天武器和装备的国家	占GDP的62.2%
白俄罗斯	占GDP的7.07%。农业普遍实行大规模机械化生产，农产品特别是肉类及肉制品、牛奶及奶制品、禽、蛋、糖等可大量出口	占GDP的31.63%。主要产品有纺织品、皮革、服装、纸浆和纸制品、药品、机械设备、电力设备、合成橡胶、塑料制品和其他非金属材料产品。具有优势的产业包括机械制造业、化学和石化工业、电子工业、无线电技术等。在光学、激光技术等领域也具有世界领先水平	服务业占GDP的47.73%
塞浦路斯	农业占GDP比重为2.0%	工业占GDP比重为12.5%。主要工业制成品有矿产品、简单机械、药品和加工农产品等	占GDP比重为85.5%。金融服务业、房地产业、批发零售业、旅游业、海运业等较为发达

二、发展规划对接

（一）西亚的发展规划愿景对接

西亚国家产业结构上与石油关系密切，由于各国总体收入水平普遍较高，在国家发展愿景上，除处于战乱的叙利亚等国外，总体上朝着一条理性的、富于创造性的多元化发展道路演进。例如，卡塔尔为筹备2022年世界杯足球赛和实现"2030国家愿景规划"，积极推动经济多元化，大力鼓励金融、建筑、加工制造、航空海运、物流、旅游和商贸服务等非油气产业行业的发展，以促进经济的可持续发展；在未来重点开发与2022年世界杯足球赛相关的基础设施项目、石化工业、水电及除能源外的其他产业，以实现卡塔尔经济兼具竞争性和多样化的目标。卡塔尔着眼于持续推进其"2030国家愿景"，促进经济、社会、人力和环境发展，也强调支持粮食安全项目、中小企业发展、经济区和自由区的开发建设等领域。同时，通过管理好可枯竭资源开采，将丰富的碳氢化合物资源转化为金融财富，投资基础设施建设和提高劳动者素质，逐步减少对碳氢化合物工业的依赖，加强私营部门的作用，以加速实现经济多元化，聚焦于推动制造业、科技和专业服务、金融服务、信息通信、旅游和物流六个领域的发展，致力将卡塔尔发展成为知识和高附加值产业和服务活动的地区中心。伊拉克规划的战略目标是形成良性的政府治理基础，推行金融、货币、银行、商业等领域改革，为贫困和弱势群体提供安全保障，促进区域均衡发展；在城市规划和区域优势的基础上，促进城市结构与整体发展目标相一致。阿塞拜疆在国家经济发展战略线路图中制定了12份文件，旨在推动油气工业、农业、旅游、重工业、机械制造、物流、贸易、金融服务、电信和信息技术以及公共服务等领域发展。伊朗"20年发展愿景规划"的核心内容是减少对石油的依赖和创造更多的就业岗位，其重要举措包括完善石油和天然气工业价值链，增加石油产品的附加值，提高电力、石化和石油产品的产量及出口等。亚美尼亚"2014—2025年发展战略"确定了政府4个优先发展领域,即促进就业、发展人力资本、改进社会保障制度、实现公共管理和治理体制现代化。土耳其的《总统制下内阁的百日工作计划》覆盖了金融、能源、基建、外贸、国防、旅游等各领域的400个重要和有限项目,并在2019—2021年新的中期经济规划中提出平衡经济、经济转型和财政安全三大经济政策和主要经济发展目标;为实现可持续发展,围绕高附加值产业提升出口和长期生产制造能力,并增加就业。沙特"2030愿景"设定的总体目标是:主要推动发展油气和矿业、可再生能源、数字经济、物流等产业,到2030年,跻身全球前15大经济体,全球竞争力指数排名从第25名提升至前10名,将非油外贸出口占比从16%提升至50%,将非油政府财政收入从435亿美元提高至2667亿美元,将失业率从11.6%降低至7%,将油气行业本地化水平从40%提升至75%,逐步建成"更加繁荣的经济、充满活力的社会和开拓进取的国家"。约旦的国家中长期规划以提高劳动力素质、解决就业为主,强调提升和加强工业基础,进而发展具有世界竞争力的知识经济,创造更多的经济发展和投资机会。近年来,以色列政府一方面实施经济刺激计划,克服国际金融危机影响,推动经济复苏;另一方面,加大政策扶持,着力培育经济长期竞争力。其具体措施有:加大研发投入,出台太阳能、风能发电补贴政策,推动新能源行业发展;推动垄断行业改革,采用国家财政担保的方式,鼓励私人企业参与电力行业竞争;设立支持南部欠发达地区内盖夫的发展基金,加速发展边远地区经济;设立专项资金扶持阿拉伯人和宗教人士就业;加强基础设施建设,启动高速以色列计划、特拉维夫—耶路撒冷轻轨、埃拉特—迪莫纳铁路建设,着手建设多个抽水蓄能电站、燃气电站以保证电力供应;加大旅游产业投入,促进旅游业可持续发展。也门第四个五年规划(2011—2015年)制定的经济增长目标为年均5.2%,其中非石油领域增速为6.5%,主要包括:发展多元化经济,增强供电能力,改善国内商务环境,发展亚丁省经济等;同时,充分利用也门悠久的古代文明、丰富的文化遗产和杰出的建筑作品,大力发展旅游业。而处于战乱状态的叙利亚,经济发展未能实施其原有的计划,经济处于加速下滑状态。

(二) 北非国家的发展规划对接

由于多种原因,北非国家的经济发展一直比较滞后。为稳定经济发展,改善人民生活,北非各国也提出了一些经济发展的战略和规划。如埃及在"2015—2030 年经济发展规划"提出,着力于发展以私营部分为主导的、具有竞争力的、基于知识库的多样化市场经济,力争至 2030 年使埃及成为世界前 30 大经济体,国家竞争力及国民幸福指数排名世界前 30;在农业发展规划方面,增加农作物种植面积、支持农业现代化、为战略性农作物建立分装和仓储设施、发展水产养殖、建立农业现代化中心、开发国家级家禽养殖项目等。南苏丹的国家经济发展规划重点为:加强农业生产,改善和扩展道路基础设施,有效管理石油行业资源,提高畜牧生产,扩展和改善饮水及卫生基础设施等。阿尔及利亚 2016—2030 年国家经济多元化和转型战略("2030 年远景计划")将通过鼓励大众创业、推动私人投资、改革工业发展政策、重组和整合工业土地资源、实施国家能源转型等政策逐步实现六大经济目标。突尼斯新政府公布了 2016—2020 年五年发展规划,明确了港口、铁路、高速公路等大型基础设施项目建设计划,以采矿业和加工制造业等工业为重点,提高各行业生产力,吸引了大批外国投资者来到突尼斯寻找商机。摩洛哥 2014—2020 加速工业发展计划在产业分包、技术转让、高附加值工业方面加大投入;继续发展汽车产业,并扩大航空航天出口产业基地生产规模。北非各国的发展规划,与我国产能输出和合作有较多的契合点,其中可能会产生出一些新的商机。

(三) 中东欧国家的发展规划对接

中东欧国家发展战略的着力点各不相同。有的侧重从经济社会综合发展的视角来规划,有的只是纯经济发展的规划和战略。前一类如拉脱维亚提出实现竞争力和生产率、商业环境等 12 个相互协调和相互关联的战略目标,将有限的劳动力、资金和自然资源有效地转化为有竞争力的产品,建成自信、准备迎接挑战、合作和善意的社会，改善整个拉脱维亚国民生活质量。立陶宛计划2030年要成为经济和社会实力更强的国家，对世界开放，并同时保持独立的文化特性；使生活质量指数、幸福指数、民主指数、可持续社会指数、全球竞争力指数和全球化指数居于欧盟前10的位置。立陶宛认为航空是缩小空间距离的有效运输手段，要求本国机场与其他欧盟成员国具有相同的硬件标准和服务水平，对现有机场均制定了具体发展规划。阿尔巴尼亚的《国家发展和一体化战略（2014—2020年）》采取"一基础三支柱"的具体措施：以加强法治建设、提升治理能力为基础；以稳定财政并提高竞争力，实现经济增长为第一支柱；以有效利用资源，实现可持续增长为第二支柱；以加大民生领域投入力度，增强社会凝聚力为第三支柱。北马其顿政府提出的执政目标是：提高全民生活水平，增加就业，反对腐败，发展民主，改善国内民族关系，保持国家政局稳定，尽快加入欧盟和北约，大力开展基础设施建设和吸引外资。格鲁吉亚坚持加入欧洲一体化进程，并将大力贯彻联系国协定及全面深入的自由贸易协定，力求达到惠及全体公民的包容性、全面性经济增长，主要措施包括鼓励建立新企业，提供低价办公场所和优惠低息贷款等。俄罗斯的国家发展纲要侧重"高品质生活""创新发展和经济现代化""保障国家安全""区域平衡发展""国家有效管理"五大方面，以求全面提升国家的经济社会发展水平。白俄罗斯在《2030年前白俄罗斯社会经济稳定发展国家战略》体现其3个优先发展方向：人、经济、生态，并在《2016—2020年社会经济发展纲要》中提出，要提高人民生活水平、增强白俄罗斯经济竞争力、吸引投资和创新性发展。而提高经济竞争力的基础是创新性发展、实体经济的健康发展、降低各类消耗、提高中小企业比重等。

后一类如斯洛文尼亚制定的国家改革和国家稳定计划，设定了刺激增长以及巩固财政的大目标，并计划对国有资产逐步实行私有化。爱沙尼亚制定社会经济、重点产业发展规划时，也多绑定欧盟援助，财政投入的主要方向为：科研资金、在职人员培训、失业人员的再就业培训及多种技能教育、高层次人才培养。波黑于2010年发表的《波黑发展战略》中确立

第八章 广州建设"空中丝绸之路"的外围拓展区：西亚北非中东欧

的目标和措施包括：保持宏观经济稳定，保障财政预算；大力吸引外资，加强基础设施建设，增加生产性投资，扩大出口，解决就业困境；积极发展旅游业，同外国建立各类旅游合作，等等。克罗地亚的《经济发展战略》由《智能专门化战略》《能源战略》《矿产原料战略》《创新战略》《投资促进战略》《企业发展战略》和《个人潜能发展战略》6个单项战略组成。塞尔维亚的发展战略焦点更为集中，将发展信息技术产业、推动国家数字化革命，以及大力发展教育产业作为新政府的优先执政目标。2015年乌克兰总统签署的《"乌克兰—2020"稳定发展战略》确定了国家的发展目标、成就指标、发展方向和优先领域；设立的改革目标为：达到欧洲生活标准，使乌克兰在世界上获得尊重的国家地位。"战略"提出了两个优先发展的项目，分别是能源独立和提高乌克兰在世界信息空间的地址，实现乌克兰国家利益。2013年，摩尔多瓦政府出台的《2020年国家发展战略》在于促进经济增长和减少贫困。塞浦路斯则一直努力按照欧盟和欧元区的要求，对其经济政策、经济结构进行调整，保持经济稳定和持续发展，在通货膨胀率等方面与马歇尔标准接轨；并进一步加大基础设施的建设和绿色能源开发力度，努力改善投资环境和旅游设施，大力吸引外资和游客，努力将塞浦路斯发展成为地中海区域性的商贸中心和金融中心以及旅游胜地。

三、经贸合作现状

（一）我国与西亚地区的经贸合作

中国与西亚地区的经贸关系有着很强的互补性，快速增长的外贸出口和能源需求，推动我国与西亚地区经贸往来逐步增加。双边贸易规模总体不大，贸易总额在2131.32亿美元左右。其中，沙特499.84亿美元、阿联酋409.77亿美元、伊朗371.8亿美元、伊拉克221.4亿美元、土耳其219.05亿美元、以色列131.21亿美元、科威特120.4亿美元、卡塔尔80.77亿美元，其余西亚国家的双边贸易规模都很小。在承包工程、劳务合作领域的势头表现较好,主要合同在沙特、伊拉克、伊朗、科威特、以色列、卡塔尔等国。2017年,中国企业在沙特新签承包工程合同124份共29.28亿美元;累计派出各类劳务人员18065人,年末在沙特劳务人员29507人。在伊拉克新签承包工程合同125份共59.06亿美元,完成营业额27.38亿美元;累计派出各类劳务人员6466人,年末在伊拉克劳务人员9439人。在伊朗新签承包工程合同199份共49.71亿美元,完成营业额20.50亿美元;累计派出各类劳务人员1216人,年末在伊朗劳务人员2433人。伊朗已成为中国在海外工程承包、技术和成套设备出口最主要的市场之一,中资企业超过100家,主要从事对外工程承包项目跟踪和开发,涵盖油气开发、地铁、高铁、电力、钢铁、有色金属、矿业、化工、通信、汽车、摩托车、家电组装等。在科威特新签承包工程合同33份共36.07亿美元;累计派出各类劳务人员7910人,年末在科威特劳务人员7790人。在以色列新签承包工程合同10份共4亿美元,完成营业额11.31亿美元;累计派出各类劳务人员975人,年末在以色列劳务人员1223人。在卡塔尔新签承包工程合同总额为4.36亿美元,完成营业额10.34亿美元,年末在卡塔尔劳务人员3075人。在中国对外直接投资方面,截至2017年年底,中国对以下国家直接投资存量相对较多:以色列41.49亿美元、伊朗36.24亿美元、沙特20.38亿美元、卡塔尔11.05亿美元、科威特9.36亿美元、也门6.13亿美元,对其他国家的直接投资存量很小。

表8-7　2017年中国与西亚诸国主要贸易情况

国家	2017年双边贸易额(美元)	中国出口	中国进口
阿联酋	409.77亿	287.38亿美元。包括机械器具及零件、电机、电气、音像设备及其零附件、针织或钩编的服装及衣着附件、家具、寝具等、灯具、活动房、非针织或非钩编的服装及衣着附件、钢铁及钢铁制品等	122.39亿美元。包括矿物燃料、矿物油及其产品、沥青、塑料及其制品、铜及其制品、珠宝、贵金属及制品、有机化学品、盐、硫黄、土及石料、石灰、水泥等

续表 8-7

国家	2017年双边贸易额（美元）	中国出口	中国进口
卡塔尔	80.77亿	16.82亿美元。出口的主要商品是机械设备、电器及电子产品、家具、建材和日用品等	63.95亿美元。进口的主要商品是液化天然气、原油和石油化工产品
伊拉克	221.4亿	83.3亿美元。出口商品主要类别包括汽车、家用电器、工程机械、石油设备、电力设备、通信设备、家电产品以及纺织服装	138.1亿美元。进口的主要商品为原油
阿塞拜疆	9.66亿	3.88亿美元。包括核反应堆、锅炉、机械器具及零件、电机、电气、音像设备及其零附件；针织或钩编的服装及衣着附件；沥青；车辆及其零附件；橡胶及其制品；非针织或非钩编的服装及衣着附件；塑料及其制品；光学、照相、医疗等设备及零附件；家具；寝具；灯具；活动房	5.78亿美元。包括矿物燃料、矿物油及其产品；沥青；塑料及其制品；有机化学品；电机、电气、音像设备及其零附件；无机化学品；贵金属等的化合物；饮料、酒及醋
伊朗	371.8亿	186亿美元。出口以机械设备、电子电气产品、运输工具、化工、钢铁制品、轻工产品等为主	185.8亿美元。进口石油、化工产品、矿产、建筑石材、干果、藏红花
亚美尼亚	4.36亿	1.44亿美元。主要商品为电机、电气、音像设备、锅炉、机械器具、光学、照相、医疗等设备	2.92亿美元。进口商品为铜及铜精矿、针织服装、宝石和半宝石等
土耳其	219.05亿	181.23亿美元	37.82亿美元

续表 8-7

国家	2017年双边贸易额（美元）	中国出口	中国进口
沙特	499.84 亿	182.2 亿美元。主要产品为机电产品、纺织品、日用品等	317.64 亿美元。主要产品为原油和石化产品
叙利亚	9.18 亿	9.15 亿美元。主要商品为机电产品、汽车、钢铁、纺织品服装、化工产品	320 万美元。主要为磷酸盐、橄榄油和棉线等
约旦	30.84 亿	28.04 亿美元。主要出口商品为机电产品、通信器材和纺织服装类产品	2.79 亿美元。主要为钾肥和化工产品
以色列	131.21 亿	89.19 亿美元。机电产品、纺织品、服装、鞋类、陶瓷制品等	42.02 亿美元。高技术产品，主要有机电产品、医疗仪器及器械、电信产品等。旅游服务贸易快速增长
也门	23.04 亿	电机、电气、音像设备及其零附件；机械器具及零件；钢铁制品；橡胶及其制品；化学纤维长丝；洗涤剂、润滑剂、人造蜡、塑型膏等；食用蔬菜、根及块茎；针织或钩编的服装及衣着附件；其他纺织制品；成套物品；旧纺织品；蔬菜、水果等或植物其他部分的制品	矿物燃料、矿物油及其产品；沥青等；矿砂、矿渣及矿灰；塑料及其制品；电机、电气、音像设备及其零附件；铜及其制品；鱼及其他水生无脊椎动物；橡胶及其制品；铝及其制品；生皮（毛皮除外）及皮革；锌及其制品
科威特	120.4 亿	31.2 亿美元。包括电机、电气、音像设备及其零附件；锅炉、机械器具及零件；钢铁制品；家具；寝具等；灯具；活动房等	89.2 亿美元。包括矿物燃料、矿物油及其产品；沥青；有机化学品；塑料及其制品；盐；硫黄；土及石料；石灰及水泥等

（二）我国与北非地区的经贸合作

中国与北非诸国的贸易额大约为298.88亿元。双边贸易额较大的国家为埃及（108.27亿美元）、阿尔及利亚（72.31亿美元），其余的摩洛哥、南苏丹、利比亚、突尼斯、苏丹等国双边贸易额在40亿美元之内。我国在埃及的汽车销售颇有起色，十余家中资汽车品牌在埃及市场均有销售业务，其中奇瑞、比亚迪、金龙、吉利、福田设有全散件（completely knock down，CKD）组装工厂，其他品牌均为整车进口；金龙、金旅、华晨等中国品牌客车和重型汽车在埃及也有销售；2017年，中国品牌乘用车和商用车在埃及的销量分别为8488辆和3887辆。在对北非国家的直接投资方面，2017年年末，中国对埃及和摩洛哥直接投资相对较多，分别为8.35亿美元和3.18亿美元，主要集中在油气开采和服务、制造业、建筑业、信息技术产业、服务业、工程承包、酒店业、餐饮业、医院、航运、矿泉水、超市、物流、渔业、电信、金融等领域，同时也给当地创造了数以万计的就业岗位。对外承包工程方面，中国在阿尔及利亚、埃及和苏丹三国的业务量较大。中国劳务人员在阿尔及利亚承包了大量的基础设施建设项目，2017年新签承包工程合同额53.89亿美元，完成营业额78.48亿美元，年末在阿尔及利亚劳务人员61491人。中国连续多年保持在苏丹第一大承包工程伙伴国的地位，中国企业帮助苏丹建成了年产2600万吨原油的3大油田、年处理原油500万吨的炼油厂、4座火力发电站、3座水力发电站、麦罗维大坝等大型项目。埃及大力推动基础设施建设，承包工程市场活跃，中国企业在埃及承包工程业务快速增长，2017年新签承包工程合同33份，新签合同额16.05亿美元，实现营业额15.42亿美元。中国与埃及产能合作机制也逐步建立，共建中埃苏伊士经贸合作区和中埃曼凯纺织产业园。

表8-8 中国与北非诸国主要贸易情况

国家	2017年双边贸易额（美元）	中国出口	中国进口
埃及	108.27亿	94.87亿美元。包括电机、电气、音像设备及其零附件；锅炉、机械器具及零件；化学纤维长丝；光学、照相、医疗设备等	13.40亿美元。包括矿物燃料、矿物油及其产品；沥青；盐；硫黄；土及石料；石灰及水泥等
南苏丹	13.2亿	0.52亿美元	12.69亿美元
阿尔及利亚	72.31亿	67.84亿美元。包括锅炉、机器、机械器具及零件；电机、电气设备及其零件；录音机及放声机、电视录像设备等；钢铁制品；车辆及其零附件（铁道车辆除外）；针织或钩编的服装及衣着附件；家具、寝具、褥垫等；鞋靴、护腿和类似品及其零件；塑料及其制品；非针织或钩编的服装及衣着附件；橡胶及其制品	4.47亿美元。包括矿物燃料、矿物油及其产品；沥青；有机化学品；生皮（毛皮除外）及皮革；软木及软木制品；锅炉、机器、机械器具及零件；羊毛、动物细毛或粗毛；马毛纱线及其机织物；车辆及其零附件（铁道车辆除外）；塑料及其制品；饮料、酒及醋；钢铁制品
利比亚	23.85亿	10.28亿美元。主要为机械、通信设备、家用电器、服装和家具等	13.57亿美元
突尼斯	15.26亿	13.28亿美元。包括电力设备及其零附件；钢铁铸造制品；塑料及其制品；科学仪器部件；汽车、自行车及拖拉机配件；钢铁等	1.98亿美元。包括肥料；电子机械产品；塑料及其制品；铜及其制品；油脂、油及蜡；盐；硫黄、土及水泥；机械设备等

续表 8-8

国家	2017年双边贸易额（美元）	中国出口	中国进口
苏丹	27.73亿	21.59亿美元。包括机械器具及零件；钢铁制品；电机、电气、音像设备及其零附件；鞋靴、护腿和类似品及其零件；针织或钩编的服装及衣着附件；皮革制品；旅行箱包；动物肠线制品；光学、照相、医疗等设备及零附件；铝及其制品；化学纤维短纤；玻璃及其制品	6.14亿美元。包括石油及制品；木浆等纤维状纤维素浆；废纸及纸板；贱金属杂项制品；可可及可可制品；洗涤剂、润滑剂、人造蜡、塑型膏等；油籽；工业或药用植物；饲料；鞋靴、护腿和类似品及其零件；加工羽毛及制品；人造花；人发制品；动、植物油、脂、蜡；精制食用油脂
摩洛哥	38.26亿	31.76亿美元。主要包括机电产品、纺织品及原料	6.5亿美元。主要包括矿产品、贱金属及制品、化工产品

（三）我国与中东欧国家的经贸合作

中国与中东欧诸国的经贸合作规模较小。双边贸易方面，与俄罗斯的贸易额最大，达840.7亿美元；与乌克兰和斯洛文尼亚的贸易额稍大，分别是73.77亿美元和33.87亿美元；与白俄罗斯、立陶宛、克罗地亚、拉脱维亚、阿尔巴尼亚、塞浦路斯、爱沙尼亚、波黑、塞尔维亚、摩尔多瓦、北马其顿、格鲁吉亚等双边贸易额度都较小。在对中东欧的直接投资方面，中国对俄罗斯直接投资最大，存量金额达138.72亿美元，投资主要分布在采矿业、制造业、农林牧渔业、租赁和商务服务业、批发零售业、金融业等行业。直接投资额稍大的还有：塞浦路斯存量7.19亿美元、格鲁吉亚存量5.68亿美元、白俄罗斯存量5.48亿美元、塞尔维亚存量1.7亿美元、乌克兰1.08亿美元。除此以外，对其他中东欧国家直接投资的规模都很小，不足1亿美元。投资领域包括工业园区、通信行业、木材加工、建筑、电气设备、房地产和餐饮酒店、电网设计、汽车组装、家电组装、电子、纺织、金融以及住宅小区投资建设、农业、企业并购等方面。中国—白俄罗斯工业园是中国在海外参与建设的最大工业园区，是推进"一带一路"建设的标志性工程。白俄罗斯还在中国有一定的投资活动，主要分布在联合收割机、大马力拖拉机等农业机械生产、特种车辆生产、矿用自卸车组装等领域。在工程承包方面，2017年中国在俄罗斯新签合同33份77.52亿美元，居中东欧诸国之首；其他较多的国家有乌克兰新签承包工程合同20份共11.25亿美元、塞尔维亚新签承包工程合同9份、格鲁吉亚新签承包工程合同14份共3.92亿美元、波黑新签承包工程合同2份共3.82亿美元、白俄罗斯新签承包工程合同80份共2.50亿美元。在劳务人员和工业园区的合作建设方面，也有一些新的拓展。例如，格鲁吉亚的华凌国际经济特区项目，占地面积达4.2平方千米，涵盖保税、生产加工、国际物流、商业、住宅、酒店等功能；库塔伊西市免税工业园区占地72万平方米，包括生产加工、进出口等功能。总体来看，在中东欧国家中，中俄的经贸合作规模最大，涵盖的领域也最为广泛。在俄中资企业已达1000多家，包括矿产、林业、农业、零售、建筑、工业园区（中俄托木斯克木材工贸合作区、乌苏里斯克跃进工业园区）等广泛的领域。

表8-9 中国与中东欧诸国主要贸易情况

国家	2017年双边贸易额（美元）	中国出口	中国进口
拉脱维亚	13.23亿	11.46亿美元。包括电机、电气、音像设备及其零附件；锅炉、机械器具及零件；家具；寝具；灯具；活动房；有机化学品；橡胶及其制品等	1.77亿美元。包括木材及其制品；木炭；矿物燃料、矿物油及其产品；沥青；铜及其制品；电机、电气、音像设备及其零附件；食用水果及坚果；甜瓜等水果的果皮

续表 8-9

国家	2017年双边贸易额（美元）	中国出口	中国进口
斯洛文尼亚	33.87亿	28.92亿美元。主要出口电机、电气、音像设备及其零附件、锅炉、机械器具及零件、有机化学品等	4.95亿美元。主要进口电机、电气、车辆及其零附件、机械器具、塑料制品、光学照相设备等
立陶宛	18.5亿	15.99亿美元	2.54亿美元
爱沙尼亚	12.5亿	9.9亿美元。主要包括电机；声音装备；电视装备；锅炉、机械等；家具；床上用品等；灯具等；塑料及其制品；车辆及零部件等，除铁路、电车；人造短纤维、棉纺织物；玩具、游戏和运动器材；零件及附件；钢铁及其制品；服装用品及配件等；橡胶及其制品	2.6亿美元。主要包括木及木制品、木炭；锅炉、机械等；光学、照片等设备，医疗或外科手术设备；鱼类、甲壳类和水生无脊椎动物；铜及其制品；车辆及零部件等，除铁路、电车；橡胶及其制品；家具；床上用品等；灯具；矿物燃料、石油等；沥青；矿物蜡
阿尔巴尼亚	6.5亿	4.54亿美元。主要包括机械设备和零部件，纺织品和鞋类，建筑材料及金属	1.97亿美元。主要为矿产品
波黑	1.36亿	7880.3万美元。主要包括电气、音像设备及其零附件；锅炉、机械器具及其零件；钢铁；车辆及其零附件；家具、寝具、灯具等制品，活动房；浸渍、涂布、包覆或层压的纺织物，工业用纺织制品；光学、成像、医疗设备等；塑料及制品；橡胶及制品；蔬菜、水果、坚果及其他植物制品	5725.4万美元。主要包括木及木制品；木炭；非针织或非钩编的服装及衣着附件；家具、寝具、灯具等制品，活动房；鞋靴、护腿和类似品及其零件；车辆及其零附件；锅炉、机械器具及其零件；纸及纸板；盐、硫黄、泥土及石料，石膏料、石灰及水泥；钢铁制品；电机、电气、音像设备及其零附件

续表 8-9

国家	2017年双边贸易额（美元）	中国出口	中国进口
克罗地亚	13.43亿	11.6亿美元。主要包括机电产品、纺织品、服装及鞋类等	1.83亿美元。主要包括：锯木板材、建筑用石材、牛皮及皮革制品、聚乙烯、橡胶或塑料成型机器等
塞尔维亚	7.6亿	5.5亿美元	2.1亿美元
乌克兰	73.77亿	50.41亿美元。主要包括电机、电气、音像设备及其零附件；核反应堆、锅炉、机械器具及零件；塑料及其制品；钢铁；车辆及其零附件（铁道车辆除外）；玩具、游戏或运动用品及其零件	23.36亿美元。主要包括矿砂、矿渣及矿灰；动植物油脂及其分解产品；谷物；木及木制品；木炭；制粉工业产品；麦芽；淀粉；光学、照相、医疗等设备及零部件；其他贱金属、金属陶器及其制品
摩尔多瓦	1.32亿	3394万美元。主要包括家电、建材、服装、鞋帽、纺织等中低档日用消费品；通信设备、家具、汽车等	9809万美元。以葡萄酒为主
北马其顿	1.64亿	0.78亿美元。主要有手机、通信设备、便携式电脑等	0.86亿美元。主要有钢铁及其制品、服饰等
格鲁吉亚	9.8亿	9.2亿美元。主要包括锅炉、机械器具及零件、电机、电气、音像设备及其零附件、钢铁、钢铁制品、家具；寝具；灯具；活动房、塑料及其制品、陶瓷产品、鞋靴、护腿和类似用品及其零件、木及木制品、木炭、玩具、游戏或运动用品及其零附件	0.7亿美元。包括矿砂、矿渣及矿灰；饮料、酒及醋、铜及其制品；非针织或非钩编的服装及衣着附件；电机、电气、音像设备及其零附件；针织或钩编的服装及衣着附件；无机化学品；贵金属等的化合物、钢铁制品；核反应堆；锅炉、机械器具及零件；光学、照相、医疗等设备及零附件

续表 8-9

国家	2017年双边贸易额（美元）	中国出口	中国进口
俄罗斯	840.7亿	428.76亿美元。主要包括机械器具及零件，电气设备及零件，皮毛、人造皮毛及制品，服装及衣着附件，鞋靴、护腿及其零件，车辆及其零附件，塑料及其制品，钢铁制品，光学、照相、医疗等设备及其附件，玩具、运动制品及附件，家具灯具等	411.95亿美元。包括矿物燃料、矿物油及其产品，木材、木浆及木制品，水产，镍及其制品，矿砂、矿渣及矿灰等
白俄罗斯	14.49亿	9.34亿美元。主要包括钾肥、聚酰胺、含氮杂环化合物等	5.15亿美元。主要包括数据处理用计算机、通信设备及其配件、制鞋材料等
塞浦路斯	5.77亿	5.24亿美元。主要包括运输设备、机电产品和家具玩具	5334万美元。主要集中在化工产品、运输设备和食品饮料烟草

四、航空发展与合作潜力

（一）西亚地区航空发展及其与我国的合作

1. 西亚地区航空发展基础

西亚地区是一个收入水平普遍较高的地区，航空需求快速增长，部分国家如阿联酋、土耳其等国投入了巨资，加快航空基础设施建设，不少机场达到世界一流水平。典型的如阿联酋迪拜国际机场，是中东地区的主要航空枢纽，拥有年均8914万人次乘客；马克图姆国际机场位于迪拜世界中心，是迪拜第二座国际机场，将成为世界上最大的机场，设计有5条跑道和4座航站楼，年客运能力将达1.6亿人次，货运能力将达1200万吨；

阿布扎比国际机场的航空流量也接近每年3000万人次。伊斯坦布尔的阿塔图尔克国际机场、安塔利亚机场和安卡拉机场亦是航空流量很大的机场。土耳其航空公司、阿联酋航空公司等发展很快,其运输量和运输能力增长在航空公司中名列前茅。土耳其航空公司航班目的地共有304个,包括49个土耳其国内和255个遍布全球其他121个国家的目的地,位居全球各航空公司之首。西亚其他国家的航空发展基础也不错,只是人口基数不大,所以航空流量的增长并不十分显著。(见表8-10)

表8-10　2017年西亚主要国家航空发展情况

国家	机场	航空公司	航线网络	航空流量
卡塔尔	哈马德国际机场	卡塔尔航空公司运营的国际航线已达到170余条,与周边国家主要城市基本都有直达航班,拥有各型飞机214架,全球雇员超过45000人	已开通170多条国际航线,与中国直飞航线达7条	运送旅客3730万人次,具备250万吨的航空货运处理能力
伊拉克	共有102个机场。巴格达、巴士拉、埃尔比勒、苏莱曼尼亚、纳杰夫有国际机场	伊拉克航空公司	巴格达有飞往迪拜、安曼、开罗、伊斯坦布尔、阿布扎比、多哈、法兰克福等城市的国际航线	N/A
阿塞拜疆	共有6个机场,盖达尔·阿利耶夫国际机场为全国最大的机场	阿塞拜疆航空公司拥有数十架各种类型的客机和货机	直接与20多个欧亚国家通航	盖达尔·阿利耶夫国际机场输送客流量406万人次;阿塞拜疆国内航空公司完成客运总量236万人次

续表 8-10

国家	机场	航空公司	航线网络	航空流量
伊朗	54个机场,其中国际航空港13个	伊朗有266架客机,在运营客机平均机龄23年	因伊核制裁影响,伊朗难以购买西方客机	运送旅客达4600万人,国内航空货运达1万吨,国际航空货运达6.3万吨
亚美尼亚	亚美尼亚兹瓦尔诺茨国际机场	美洲国际航空公司	与俄罗斯、乌克兰、白俄罗斯、法国、捷克、土耳其、黎巴嫩、阿联酋、伊朗等国家开辟了直通航线,每周有60多个固定航班起降	空运货物量为2.24万吨,其中出境运量1.7万吨,入境5400吨。客运量为255.4万人次
土耳其	共有55个民用机场,其中23个向国际航班开放	土耳其航空公司是欧洲发展最快的航空公司之一,其运输量和运输能力增长在欧洲都名列前茅	土耳其航空公司航班目的地304个,包括49个土耳其国内和255个遍布全球其他121个国家的目的地,位居全球各航空公司之首	国内旅客数量达到1.1亿人次,国际旅客8353万人次。国内航班的数量90.93万班次,国际航班数量59.11万班次
沙特	共有27个机场,其中4个国际机场、6个地区机场、17个本地机场	沙特阿拉伯航空公司是沙特国营航空公司	通航广州、吉隆坡、新加坡、雅加达、孟买、海得拉巴、伊斯兰堡、卡拉奇、达卡、马斯喀特、巴林、科威特、迪拜、多哈、安曼、贝鲁特、安卡拉、伊斯坦布尔、伦敦、巴黎、马德里、罗马、米兰、日内瓦、慕尼黑、突尼斯、内罗毕、约翰内斯堡、华盛顿、纽约、多伦多等城市	年运输旅客1890万人次,飞行55895航次,货物运输38.2万吨

续表 8–10

国家	机场	航空公司	航线网络	航空流量
叙利亚	共有 26 个铺设跑道的机场	叙利亚航空	目前叙利亚仅有叙利亚航空仍在经营大马士革飞往开罗、德黑兰、莫斯科、迪拜等少数几条国际航线	N/A
约旦	主要有 3 大机场：位于安曼的阿丽娅王后国际机场（QAIA）、安曼马尔卡国际机场（AMIA）和亚喀巴国际机场（AIA）	约旦皇家航空	约旦与欧美大国、埃及、以色列、阿联酋、卡塔尔等周边主要国家均有直飞航线	约旦机场货物吞吐量达 10.3 万吨，起落航班 46700 班次
以色列	有 3 个国际机场	以色列航空	与亚非欧北美的的 50 多个大城市都有航空联系	客运量 706.50 万人次
也门	共有 6 个国际机场，分别位于：萨那、亚丁、塔兹、荷台达、穆卡拉和赛永，最主要的机场为萨那机场和亚丁机场	也门航空（YEMENIA）、FELIX 航空公司	直接通航的国际航线不多，主要集中在阿拉伯半岛和欧洲、非洲以及亚洲的部分国家	N/A

第八章 广州建设"空中丝绸之路"的外围拓展区：西亚北非中东欧

续表 8－10

国家	机场	航空公司	航线网络	航空流量
阿联酋	现有机场 21 个，其中国际机场 7 个	阿联酋 4 大国有航空公司为阿提哈德、阿联酋航空、迪拜航空、阿拉伯航空	通往各大洲的 100 多个主要城市	接待旅客达 1.15 亿人次
科威特	两座国际民用机场，两座军用机场	科威特民航总局管理	国际航线服务整个中东地区、欧洲、东南亚及美国、印度	旅客吞吐量达 1370 万人次，货运量达 24.1 万吨

注：N/A 指未获得数据。

2. 西亚地区与我国的航空合作

中国国内有多班航班飞往阿联酋的阿布扎比和迪拜等地区，迪拜已成为中国人常去的一个中转中心。伊拉克航空公司已于 2015 年开通巴格达、巴士拉与广州、北京之间的直飞航线。2016 年 7 月，中国南方航空公司开通巴库—乌鲁木齐—广州航线，每周两班（周三、周日）。此外，阿塞拜疆航空公司于 2013 年 8 月开通了巴库至北京直航，每周两班（周二、周日）。目前，已有中国物流公司开始与盖达尔·阿利耶夫机场探讨航空货物运输业务，并有意向进行合作。中国公民前往伊朗的主要航线为：北京—乌鲁木齐—德黑兰（中国南方航空公司），北京—迪拜—德黑兰（阿联酋航空公司），北京（上海、广州）—德黑兰（伊朗马汉航空公司），北京—多哈—德黑兰（卡塔尔航空公司），北京—伊斯坦布尔—德黑兰（土耳其航空）。目前，中国和亚美尼亚之间没有直达航班。中国公民可取道莫斯科、迪拜、伊斯坦布尔、巴黎、罗马、维也纳转机前往，或由乌鲁木齐经格鲁吉亚首都第比利斯飞往埃里温。中国与土耳其之间的直飞航线，除土耳其航空公司（国航与土航签署了该直飞航线的代码共享合作协议）在伊斯坦布尔与北京、上海、广州、香港之间的往返航班之外，还有中国南方航空公司在北京与伊斯坦布尔之间的往返航班。此外，经第三国转机到中国的航班主要由阿联酋航空公司、卡塔尔航空公司、埃及航空公司、新加坡航空公司、土库曼斯坦航空公司、阿塞拜疆航空公司、俄罗斯航空公司、韩国航空公司等经营。从中国去往沙特的航线有：沙特航空经营的利雅得—广州直飞航线；中国国际航空公司或阿联酋航空经营的北京—迪拜航线转乘阿联酋航空、沙特航空、纳斯航空等运营的迪拜—利雅得或吉达航线。中国至叙利亚主要航线有：北京—阿联酋—大马士革、北京—多哈—大马士革。由于叙利亚国内局势不稳定，绝大部分航空公司已取消叙利亚航线。叙利亚仅有叙利亚航空仍在经营大马士革飞往开罗、德黑兰、莫斯科、迪拜等少数几条国际航线。目前尚无从北京到安曼的直航，但可从海湾、欧洲等多国中转。通常前往约旦较方便的航线是经迪拜和多哈转机，每天均有从迪拜或多哈至安曼的航班。此外，如卡塔尔航空公司、阿联酋航空公司、埃及航空公司和土耳其航空公司均开通由中国北京、上海、广州经停迪拜或多哈飞往安曼的航班。北京—特拉维夫（2016年4月）、上海—特拉维夫（2017年9月）、广州—特拉维夫（2018年8月）的直飞航线相继开通。中国到也门通常经阿联酋迪拜或者卡塔尔多哈转机到也门首都萨那或亚丁。2010年6月7日，中国与也门之间首次开通也门首都萨那和广州之间的直达航班。2011年受也门国内局势影响，也门航空公司飞广州航班停飞。卡塔尔航空公司有7条直达中国的航线，分别是多哈—北京、多哈—上海、多哈—广州、多哈—重庆、多哈—成都、多哈—杭州以及多哈—香港航线。目前，中国去科威特需要在迪拜、阿布扎比或者多哈等地中转，没有直飞航班。

（二）北非诸国航空发展及其与我国的合作

1. 北非国家的航空发展基础

北非各主要国家的机场建设有一定的基础。国际机场、国内机场和小型机场的数量较多；航空公司方面，埃及航空公司、摩洛哥皇家航空公司、突尼斯航空公司等实力较为雄厚，并形成了各自的国际、国内航空网络。如埃及航空公司经营定期航班服务包括前往欧洲、非洲、中东、远东、美国及埃及国内的航线，可以飞往40多个国家的近70个目的地。摩洛哥航空公司经营国内航线以及前往非洲、亚洲、欧洲及北美洲等地的国际航线，通航城市达75个。突尼斯的航空公司与欧洲、非洲和中东28个国家的48个城市开通了航线。但北非国家总体的航空流量不算大，其中较大的是埃及，2016年该国国际航班总乘客人数为2230万人次，国内航班人数为390万人次。2017年，摩洛哥航空客运量为2035.8万人次，货运量达814万吨。突尼斯和阿尔及利亚的航空客运量也超过1000万。其余的航空流量很小，甚至无法正常运行。

表8-11　2017年北非主要国家航空发展情况

国家	机场	航空公司	航线网络	航空流量
埃及	有10个国际机场，开罗机场是非洲第二大空港。埃及主要城市也都有一定规模的机场设施	埃及航空公司是埃及国营航空公司，属星空联盟	经营定期航班服务，包括前往欧洲、非洲、中东、远东、美国及埃及国内的航线，飞往40多个国家的近70个目的地	国际航班总乘客人数为2230万人次，占埃及总乘客人数的85%，国内航班人数为390万人次
南苏丹	朱巴机场是唯一的国际机场；还有20多个小型或简易机场	非洲特快航空、乌干达航空、Eagle Air、埃及航空、埃塞俄比亚航空、肯尼亚航空、Marsland Aviation、新星航空、皇家雏菊航空、苏丹航空等	国际航线主要有飞往埃塞俄比亚首都亚的斯贝巴、肯尼亚首都内罗毕、乌干达恩德培、苏丹首都喀土穆、埃及首都开罗、卢旺达首都基加利和阿拉伯联合酋长国迪拜的往返国际航班	N/A

213

续表 8-11

国家	机场	航空公司	航线网络	航空流量
阿尔及利亚	共有机场 36 座，其中国际机场 16 座。阿尔及尔胡阿里·布迈丁新机场是最大的国际机场	组建航空企业联合体。航空企业联合体具有咨询、导向和科研功能，并将努力打造为阿尔及利亚空中运输、航天和航空能力的得力工具	是连接阿尔及利亚与欧洲和非洲的重要交通枢纽	客运量为 1000 万人次
利比亚	有的黎波里、班加西、米苏腊塔、赛卜哈、土布鲁克、锡尔特和布雷加等机场	利比亚阿拉伯航空公司、泛非航空公司两家国有企业和私人企业布雷格航空公司	通达欧洲、阿拉伯国家及非洲国家的主要城市	N/A
突尼斯	有 9 个国际机场：莫纳斯提尔、斯法克斯、吉尔巴岛、托泽尔、加夫萨、达巴卡、加贝斯、塔巴卡和首都的突尼斯迦太基国际机场	突尼斯航空公司和西法克斯两大航空公司	与欧洲、非洲和中东 28 个国家的 48 个城市开通了航线	客运量 1060 万人次

续表 8-11

国家	机场	航空公司	航线网络	航空流量
苏丹	共有8个国际机场和17个国内航线机场	外国航空公司主要来自阿联酋、卡塔尔、埃及、沙特、肯尼亚、埃塞俄比亚等	主要经营国内航线以及北非、中东区域的国际航线	N/A
摩洛哥	拥有16个国际机场，10个国内机场和一些供轻型飞机起降的小型机场	摩洛哥皇家航空公司是非洲主要航空公司之一	通往非洲、亚洲、欧洲及北美洲等地75个城市的国际航线	客运量为2035.8万人次，货运量为814万吨

注：N/A指未获得数据。

2. 北部非洲部分国家与我国的航空联系及合作情况

北部非洲国家与我国的航空联系相对比较薄弱。有航线直飞的国家主要是：埃及、阿尔及利亚和苏丹，分别是开罗至北京和广州的直飞航线、阿尔及利亚航空执飞的北京—阿尔及尔直飞航线、中国海南航空公司执飞的北京—喀土穆的直飞航班（已停飞）。其余的多为绕行航线，如中国到摩洛哥的主要航线有：北京—迪拜—卡萨布兰卡、北京—伊斯坦布尔—卡萨布兰卡、北京—开罗—卡萨布兰卡、北京—巴黎—卡萨布兰卡或拉巴特、北京—多哈—卡萨布兰卡。北京、上海、广州、成都等地均有航班通往苏丹，但需要在迪拜、阿布扎比、多哈等地转机，主要航线是朱巴—亚的斯亚贝巴（埃航有亚的斯亚贝巴与北京、上海、广州、成都等城市的直飞航班）、朱巴—内罗毕（肯航有从广州至内罗毕的航班）、朱巴—开罗（埃及航空有从开罗到北京和广州的直航）、朱巴—迪拜（航空公司可在迪拜衔接阿联酋航空直飞北京、上海和广州）等。从中国出发去往阿尔及利亚还可选乘法国航空、阿联酋航空、卡塔尔航空、土耳其航空公司的航班。中国到突尼斯无直达航班，一般航线须到巴黎、迪拜、多哈、伊斯坦布尔等地转机。北非相关国家还在机场建设方面与中国开展了相关的合作，如由中国进出口银行提供优惠买方信贷支持、中国港湾工程建设公司总承包的朱巴国际机场升级和改扩建工程，已经完工并交付使用。阿尔及尔胡阿里·布迈丁新机场项目由中建公司实施建设，合同总额约8.5亿美元。今后，我国与北非之间的航空联系与合作，需要进一步针对当地经济社会发展的现实状况，认真研判其航空流量变化及其与我国的航空联系需求，在经济技术许可的前提下，发挥我国的航空工程技术优势，强化风险意识，积极稳妥地推进与北非的航空联系及合作。

（三）中东欧诸国航空发展及其与我国的联系合作

1. 中东欧诸国航空发展基础

立陶宛认为航空是缩小空间距离的有效运输手段，要求本国机场与其他欧盟成员国具有相同的硬件标准和服务水平，对现有机场均制定了具体发展规划。立陶宛政府对维尔纽斯、考纳斯和帕兰加机场进行建设和扩建航站楼，以求尽快达到其他申根国家的机场标准，并改造现有机场平台、跑道和滑行道。2012年11月，乌克兰政府批准了至2023年航空港发展规划，将对17个机场进行改造，力争在2023年将客运量提高1倍，达到2430万人，中转旅客比例达到40%。白俄罗斯计划改造飞机场，使机场昼夜24小时能够对各种类型的飞机提供服务；购买了3架新型飞机（波音737-800），以开辟中等距离飞行的新航线。

第八章 广州建设"空中丝绸之路"的外围拓展区：西亚北非中东欧

表8-12 中东欧诸国航空发展情况

国家	机场	航空公司	航线网络	航空流量
立陶宛	维尔纽斯、考纳斯、首莱和帕兰加机场	由维尔纽斯、考纳斯和帕兰加3大机场合并，组成统一的维尔纽斯国际机场管理集团。航空公司主要有波罗的海航空、立陶宛航空、北欧航空、汉莎航空、芬兰航空、俄罗斯航空、奥地利航空、捷克航空、波兰航空以及一些区域性航空公司	从维尔纽斯到阿姆斯特丹、柏林、布鲁塞尔、哥本哈根、法兰克福、赫尔辛基、基辅、伦敦、莫斯科、布拉格、里加、斯德哥尔摩、巴黎、罗马、米兰、汉堡、慕尼黑、奥斯陆、维也纳、华沙、塔林、伊斯坦布尔等城市有直达航班	2017年立陶宛民用航空旅客运输量为525万人次
拉脱维亚	现有里加、文茨皮尔斯、利耶帕亚3个国际机场	波罗的海航空、俄罗斯航空、白俄罗斯航空、挪威航空、波兰航空、土耳其航空、芬兰航空等。还有办理货运的航空公司如RAF-Avia等	有69条航线，21家航空公司航班在此起降	2017年里加国际机场客运量610万人次，货运量2.55万吨，起降航班74837架次
斯洛文尼亚	卢布尔雅那机场（欧盟12个新成员国中第六大机场）、马里博尔和海滨城市"玫瑰港"3个国际机场	亚德里亚航空是该国国家航空公司	与欧洲十几个国家有固定航线	2017年运送旅客达到168.2万人次，国际货物运输达到1.2万吨

217

续表 8-12

国家	机场	航空公司	航线网络	航空流量
爱沙尼亚	拥有塔林、塔尔图、库雷萨雷、凯尔德拉、帕尔努和维尔杨蒂等26个货运和民航机场,其中塔林机场是国际机场	塔林、塔尔图、帕尔努和库雷萨雷等分布在不同地区的6个机场及1个地面服务公司。主要航空公司为爱沙尼亚诺迪卡(NODICA)航空公司	定期航线30个,平均每星期有319个定期航班,国际航班为267个。主要国际航线包括:塔林—赫尔辛基、塔林—斯德哥尔摩、塔林—哥本哈根、塔林—法兰克福等	2017年空运乘客94.67万人次,其中国际航线乘客94.66万人次
阿尔巴尼亚	地拉那国际机场是阿尔巴尼亚目前唯一运营的民用机场	运营的航空公司共17家,Albawings是唯一的本土航空公司。意大利的蓝色全景航空公司、意大利航空公司、阿尔巴尼亚Albawings航空公司、奥地利航空公司以及土耳其航空公司市场份额较大	开通正班航线32条、包机航线13条,可从地拉那直飞雅典、贝尔格莱德、布鲁塞尔、佛罗伦萨、法兰克福、伊斯坦布尔、卢布尔雅那、伦敦、米兰、慕尼黑、巴黎、罗马、威尼斯、维也纳等44个城市	2017年地拉那国际机场旅客吞吐量达到263万人次,货运吞吐量2266吨,起降航班逾2.4万架次
波黑	现有4个机场:萨拉热窝、莫斯塔尔、巴尼亚卢卡和图兹拉	主要有波黑航空公司等	国际航线主要飞往维也纳、慕尼黑、苏黎世、萨格勒布、贝尔格莱德、卢布尔雅那、伊斯坦布尔等城市	2017年共运送旅客155.8万人次

续表 8-12

国家	机场	航空公司	航线网络	航空流量
克罗地亚	7个国际机场（萨格勒布、斯普利特、杜布罗夫尼克、扎达尔、里耶卡、普拉、奥西耶克）和3个小型商用机场（布拉奇、洛什尼、弗尔萨尔）	克罗地亚航空公司	主要飞往欧洲城市和国内城市，包括阿姆斯特丹、布鲁塞尔、杜塞尔多夫、法兰克福、伊斯坦布尔、伦敦、卢布尔雅那、曼彻斯特、慕尼黑、巴黎、布拉格、罗马、萨拉热窝、斯科普里、特拉维夫、维也纳、华沙和苏黎世等	2016年克罗地亚机场旅客总运量884万人次
塞尔维亚	共有机场2个，分别是贝尔格莱德尼古拉·特斯拉国际机场和尼什机场	塞尔维亚航空公司是国家航空公司	N/A	年旅客吞吐量约500万人次，货物吞吐量2万余吨，年起降飞机3.4万余架次
乌克兰	拥有34个民用机场，其中22个为国际机场，最大机场为鲍里斯波尔国际机场	大约有50家国内和国外航空公司和机场通航	鲍里斯波尔国际机场是连接亚洲、欧洲和美洲的许多空中航线的交叉点，客运和货运有100多条定期航线	2017年航空客运量1060万人次，货运量10万吨

续表 8-12

国家	机场	航空公司	航线网络	航空流量
摩尔多瓦	基希讷乌国际机场是主要的和最大的机场	组建国家航空公司并加入国际航空联,与欧盟正式签署了互相开放空域的协议	有飞往法兰克福、巴黎、伦敦、莫斯科、巴塞罗那、布达佩斯、迪拜、基辅、伊斯坦布尔、慕尼黑、维也纳和布加勒斯特的国际航班	年运送旅客20万~25万人次,90%的业务是国际客运
北马其顿	斯科普里和奥赫里德2个国际机场	阿达航空公司,亚德里亚航空公司,俄罗斯国际航空公司,奥地利航空公司,英国航空公司,克罗地亚航空公司,德国汉莎航空公司,马其顿航空公司,瑞士航空公司,土耳其航空公司等	斯科普里机场每周都有航班飞往欧洲各主要城市	2016年运送乘客179.4万,货运量为3090吨
格鲁吉亚	第比利斯机场、巴统机场和库塔伊西机场3个国际机场	土耳其TAV公司拥有20年特许租赁经营管理权。有6家格鲁吉亚国内航空公司和26家外国航空公司在格鲁吉亚经营航空业务	第比利斯航线主要通往巴库、伊斯坦布尔、基辅、明斯克、阿拉木图、迪拜、维也纳、巴黎、慕尼黑、阿姆斯特丹和伦敦等。巴统机场已开通至伊斯坦布尔及欧洲重要城市的国际航线	2017年旅客吞吐量为407万人次

第八章 广州建设"空中丝绸之路"的外围拓展区：西亚北非中东欧

续表 8-12

国家	机场	航空公司	航线网络	航空流量
俄罗斯	机场总数232个，其中国际机场71个，主要机场有莫斯科的谢列梅杰沃国际机场、伏努科沃1号国际机场、多莫杰多沃机场、圣彼得堡国际机场、下诺夫哥罗德机场、新西伯利亚机场、叶卡捷琳堡机场、哈巴罗夫斯克机场等	航空公司46家，俄罗斯航空集团公司是俄罗斯的国家航空公司，也是欧洲最大的航空公司集团之一	俄罗斯国际航线已开通上百条国际航线，其中俄罗斯"空中舰队"航空公司73条、俄罗斯航空公司54条、俄罗斯洲际航空公司46条、俄罗斯西伯利亚航空公司22条、联合航空公司6条	2017年俄罗斯航空客运量1.05亿人次，货运量76亿吨
白俄罗斯	有7个国际机场：明斯克国家机场、明斯克1号机场、戈梅利机场、格罗德诺机场、布列斯特机场、莫吉廖夫机场和维捷布斯克机场	主要有3家航空公司：白俄罗斯航空、戈梅利航空以及航空运输出口航空公司	开通飞往北京、伊斯坦布尔、伦敦、布拉格和罗马的航线	2017年航空货运量5.5万吨，航空客运量300万人次

221

续表 8-12

国家	机场	航空公司	航线网络	航空流量
塞浦路斯	有拉纳卡和帕福斯2个国际机场	塞浦路斯航空公司	共有70多家航空公司在此开通了连接115个城市的140多条航线	2017年运送旅客突破1000万人次，3.47万次飞机降落

2. 中东欧诸国与我国的航空联系及合作

目前，中国与拉脱维亚没有直航，但可以在赫尔辛基、莫斯科、法兰克福、华沙、柏林、斯德哥尔摩、伊斯坦布尔等城市转机到达。2016年9月，中国民航局与拉脱维亚交通部签署了《关于航权安排的谅解备忘录》。斯洛文尼亚与中国没有直达航班，但可在欧洲主要城市转机到达。立陶宛和中国之间也没有直达航线，从北京前往维尔纽斯可经由赫尔辛基、莫斯科、法兰克福、华沙中转。中国与爱沙尼亚暂无直飞航线，但有多条经赫尔辛基、莫斯科等地转机的航线可抵达塔林。阿尔巴尼亚尚未开通至中国的直达航线，从中国出发可经土耳其伊斯坦布尔、奥地利维也纳、意大利罗马和德国慕尼黑等地转机前往阿尔巴尼亚。中国去往波黑没有直飞航线，需要转机。中国至克罗地亚无直达航班，但可经莫斯科、法兰克福、维也纳、布拉格、布达佩斯等地转机至首都萨格勒布。2017年9月15日，中国海南航空公司正式开通北京—布拉格—贝尔格莱德航线，在捷克首都布拉格停留1小时50分钟，航线由空客A330-300型客机执飞，每周为周一、周五两班。2015年4月，乌克兰国际航空公司开通北京至基辅直航。此外，经伊斯坦布尔、维也纳、法兰克福转机到基辅也很便捷。中国和摩尔多瓦之间还没有直达航线，主要的中转航线有基希讷乌—莫斯科—北京、基希讷乌—基辅—北京、基希讷乌—伊斯坦布尔—北京、基希讷乌—慕尼黑—北京、基希讷乌—维也纳—北京等。北马其顿与中国无直达航班，往来均需在伊斯坦布尔、维也纳等城市中转。中国与塞浦路斯之间尚未开通直航，可经迪拜、莫斯科、维也纳、卡塔尔等地转机到达。该国基础设施规划中，计划推动建设现代、安全、可持续的航空业，加强本国与欧洲乃至其他第三国的航空联系。

第九章

建设广州国际航空枢纽的基础条件与发展问题

第九章　建设广州国际航空枢纽的基础条件与发展问题

第一节　建设广州国际航空枢纽的基础条件

一、具有独特的地理区位优势

从国内区域格局看，白云国际机场位于珠三角和广东省的地理中心地带，与珠三角主要城市中心的距离在 130 千米以内，便于航空旅客和物流的集散；也位于华南经济圈和南中国—东南亚区域中心地带，与广西、福建、湖南等省交通联络便捷而密集。从国际版图看，白云国际机场是亚太地区能够同时服务太平洋、大洋洲、印度洋区域内国家和地区的航程最短、国际服务功能最完善的枢纽机场之一，4～6 小时航程半径内可以通达多个亚洲、大洋洲、非洲以及 21 世纪海上丝绸之路沿线城市和地区，国际绕航系数明显较小，是中国内地面向东南亚和澳大利亚的最佳门户枢纽。从内地经广州中转至东南亚和澳大利亚的绕航率最小，相比在北京、上海中转澳大利亚、新加坡两国节约 2 个小时，飞行时间均衡合理，具备发展第六航权的独特条件。广州在欧亚大陆的东南角，是连接大洋洲的便捷枢纽，与相邻的东南亚其他枢纽地理条件相近，是连通欧亚大陆与大洋洲的最佳中转地。广州在吸引大洋洲和东南亚的中转旅客方面的区位优势比较明显，理论上建成国际航空枢纽分别可以占据大洋洲和东南亚中转市场 69% 和 44% 的份额。通过近年来着力部署澳大利亚战略的实施，白云国际机场已成为中国与澳大利亚之间航空的重要转运点，是中国内地通达大洋洲、非洲、东南亚的第一门户。

二、具备较强的航空通达能力

广州白云国际机场硬件基础设施和保障能力国际一流，现有 3 条跑道、202个客机位、43个货机位（不含商务航空服务基地）。1号航站楼总面积52.3万平方米，主楼共分4层，负一层通往地铁及停车场，一层为到达及接送机大厅，二层为到达夹层，三层为出发及候机大厅。2018年4月26日投入使用的2号航站楼及综合交通中心总建筑面积88.07万平方米，航站楼分为4层，一层为到达厅，二层为国内出发到达混流区，三层为出发厅，四层为计时酒店、两舱休息室等；配备了全球最先进的导航、通信、监视、气象和后勤保障等系统和设施。广州白云国际机场T2号航站楼可满足目前世界上各类大型民用飞机全重起降，是国家三大枢纽机场之一，航线网络已经覆盖全球主要地区和热点城市，是中国南方航空公司、中国东方航空公司、深圳航空公司、九元航空公司和龙浩航空公司等航空公司的基地机场，与超过75家中外航空公司建立了业务往来。自2004年转场以来，白云国际机场旅客吞吐量快速增长，大致每3年净增1000万人次的旅客吞吐量。2004年只有2000万人次，当年全球机场排名为70位；而后2007年突破3000万人次，2010年超过4000万人次，2013年跨越5000万人次，截至2017年，已开通国际航线130多条，国际通航点86个。2017年，白云国际机场旅客吞吐量达6583.69万人次，在全国单机场排名第3位，全球排名第13位；货邮吞吐量为178万吨，在全国排名第3位，居全球19位，在国内外机场中已经具备了一定的占先优势。

同时，白云国际机场管理服务水平也进一步优化。开展综合整治，实现治理工作常态化，不断优化机场环境、升级服务设施、加强精细管理，全面提升旅客出行体验。2016年，白云国际机场获评"国际航空运输协会便捷旅行项目白金标奖"（国内机场首次获得国际航空运输协会项目最高奖），2017年白云国际机场获评"2016年度中国民用机场服务质量评价优秀机场"。

三、不断完善的陆上交通通信网络体系

广州以海港、空港、铁路三大战略性交通设施作为网络极核,构建起空铁联运、海铁联运的网络线路骨架,加快航空、高铁、高速公路和轨道交通等交通网络有效衔接,建设互联互通的国际综合交通枢纽。有"千年古港"之称的广州港拥有全球 38 个友好港口,集装箱班轮航线可通达国内各个沿海港口及五大洲的世界主要港口;2016 年,南沙港已成为我国第二邮轮母港。我国三大国际枢纽机场之一的白云国际机场现有 3 条跑道和 2 座航站楼,正积极规划建设第四、第五跑道,国际航线网络基本形成,国际航空枢纽初具规模。白云国际机场规划建设大交通枢纽网络,将打造集航空运输、地铁、高铁、城际轨道和高速公路多种交通方式于一体的交通中心和换乘枢纽,实现泛珠三角、珠三角地区城市与白云国际机场之间的有效衔接,与广州港、南沙自贸区一道在国家"一带一路"倡议和新一轮对外开放大格局中发挥更大的作用。目前,广州市已获批成为第一批国家综合交通枢纽示范工程城市(全国 6 个),贵广、南广高铁和广珠、广佛肇城轨相继开通。2018 年,建成通车地铁里程超过 520 千米(含现状),建设地铁十一号线(环线)、地铁十八号线、二十二号线,形成"环+放射"轨道交通网络结构,实现广州主要客运枢纽之间的快速联系,支撑南沙自贸区、黄金三角区(珠江新城、国际金融城和琶洲互联网集聚区)、空港经济区的发展。以机场高速、第二机场高速、广清高速、花莞高速、肇花高速、大广高速、京珠高速、武广高铁以及地铁 3 号线北延线、9 号线、14 号线为主要通道的对外快速交通网络也正加快形成(见图 9-1)。广州是我国三大通信枢纽之一,广州超算中心天河二号计算能力排在世界前列,有较好的信息网络基础。

图9-1 白云国际机场及其周边交通状况

四、广阔的腹地市场和经济空间

广阔的腹地市场是支撑广州国际航空枢纽做大做强、可持续发展的强劲动力。珠三角、粤港澳大湾区、泛珠三角、我国西南区域、高铁网络沿线区域组成的圈层腹地和延伸带都将是广州成为枢纽机场的主要客流、货流的来源地。随着区域协同发展的深入推进,广佛同城化、广清一体化进程提速迈进,广佛肇清云韶融合发展态势日益成型,广州与深莞惠、珠中江片区合作发展日趋深入,进而带动粤东西北协调发展,广州将引领高铁经济带和珠江—西江经济带建设,在"广佛肇+云清韶""深莞惠+河(源)汕(尾)""珠中江"三大经济圈中的区域影响力进一步扩大;穗港澳深度合作的示范效应逐步显现,将强化广州作为珠三角核心城市的作用,引领珠三角世界级城市群建设;贵广高铁等西部线路的相继建成,广州与西部高铁网及东南亚的大通道初步形成,广州的腹地市场和经济空间得以不断拓展。2017年,广州外贸进出口9714.36亿元,同比保持正向增长(13.7%)。跨境电商是广州近年快速成长的外贸新增长点,2014年广州跨境电子商务进出口贸易值只有14亿元,2017年广州跨境电子商务进出口贸易值达227.7亿元,比2016年增长55.1%,位居全国第一,占全国海关监管总值的1/4,广州海关审核验放跨境电商进出口申报清单2.2亿票。其中,近800种商品销往全球180多个国家和地区,约2230万国内消费者购买世界各地的商品,消费金额达127.9亿元。①(见表9-1)

表9-1 近年广州跨境电子商务进出口贸易额增长情况

年份	跨境电子商务进出口贸易额(元)	比上年增长幅度(%)
2014	14亿	—
2015	67亿	378.5
2016	147亿	119.4
2017	227亿	54.4

广州拥有广阔的潜在航空市场需求。广东是我国经济和人口大省,2016年GDP已达89879.23亿元,常住人口达11169万,人均GDP 81089元(约合12009美元)。其中,珠三角地区GDP为75809.75亿元,常住人口5874.27万,人均GDP约12.48万元(约合18484美元)。按照国际民航发展经验,当人均GDP超过3900美元后,航空客运量增幅一般为人均GDP增幅的1.3~1.5倍。目前,广东省GDP平均增长速度为7.5%,

---

① 陈晓、苏力、关悦:《广州跨境电商进出口 连续4年居全国第一》,载《南方日报》2018年2月9日第A11版。

预计全省客运量增长可达 9.8%～11%。实际上，广东在航空业务方面，飞机起飞架次、旅客吞吐量及货邮吞吐量一直保持长期增长态势。其中，飞机起飞架次由 1980 年的 1.6 万架次增长到 2017 年的 96.9 万架次，旅客吞吐量由 1980 年的 161 万人次增长到 2017 年的 11420 万人次，货邮吞吐量由 1980 年的 2.9 万吨增长到 2017 年的 301.2 万吨。珠三角区域作为我国南方地区对外开放的重要门户，具有全球影响力的先进制造业和现代服务业基地，与各国和地区之间的交流不断增多，客流量、货流量和信息量日益膨胀，航空交通的作用也将日益突出。泛珠三角人口庞大、高消费群体多、国际贸易企业众多等也使得广州未来航空需求巨大。

五、不断增强的空港经济发展实力

全球性航空枢纽白云国际机场、世界第三大航空公司南航和世界第一的联邦快递构成广州空港产业的重要基础。广东省机场集团公司一直重视白云国际机场的龙头地位，强调要充分发挥白云国际机场作为世界级航空枢纽的作用，以带动省内其他机场共同发展。排名亚洲第一和全球第三的中国南航在广州机场的市场份额占绝对优势（52%），与国外大多数大型航空枢纽的基地航空公司相比也不逊色①。通过实施"澳大利亚战略"，打造"广州之路"等措施，南航已成为中国大陆与澳大利亚之间的第一承运人，是广州空港经济发展最重要的推动力。空港经济起步区内的航空运输、航空维修和航空物流等临空产业集聚发展态势基本形成，白云国际机场控制区范围内拥有新科宇航、南航股份、海航分公司、国航华南基地等民航业内或关联密切的知名企业；周边地区初步形成了机场综合保税区、国际物流园、DHL、中远、穗佳等航空物流产业，飞机租赁、跨境电商、保税物流等新业态发展潜力不断释放。2017 年，机场综保区进出口总额达 150 亿元，较 2014 年增长 100 亿元，增长率 200%，年平均增长

---

① 如伦敦希思罗机场的英航（39%）、巴黎戴高乐机场的法航（53%）、法兰克福机场的汉莎航空（58%）、迪拜机场的阿联酋航空（46%）等。

66.7%。2017年，空港口岸跨境电商进出口总值达37亿元，较2014年增长35.64亿元，增长率2620%，年平均增长873%；入驻机场综保区跨境电商企业逾千家、商品备案项数超过10万种，覆盖保税备货进口、跨境电商进口、跨境电商出口等5种跨境电商进出口业务领域，机场综合保税区已成为国内跨境电商业务模式最丰富的区域。

六、国家战略支撑作用逐步得到强化

国家战略为广州国际航空枢纽建设提供前所未有的发展机遇。据国务院对《广州市城市总体规划（2011—2020年）》批复，广州是广东省省会、国家历史文化名城，我国重要的国家中心城市、国际商贸中心和综合交通枢纽。广州要实现这个城市定位，必须不断深化和提升城市发展战略，建设枢纽型网络城市。国家"一带一路"倡议文件及《国务院关于促进民航业发展的若干意见》等也确立了将白云国际机场打造国际航空枢纽的战略定位。在国家启动的空域管理改革和低空空域开放政策中，广州成为第一批试点区域，将有助于解决白云国际机场空域不足的难题，促进我国通用航空快速发展。2017年年初，国家发展改革委、国家民航局联合下发《关于支持广州临空经济示范区建设的复函》（发改地区〔2016〕2810号），同意广州设立临空经济示范区。该示范区将重点依托白云国际机场，着力优化发展环境，深化开放合作和改革创新，遵循临空经济发展规律，坚持绿色发展、生态优先，严格实施环境保护制度，引导和推进临空指向性强的现代服务业、高端制造业集聚发展，着力构建以航空运输为基础、航空关联产业为支撑的产业体系，推动产业与城市融合协调发展，建设成为国际航空枢纽、生态智慧现代空港区、临空高端产业集聚区和空港体制创新试验区，这必将为广州经济社会发展和经济发展方式转变提供有力支撑。

在实施国家"一带一路"倡议中，广州得益于"一带一路"枢纽城市地位，正逐步加强与沿线国家城市间的经贸往来，与沿线友好城市共建空港联盟和港口联盟。不断提升自身国际化层次和水平，积极争取重大国际会议和交流活动落户广州，如精心筹办广交会、创交会、留交会、广州国际投资年会、广州国际城市创新奖暨国际创新节、2018年世界航线发展大会，以及广州马拉松赛、广州国际龙舟赛、羊城国际粤剧节、中国（广州）国际纪录片节、中国音乐金钟奖等重大活动，充分利用达沃斯论坛、博鳌亚洲论坛、中国发展高层论坛等高端交流合作平台，提高了广州在国际舞台上的影响力，国际多边合作网络和城市交流体系得到不断拓展。

第二节 建设广州国际航空枢纽中存在的问题

一、航空资源瓶颈突出

（一）空域资源受限

珠三角区域是中国航空运输最繁忙的地区之一，白云国际机场半径100千米范围内有广州白云国际机场、深圳宝安国际机场、珠海三灶机场、香港国际机场、澳门国际机场5个大型民用机场，珠海九州、深圳南头2个直升机场以及佛山、广州岑村和惠州惠阳3个军用机场；有39条国际国内航路、9个民航等待空域、19个军事训练空域、15条军事训练航线及10个战备空域。以佛山机场为例，其军航飞行活动会直接影响广州白云国际机场西面空域的使用，仅此影响就使广州白云国际机场起降架次下降20%～25%，大大限制了广州白云国际机场飞行空域的使用。在航空运输业务保持快速发展的形势下，珠三角空域紧张问题已明显制约广州白云国际机场航空枢纽建设，广州机场的第三条跑道已投入使用，但增加空域却未得到批准，目前第三条跑道只能依靠空管释放临时性空域起降飞机，每小时只有1～2个航班起降，导致第三条跑道无法充分发挥作用。因此，合理利用、有效整合珠三角机场空域资源迫在眉睫。

（二）时刻资源严重不足

目前，白云国际机场许可高峰小时起降仅有71架次，而浦东国际机场为90架次，首都国际机场为86架次，白云国际机场急需增加时刻资源。另外，白云国际机场除了正常商用运输航班外，近年来还有大量公务机的起降需求，时刻资源使用已经达到饱和。因此，导致大量国际国内航班由于没有时刻资源而无法开通至广州的航线。而已开通至广州机场航线的各航空公司被分配的时刻资源也缺口很大，各航空公司争夺时刻资源矛盾突出。

（三）第二机场建设悬而未决

当前，白云国际机场容量逐渐饱和，空域时刻资源日趋紧张。随着航空枢纽建设带动航线发展，航班、运力大幅增加，对机场停机位、廊桥位、行李盘、值机柜台、候机区等基础设施的需求也随之增加，且以上设施均已出现日益不足的趋势，预计到2025年将会呈现超负荷运转状态。因此，必须以前瞻性思维谋划建设广州第二机场以疏解白云国际机场的压力。然而，有关广州第二机场的选址与建设却一直悬而未决，成为媒体及社会高度关注的热点话题，目前已有多个选址方案（表9-2）亟待确定。由于新机场从选址论证、施工建设到试航调试再到投入运营通常需要耗费5~10年的时间，尽快确定广州第二机场建设方案尤为紧迫。

表9-2 广州第二机场选址备选方案

方案	选址	优势	劣势
方案一	广州南部的南沙区	地处珠三角核心地带，海陆交通便捷，在国家新区、自贸试验区和广州城市副中心开发建设的带动下各项基础设施日趋完善，经济社会发展日新月异	位于珠江口，地质和气候条件存在一定问题，更为主要的是南沙夹在深圳机场、香港国际机场、珠海机场、澳门机场、白云国际机场当中，空域条件十分复杂，可用空域资源稀少

续表 9-2

方案	选址	优势	劣势
方案二	广州东南部的增城、东莞和博罗交界地带	增城是广州东部的交通枢纽，集高铁、城轨、地铁、高速公路于一体，交通条件十分优越，通过穗莞深城际轨道可连接到深圳机场，通过新白广城际轨道可连接到白云国际机场和广州北站，且到两个机场均仅需30分钟，可以与白云国际机场和深圳机场便利衔接，共享一些设施及服务，作为第二机场的分流和纾解作用明显。距离香港国际机场、澳门机场、珠海机场和佛山机场也较远，机场腹地范围也相对较大	与惠州平潭机场的距离较近，该机场的定位就是珠三角东部地区的干线机场
方案三	佛山江门交界处的鹤山	土地资源丰富，开发强度小，建设成本相对较低。鹤山毗邻佛山，拥有佛开高速、江鹤高速、深罗高速、325国道等道路交通，是珠三角核心区向粤西及大西南辐射的桥头堡，且目前广州、粤西、湛江之间没有大机场，鹤山刚好处在这一区域的中间位置，具有一定的区位优势。随着广佛同城化、江佛一体化的推进，在鹤山建设第二机场有望提升广州在珠中江都市圈及粤西地区的辐射和影响力	与珠海机场相近，而原来规划可以容纳1000万客流量的珠海机场目前客流量仅在200万左右，一直处于相对闲置状态
方案四	佛山云浮交界处	区位上相对优于在佛山江门交界建设的方案，也有利于广州增强向粤西北地区辐射能力，拓展白云国际机场的内陆腹地	在佛山建设第二机场始终无法绕开佛山机场作为军用机场，军方对空中管制较为严格，区域时刻资源较为紧张等制约因素

续表9-2

方案	选址	优势	劣势
方案五	佛山机场军转民	不仅能最大限度地突破白云国际机场当前面临空域资源瓶颈，也省去新建第二机场论证、征地	协调难度较大
方案六	整合重组惠州机场	惠州机场为4D级机场，基础设施相对完善，近年来发展势头迅猛。惠州机场与白云国际机场同属广东省机场管理集团管理，沟通协调较为方便。惠州的战略地位、经济基础、交通条件都较好，在国内低成本航空客运和货运已经初具优势	白云国际机场和惠州机场相距相近200千米，车程大约在2小时，作为广州第二机场略显偏远
方案七	整合重组省内其他机场	充分利用了现有的省内机场设施，对全省机场一体化运营有促进作用	省内还有湛江机场、罗定机场、梅州机场和揭阳机场等小型干线和支线机场，这些机场不在珠三角经济区范围之内，与白云国际机场的距离也相对较远，交通和基础设施条件较差，客货运吞吐量都相对比较小，对珠三角地区吸引力较弱，难以有效分流白云国际机场的压力，因此不适宜承担广州第二机场的功能

二、国际业务发展软硬件条件不足

（一）国际化服务环境需要培育完善

目前，机场行业普遍采用Skytrax对标的方式来提升服务。Skytrax为国际性的航空运输研究认证机构，每年都会对世界范围内众多机场的服务品质进行审核,服务评价越高,星级评定就越高。目前,新加坡樟宜机场、香港国际机场和首尔仁川机场被评为五星机场,其共同特点是中转流程顺畅、服务设施完善,旅客体验效果非常好。上海虹桥国际机场、北京首都国际机场、荷兰阿姆斯特丹史基浦国际机场、德国法兰克福机场、瑞士苏黎世机场等10家机场被评为四星机场。广州白云国际机场则还在努力争取成为 Skytrax 四星机场。

(二) 中转流程烦琐及服务保障水平低

在中转流程和服务保障方面,白云国际机场在许多地方落后于香港、新加坡等枢纽机场(见表9-3)。比如,休息室虽由原来的830平方米增加到了3750平方米,但还是不能满足需要。而对于枢纽运行十分关键的靠桥率方面,目前已提高到了80%,但与其他国际机场对比,仍相差甚远,直接降低了枢纽的运行效率,提高了运营成本。至于中转捷运系统和中转旅客专用通道、第六航权旅客休息室等方面则差距非常大。目前白云国际机场入境"通程航班"旅客候检区面积仅有250平方米,座位150个,而当前通程航班入境高峰时期,国际中转通程旅客已达到600人/小时,入境通程行李超过1200件/小时,导致空间不足以及行李预检设备容量不足,且行李中转线设备自动化程度低。自从2013年白云国际机场实施24小时过境免检以来,吸引了越来越多的国际旅客在白云国际机场过境,2016年广州第六航权旅客达到近70万人,日均2000人左右,由于在白云国际机场转机停留时间较长但又不能出境(转机时间在4~8小时)的旅客在国际候机厅没有专用休息区,导致旅客感受较差,投诉较多,严重影响了白云国际机场的国际枢纽形象。可见,虽然白云国际机场是按中枢理念设计,但经过近10年的快速发展,已经不能满足广州建设国际航空枢纽的需要,亟须扩建扩容,特别是国际到达的行李转盘,在南航引进空中客车A380以及不断开拓新国际航线的情况下,早已不堪重负,高峰期行李转盘甚至无法转动只能靠人工分拣。由此可见,广州建设国际航空枢纽在发展核心战略"枢纽中转"所遇到的困难和挑战比竞争

对手要大得多。(见表9-3)

表9-3 白云国际机场与国际枢纽机场中转流程及服务设施对比

	基地公司	基地公司独立使用候机楼	功能齐全的基地公司专用高端休息室	中转捷运系统	基地公司航班靠桥率	中转旅客休息室	中转旅客专用通道	第六航权免签证旅客休息区
亚特兰大	DELTA	有	8个,4800平方米	有	自主安排	有	有	有
香港	国泰航空	有	2个,4500平方米	有	98%	有	有	有
新加坡	新加坡航空	有	2个,5500平方米	有	自主安排	有	有	有
法兰克福	汉莎航空	有	9个,7000平方米	有	大于95%	有	有	有
广州	南方航空	无	4个,3750平方米	无	80%	有	无	无

资料来源:何国柱《南航广州国际航空枢纽建设战略研究》(学位论文),广西师范大学2013年。

(三)中转最短衔接时间过长

国际大型航空枢纽的实际运作经验表明,一个成功的航空枢纽必须具有可接受的最短衔接时间。这是因为最短衔接时间是中转旅客、货主最为关心的指标之一,是航空枢纽运行效率的重要体现。在激烈的国际航空市场竞争中,航空枢纽之间MCT的差异将决定枢纽竞争力的强弱。如表9-4所示,广州白云国际机场在4个中转流向方面的MCT全面落后其他枢纽,尤其国内转国际的MCT也达100分钟,低劣的中转效率直接削弱了广州机场的竞争力。白云国际机场在机场服务、通航点、运力等方面差距明显,而白云国际机场国际通航点也偏少,只有70个,与首都国际机场(111个)和浦东国际机场(90个)差距较大,也直接影响中转市场竞争力。另外,国际航权、空管、边防、海关、卫检、安检与信息等方面的管理和服务也存在不足。以通关效率为例,硬件和软件不足使海关监管效率与服务保障能力受到制约,导致高峰期旅客候检时间长达40~60分钟,严重影响国际旅客的通关效率和满意度。

表9-4 白云国际机场与主要枢纽机场最短衔接时间比较

单位:分钟

	国内转国内	国内转国际	国际转国内	国际转国际
新加坡机场	-	-	-	45
香港国际机场	-	-	-	50
仁川机场	40	70	90	60
亚特兰大机场	55	60	90	60
巴黎机场	45	45	45	45
广州白云国际机场	50	100	90	60

资料来源:何国柱《南航广州国际航空枢纽建设战略研究》(学位论文),广西师范大学2013年。

三、综合交通枢纽体系支撑能力有待提升

(一)机场与高铁枢纽联系不畅,区域辐射能力较弱

从世界上客运量排名前10的机场来看,伦敦希思罗国际机场、东京羽田国际机场、法国戴高乐国际机场等都实现了与既有高铁车站的轨道连

接（见表9-5）。通过对国际案例的判读，可以得出机场与高铁枢纽衔接的一般特点，包括：一是机场与高铁枢纽间须具有快捷便利的直通联系，且衔接时间不超过15分钟；二是机场与高铁枢纽间须有多种衔接方式，以满足不同层次、不同类型旅客的需求。白云国际机场规划定位之一为泛珠地区对外交往的主要门户，但目前对外缺少连通广、速度快的高速铁路和城际轨道交通服务，与广州南站、广州北站等综合交通枢纽联系不够便捷，导致机场对周边区域交通辐射范围有限，在珠三角范围内面临着香港国际机场和深圳机场对于客源腹地市场的强大竞争压力。从航空客流分布构成看，白云国际机场客流来源地大致如下：广佛都市区占79%，其中广州占67%，佛山占12%；珠三角其他地区客流占18%，其中西岸占10%，东岸占8%；珠三角以外地区只占3%。可见，白云国际机场的区域交通辐射能力相对还比较薄弱。

表9-5 国际枢纽机场与高速铁路衔接情况对比

机场	高速铁路车站	空间距离	衔接方式与时间	备注
北京首都国际机场	北京南站	38千米	城市地铁/1小时	需要两次换乘
伦敦希思罗机场	王十字车站	24千米	城市地铁/1小时	机场快速轨道仅衔接至普铁车站帕丁顿
东京羽田国际机场	机场站	100米	与机场一体化/0小时	京滨急行线机场支线
戴高乐国际机场	机场站	100米	与机场一体化/0小时	地区快速铁路（RER-B）、高铁（TGV）的2条线路、TVG不经巴黎市区
法兰克福国际机场	远途火车站	350米	与机场一体化/0小时	与1号航站楼一体化设置
广州白云国际机场	广州南站；广州北站	62千米；15千米	城市地铁/1.5小时；无衔接	地铁3号线转地铁2号线；地铁9号线（在建）

(二) 机场与城市中心区的衔接不足，服务水平不高

从世界主要机场与城市中心区的交通衔接方式来看，枢纽机场需要有公路、铁路（高速铁路、城际轨道、普通铁路等）、地铁、汽车等多种衔接方式接入，在机场内与候机楼无缝衔接，实现换乘的高度集中，与中心区之间包含多层次的交通联系方式。目前白云国际机场进入广州主城区方向主要依靠机场高速公路和地铁三号线。而地铁三号线不光承担运送机场乘客的功能，但其沿线上下站客流量本身就非常之大，严重影响了机场乘客搭乘地铁的效率和便利性。目前机场高速公路的交通运作状况也不甚理想，由于机场高速公路承担了市区与广乐等北向高速的连接功能，在节假日等繁忙时段已出现较大的拥堵情况，大量机场乘客被堵在机场高速上，导致误机事件时有发生。对外单一道路也使得交通网络安全性和稳定性较差。白云机场第二高速公路已在建设中，但征地拆迁工作阻力大，影响了整个工程的进度。因此，白云国际机场与城市中心区的衔接服务水平有待提高。

四、航空经济发展相对滞后

(一) 空港经济区产业集群尚未形成

目前空港经济区尚未形成全局、系统的航空产业链，与地方产业布局联系不紧密，导致"机场孤岛"现象明显，白云国际机场的枢纽功能并没有在周边衍生出大规模、高水平的航空产业集群，缺乏供应链完善的产业基地，造成产业协同效应不强，辐射带动作用不足。空港经济区周边交通、商业配套等基础设施不足，与外部的连通设施、方便产业发展的人、物流接驳均明显缺乏配套。

（二）通用航空产业发展不足

广州通用航空产业整体规模小、分布散，主要集中在运营和配套服务，尚未形成产业集聚效应，而区域内珠海、深圳等城市正积极加快通用航空全产业链发展，广州在通用航空制造、维修、航空金融服务等高附加值产业上有待进一步发展。

（三）航空经济发展关键资源有待进一步完善

广州航空产业专业技术人才（飞行、机务、航务、技术研发、管理）不足，加上临空产业发展基地建设土地、货物通关效率、税收机制等关键资源受到制约，航空发展仍存在协调难、培育周期长以及供应难度大等多方面问题。以飞机维修为例，由于维修保养零部件大部分是进口件，采购量大且时间紧迫，货物的通关效率和便利性大大影响了飞机维修企业的业务。

（四）非航空产业未能得到发展

由于广州在临空经济发展过程中，对非航空经济的重视力度不够，缺乏合理、科学的规划和管理制度，导致没有充分释放非航空经济对临空经济的促进作用。广州临空经济区现代服务业发展滞后，不能满足区内企业尤其是跨国企业发展的需要。例如，临空经济区内没有良好的商务环境，使多数企业的商务在广州市内进行，给企业带来诸多不便；没有完善的商业配套建设以及酒店、娱乐设施为一体的商业中心，旅客仅是过境，无法留住客流，连飞机机组休息也是在广州市内进行，甚至有航空公司包机将机组送往香港休息。此外，广州临空经济区区域内提供金融、保险、信息、会计、咨询、法律等高附加值、高层次、知识型服务的中介机构较少，不能满足区内企业持续发展的需要。

五、管理体制机制尚待协调理顺

（一）大通关仍缺乏合力

随着国际中转业务量的大幅增长，白云国际机场相应的场地、设备、流程缺陷问题日益凸显，大通关政策功效和作用未充分发挥，白云国际机场、各联检单位以及各航空公司之间仍缺乏深度的协调、精细化对接以及大数据的共享，阻碍了大通关政策的落实，难以提升旅客在广州航空枢纽中转的体验感受。

（二）免签政策受到限制

2016年1月30日起，上海、南京、杭州口岸已经对51个国家实施144小时过境免签政策。广州作为改革开放的前沿征地，"一带一路"的重要枢纽城市，国家定位的国际性综合交通枢纽，却未能实施144小时或更长时间的过境免签政策。

（三）部门间信息传递不顺畅

枢纽航班保障缺少统一的协调和指挥，旅客服务、行李服务、机坪保障等部门间信息传递不顺畅，上下游间业务衔接不紧密。与机场、联检等外部单位间的沟通和协调力度不够，影响航班靠桥、旅客通关、行李等保障效率的提高。

六、主基地航空公司国际竞争力有待进一步提升

机场和航空公司是航空运输价值链上密切相连的两个环节，二者之间是唇齿相依的相互合作关系。对枢纽机场来说，加强与航空公司的合作尤为重要。航空枢纽的建设既需要机场提供强大的地面设备设施，也需要航

空公司调整航线结构、构建轴心辐射式航线网络。二者之间只有密切协作,才能真正形成辐射功能强大的航空枢纽机场。每个知名的国际航空枢纽都有一个强大的主基地航空公司与其共同发展,如新加坡樟宜国际机场有新加坡航空公司,迪拜国际机场有阿联酋航空公司。南方航空作为广州白云国际机场的主基地航空公司对广州国际航空枢纽建设做出了重大的贡献,但其国际竞争力还有待进一步提升。

（一）企业资源配置效率有待提高

南航机队结构复杂、运营成本高。目前南航拥有 10 个系列、16 种机型飞机,由于机型多、机队结构复杂,导致飞机维修成本、航材成本、机组复训成本以及其他运营成本相对较高,而且机型多、机队结构复杂也不利于飞机资源、机组资源的统一调配。南航的飞机日利用率偏低,要成为国际旗舰级的航空公司,南航飞机使用效率需要有比较大的提高。

（二）国际长航线少、国际网络覆盖不全

南航目前航线网络以国内短途航线为主,国际航线比例很少（特别是国际长航线）,国际竞争力不强,国际网络覆盖能力弱。南航的境外航线数、国际客运收入及占比均少于国航和东航,在国内三大航空公司中占比最低。澳航与阿联酋航国际通航点多达 50 个和 32 个,而南航航线网络以国内为主,国际通航点仅 10 多个,国际航线比例仅为 26%,实际参与国际竞争的实力并不强。

（三）枢纽运营管理能力不高

南航的枢纽运营与管理还不够精细化,成本高,缺乏枢纽运营的专业人才,员工枢纽业务能力有待提升,服务可靠性和服务质量亦有待提高。南航已建立了较好的客户基础和一定的品牌溢价潜力,但对高价值客户的吸引力较为逊色,与国际标杆航空公司相比,南航联盟事务管理尚处于发展的初级阶段。

(四) 品牌国际认知度低

在国际市场中,许多旅客选择航空公司,主要看一个航空公司的品牌和声誉,甚至可以说,航空公司的品牌在很大程度上左右了旅客的选择。枢纽网络型航空公司如英国航空、新加坡航空、西南航空、阿联酋航空、国泰航空等,无一不是因其巨大的品牌影响力而赢得了很多旅客的青睐。南航一直以来在国内知名度是比较高的,这与南航以国内航线为主有关,一旦要参与到国际竞争中去,其品牌知名度的差距就特别明显了。在2012奥克兰机场旅客调查报告中显示,有近91%的国际旅客没有听说过南航,更加不知道南航是机队全球排名第三、客运全球排名第六的航空公司。

第十章

21世纪海上丝路建设背景下广州国际航空枢纽发展定位与战略目标

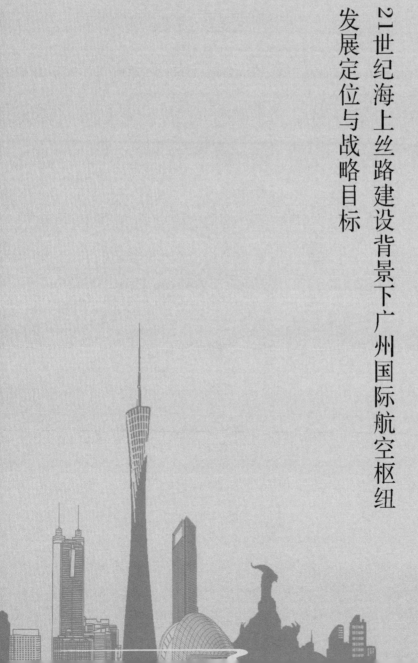

第十章 21世纪海上丝路建设背景下广州国际航空枢纽发展定位与战略目标

第一节 国内主要国际航空枢纽的发展定位和策略

就全国范围来看，最为成型的国际航空枢纽就是北京和上海。按照《新时代民航强国建设行动纲要》的要求，我国要建设布局功能合理的国家航空枢纽，并提升其国家竞争力。广州作为全国三大国际航空枢纽之一，与北京、上海的国际航空枢纽建设尚有较大差距，为借鉴北京、上海国际航空枢纽建设的经验，本节梳理了北京、上海国际航空枢纽的基本建设情况、发展定位及其发展策略。

一、北京国际航空枢纽的发展定位和策略

（一）北京国际航空枢纽的发展定位

1. 北京国际航空枢纽基本情况

北京国际航空枢纽主要由北京首都国际机场和大兴国际机场构成，两座机场雄倚首都南北，合理布局，功能互补，适度竞争，将共同成为北京国际航空枢纽的主力机场，也是京津冀世界级机场群的主要组成部分。两座机场的主要建设情况分别如下。

首都国际机场拥有 3 座航站楼，面积达 141 万平方米；有 2 条 4E 级跑道和 1 条 4F 级跑道，分别为 3800 米×60 米、3200 米×50 米、3800 米×60 米；机位共 314 个。2017 年，北京首都国际机场旅客吞吐量 9578.6 万人次，位居亚洲第 1、全球第 2；货邮吞吐量 202.96 万吨，居全国第 2 位；起降架次 59.7 万架次，居全国第 1 位。北京首都国际机场拥有基地航空 6 家，分别为中国国际航空、中国东方航空、中国南方航空、海南航空、首都航空和顺丰航空，厦门航空也在北京朝阳区设立分公司；截至

2018年12月，有国内（含地区）航点160个，国际航点136个，开通国内航线132条、国际航线120条，是目前中国三大门户复合枢纽之一。

北京大兴国际机场按全向型跑道构型设计，共有4条跑道：3条纵向跑道和1条北跑道（北跑道3400米×60米，E类），其中3条纵向跑道分别为：东跑道3400×60米（F类）、西一跑道3600米×60米（F类）、西二跑道3600米×45米（E类），北跑道与3条平行跑道偏转了20度，目的是避开廊坊城区发展区域上空，起飞时穿越永定河滞洪区，大大减低了噪声对廊坊城区的影响。这种3条平行跑道、1个侧向跑道的全向型跑道构型，将有利于提升航班进出港的效率，预计该机场进出港效率将能达到世界领先水平。该机场还将建设150个机位的客机坪、24个机位的货机坪和14个机位的维修机坪。远期年客流吞吐量1亿人次，飞机起降量88万架次，将成为世界最大空港之一，成为展现中国国家形象的"新国门"。

2. 北京双枢纽的发展定位与分工

在原有首都国际机场的机场上建设大兴国际机场，主要着力于缓解首都国际机场客流吞吐即将饱和的窘境，并期望在单体机场战略规划的基础上，高站位统筹，高起点谋划，形成世界级机场群的战略支撑。首都国际机场的定位大致可以归纳为：一是服务于首都的核心功能。北京是全国政治中心、文化中心、国际交往中心、科技创新中心。作为北京对外交通（特别是国际交往）的重要方式，首都国际机场需要与更多国家实现互联互通，承担国际交往中心的职能，彰显"第一国门"和国际交往的担当。二是大型国际航空枢纽、亚太地区重要复合枢纽。首都国际机场须立足中国腹地市场，加频国际航班，逐步打造"国际快线"模式，衔接东南亚、欧洲、北美和大洋洲等地的国际航空网络，成为国家的对外门户枢纽，推动国内与国际的相互中转；同时，也要成为北美及欧洲前往南亚、东南亚、大洋洲等地区的中转站，成为连接亚、欧、美三大航空市场最为便捷的航空枢纽。三是成为京津冀地区的综合交通枢纽。在京津冀协同发展中完善综合交通体系，充分改善陆侧地面交通设施，提升枢纽集散能力，多

第十章 21世纪海上丝路建设背景下广州国际航空枢纽发展定位与战略目标

种交通方式快速换乘和无缝衔接，实现各城市和功能区之间的功能互补、分工协作、一体化发展。

北京大兴国际机场跨京、冀两地，处于京津冀地区规划发展重点的叠加区和衔接区。按照"坚持首都核心功能、疏解北京非首都功能、推进京津冀协同发展"的原则，北京大兴机场被赋予的定位一是大型国际航空枢纽，优化航线网络结构，增强国际航空枢纽的中转能力提升国际竞争力；二是驱动京津冀协同发展的新引擎，成为国家发展的一个新的动力源；三是引领综合交通发展的新枢纽，即支撑雄安新区建设的京津冀区域综合交通枢纽。

北京大兴国际机场投运后，北京地区将出现两个大型国际航空枢纽。如何处理好"双枢纽"间的关系，推动形成协调发展、适度竞争、具有国际一流竞争力的双国际枢纽机场格局，对实现中国民航高质量、可持续发展意义重大。未来两大枢纽机场将合理配置航班资源，形成协调发展、适度竞争、具有国际一流竞争力的"双枢纽"机场格局，推动京津冀机场建设成为世界级机场群[①]。首都国际机场运营的航班主要隶属星空联盟，并主要依托中航集团（国航、国货航、深航、山航、昆明航、内蒙古航、北京航、大连航）、海航、大新华航等基地航空公司运营。首都国际机场重在提升质量，疏解非国际枢纽功能，航班也将相应调整，以增强国际航线覆盖。大兴国际机场运营的航班主要隶属天河联盟，并主要依托东航、南航等主基地航空公司，其中，东航集团（东航、上航、中联航、东航江苏、东航云南、东航武汉）、南航集团（南航、厦航、河北航、江西航、重庆航、汕头航、珠海航、贵州航、南航河南）、首都航等公司将转场投运至该机场运营，打造功能完善的国内国际航线网络。根据《北京大兴国际机场转场投运及"一市两场"航班时刻资源配置方案》和《北京"一市两场"转场投运期资源协调方案》的相关要求，北京双枢纽

---

① 国家民航局：《北京大兴国际机场转场投运及"一市两场"航班时刻资源配置方案》（民航发〔2018〕126号），2018年12月28日。

机场的建设应各有侧重，突出均衡发展，独立运营，适度竞争，以有效配置两个航空联盟的航班资源。在具体分工上，第一，要按照安全、平稳、有序投运的原则。投运后采取分步实施、逐步转场的方式，初期仅安排少量航班运行。第二，要按照高质量、可持续发展的原则。合理控制首都国际机场和大兴机场两场的运行容量和时刻资源，提升两场放行的正常率。第三，要遵循市场为主、行政为辅的原则。充分利用"以优促转、以增促转"等市场化措施鼓励中外航空公司尽早转场；航班时刻增量的一部分用于配给奖励，一部分用于公开配置[①]。除外国航空公司、港澳台地区航空公司自行选择运行（可单机场或两机场）、中国邮政航空可两场运营之外，一般不得两场运行。

（二）北京国际航空枢纽的发展策略

1. 协调京津冀世界级机场群发展布局

依据国家发改委、民航局印发的《推进京津冀民航协同发展实施意见》要求加快推进京津冀民航协同发展，着力打造京津冀世界级机场群。促进首都国际机场提升其作为国际航空枢纽的国际竞争力，服务首都四大核心功能；努力把大兴国际机场建设成为大型国际航空枢纽和京津冀区域综合交通枢纽。同时，大力发展航空物流，强化天津滨海机场枢纽功能；着力发展航空快件集散及低成本航空，培育石家庄机场的枢纽功能。

2. 加快完善机场设施及陆侧交通

在完成机场飞行区 4 条跑道及相应的滑行道和联络道、部分机坪和排水工程、目视助航设施及供电工程、公安消防安检工程等机场标志性工程后，继续完善机场后勤服务基地一期工程，强化陆上交通设施建设，重点推进北京大兴国际机场高速公路、京台高速公路、大广高速公路和京霸铁路、廊涿城际、新机场线、预留 R4 线（北京地铁 20 号线）在内的高铁

[①] 中国民用航空局：《北京大兴国际机场转场投运及"一市两场"航班时刻资源配置方案》（民航发〔2018〕126 号），2018 年 12 月 28 日。

地铁项目建设，实现周边的道路交通网络与轨道线路与新机场主体工程同步建设、同步投入使用，使北京两大枢纽机场之间、京津冀三地紧密相连、高效流通，进而使大兴国际机场成为衔接换乘高效、中转服务便捷、客货往来顺畅的国际性综合交通枢纽。

3. 打造全球航线网络的重要节点

强化航线网络的全球和国内覆盖，力争实现全球主要政治经济核心节点的全面连接，扩大航点覆盖范围。进一步推动航权开放，建设精品航线，形成以"国内干线+国际快线"为主的航线结构。推动两大枢纽机场的合理分工和紧密合作，提升国际国内的中转功能，保障乘客便捷多样的国际出行需求。

4. 提升航空运营品质和效能

北京"一市两场"双枢纽模式，有利于推动两场之间的独立运营、优势互补、适度竞争，提高运营品质和效能，支撑京津冀建成具有全球竞争力的世界级机场群。要着力在提升运行效率、提高航班正点率、提供舒适和个性化旅客体验下功夫，努力迈向全球机场运营服务的标杆和典范。

5. 推动临空经济区发展

要从京津冀协同发展的大局出发，加快京津冀一体化进程，着力提升北京南城发展水平，借力新机场建设，促进北京和河北高端产业集聚发展。按照《北京新机场临空经济区规划（2016—2020年）》要求，大力推动150平方千米的临空经济区建设，促进与机场相关的总部经济、高端制造和现代服务业等相关产业发展，辐射带动北京南城的崛起和河北的产业转型升级。大力挖掘文化文明交往交流的功能，将世界各国文化文明的精髓汇聚首都国际机场，深化发展首都国际机场的临空产业，进一步明晰国际枢纽建设的发展方向，将首都国际机场建设成世界一流的国际航空枢纽。

二、上海国际航空枢纽的发展定位和策略

(一) 上海国际航空枢纽的发展定位

1. 基本概况

上海是我国少数几个拥有大型民航"一市两场"机场体系的城市。

上海虹桥国际机场是中国三大门户复合枢纽之一,拥有航站楼2座,面积44.46万平方米,机场跑道2条:分别是3400米×45米和3300米×60米,两者间隔365米。停机坪约48.6万平方米,机位89个。2017年,旅客吞吐量达4188.41万人次,货邮吞吐量40.75万吨,飞机起降架次26.36万架次,以上三大指标在国内分别位居第7、第9、第10。虹桥国际机场的公务机基地拥有1座3100平方米的公务机候机楼,1座4500平方米、可停放4至5架中型公务机的机库,1座近2000平方米的附楼,以及3个专用的公务机上下客停机位,能够满足年起降6000架次公务机的地面保障。

1986年,上海市开始谋划建设上海浦东国际机场,1999年9月16日浦东国际机场一期工程建成通航,满足了2000万人次的旅客吞吐需求;之后经历了一期扩建、二期扩建和三期工程等各个阶段的建设。目前浦东国际机场有2座航站楼和3个货运区,面积82.4万平方米,机位218个,其中客机位135个。拥有跑道4条,分别是3800米×60米2条、3400米×60米1条、4000米×60米1条。开通国内航线106条、国际航线114条。2017年浦东国际机场旅客吞吐量7000.43万人次,货邮吞吐量383.56万吨,飞机年起降航班496879架次。

上海的两个机场已经分别完成了多轮改扩建工程,总共投入约800亿的建设资金,拥有了4座航站楼、6条跑道和多个货运区,设计保障能力可达年旅客吞吐量1亿人次、货邮吞吐量520万吨,基本建成世界级机场硬件设施体系。两个机场定期航班通航49个国家和地区的280多个航

点。其中,国内航点 156 个(包括港澳台航点 6 个),国际航点 124 个。

2. 发展定位

建设上海国际航空枢纽,形成枢纽航线网络,推动航空运输企业和航空关联产业的发展,对于带动和引领全国民航业整体发展、促进长三角机场群的整体竞争力提升和区域协调发展具有重要意义。在上海"一市两场"机场格局体系形成后,2004 年的《上海航空枢纽战略规划》设定了上海国际航空枢纽建设的总体目标是:力争经过若干年努力,构建完善的国内国际航线网络,成为连接世界各地与中国的空中门户,建成亚太地区的核心枢纽,最终成世界航空网络的重要节点[①]。其主要集中于核心功能的开发,力争建成融本地集散功能、门户枢纽功能、国内中转功能和国际中转功能为一体的大型复合枢纽。其承担本地集散枢纽功能、中国门户枢纽功能、国际中转和国内中转枢纽功能、国际货运枢纽功能;在航空旅客方面,承担本地集散客运枢纽功能、中转门户客运枢纽功能、城市精品快线功能;在航空货邮方面,承担周边腹地货运门户功能、亚太核心货运枢纽功能、国际快件转运中心功能。

在定位的分工方面,"一市两场"遵循国内、国际分开运营的模式,明确了"一主一辅、互利互补"的分工格局,即"以浦东国际机场为主,虹桥国际机场为辅"的分工合作模式,浦东国际机场定位为国际枢纽机场,虹桥国际机场定位为区域性枢纽机场。在具体操作上,以浦东国际机场为主构建枢纽航线网络和航班波;虹桥国际机场在枢纽结构中发挥辅助作用,以"点对点"运营为主。同时,承担城市和地区通用航空(如公务机等)运营机场的功能,并保留国际航班的备降功能。在虹桥综合交通枢纽建成后,由于其综合交通枢纽整体功能得到提升和拓展,为顺应亚太地区主要的"一市两场"体系中转向复合型国际运营模式的趋势,由此产生了新的"一市两场"模式。虹桥国际机场的定位逐步转型,并与

---

① 上海市人民政府、中国民用航空总局:《上海航空枢纽战略规划》,2004 年 11 月 1 日。

浦东国际机场并驾齐驱，形成"平行发展、相辅相成"的合作模式（见表10-1），使两大机场的综合竞争力分别都得到相应的提升，以抢占世界级航空枢纽的战略高地，共同成为亚太地区的核心枢纽机场，力争成为实现民航强国战略的重要标志之一，助力上海国际航运中心建设。

表10-1　上海"一市两场"的分工合作

	浦东国际机场	虹桥综合交通枢纽
总体定位	亚太地区大型复合型门户枢纽机场国际货运枢纽；航空邮政快递中心；国际航空物流中心；低成本航空和休闲旅游包机运营基地；试飞机场	长三角地区大型交通综合枢纽点对点航线为主的国际商务机场；公务机、包机和专机运营基地；低成本航空运营基地
服务对象	国际近程、港澳台和本地商务旅客；国际转国际、国际转国内旅客；客货运的多式联运	高质量的国际旅客、本地旅客、国际快件、国际远程中转旅客；客运多式联运
航线分配	国际近程航线、地区航线以及国内主要干线	部分航班以国内"点对点"运营为主、适度发展港澳台航线、短距离国际航班
配套	民航飞机维修中心、民航航材储备中心、长三角地区航空油料储备基地、国产飞机总装基地	东方航空公司训练基地、商务航空服务基地保障
临空经济	临空产业区、临空农业区、迪斯尼乐园、浦东国际空港商务区、国际展览中心外高桥港、浦东国际机场空港、洋山港和外高桥保税区、浦东国际机场综合保税区以及洋山保税港区构成"三港三区"	虹桥开发区、国家会展中心虹桥商务区（虹桥涉外中心、临空经济园区、长风生态商务区、江桥商务区、徐泾商务港、九亭现代服务业聚集区、七宝生态商务区）
地面交通	以城市交通为主的一体化交通中心、以货运为主的陆海空客货多式联运中心。拥有轨道交通、磁悬浮、机场巴士、城市公交、长途汽车、线路巴士、社会车辆、出租车等交通方式	以对外交通和城市交通为主的世界级综合交通枢纽，以客运为主的陆空多式联运中心。拥有轨道交通、磁悬浮、高速铁路、机场巴士、长途汽车、线路巴士、社会车辆、出租车等交通方式

续表 10-1

	浦东国际机场	虹桥综合交通枢纽
远期设施	5条跑道、2座航站楼、2个指廊	2条跑道、2座航站楼
远期目标	客运吞吐量：8000万人次 货邮吞吐量：600万吨	客运吞吐量：4000万人次 货邮吞吐量：100万吨

(二) 上海国际航空枢纽的发展策略

1. 提升机场硬件设施承载能力

上海"两场"都积极开展改扩建工程。浦东国际机场已经经历了三期扩建工程，建成了第一航站楼、第二航站楼与第一跑道、第二跑道、第三跑道、第四跑道等设施。虹桥国际机场也建成了第一航站楼、第二航站楼、第一跑道、第二跑道和公务机基地等一大批设施。为满足基地航空公司和航空联盟枢纽运营和中转需要，以设施先进、功能完备、安全舒适、环境优美、管理高效的标准，增强机场硬件设施的承载能力。

2. 提升枢纽航空网络的竞争能力

从扩大航线网络的覆盖面、加强航空网络的通达性和中转的衔接性等方面入手，扶持基地航空公司在机场构建高品质的枢纽航线网络，吸引国外航空公司，弥补国内航空公司国际航线的短板，巩固和拓展上海至欧美远程航线市场。

3. 释放航空时刻资源和空域资源

通过优化空中交通管理模式，探索与枢纽机场相适应的空中交通管制模式，调剂好空域资源；协调军方，增加民用航空的空域资源。建立透明、公平和市场化的时刻分配机制，合理安排时刻资源，既满足提高通达性，又能适应枢纽航班波时刻衔接的要求。

4. 提升枢纽综合服务吸引力

综合服务能力的建设就是要通过精细化的管理，为客户提供优质高效的服务。进一步提升航班正点率和中转率，为旅客提供安全性、便利性、舒适性的服务。促进机场建设的智慧化、生态化，引进国际先进技术，推进旅客服务新体验和流程优化、业务形态创新。提升机场相关单位的协同水平，当地政府、行业主管单位、一关三检等有关单位，需要相互配合，协同完成客货运输的各个方面和全过程。

5. 提升陆侧交通网络的疏解能力

在两大机场之间形成了大容量的轨道交通体系，通过港口、机场与市区、长江三角洲形成了完善的综合交通体系，增强了机场的地面集散功能。

6. 延伸发展航空相关产业

航空枢纽的发展不只是航空运输本身，而是要带动整个航空相关产业的发展。上海致力打造航空客货运交易平台功能、航空金融服务功能、航空人才集聚功能等多种功能，使航空枢纽逐步承担起促进城市发展的战略平台，实现品质领先的世界级航空枢纽的目标。

第二节 21世纪海上丝路建设背景下广州国际航空枢纽的发展定位

一、广州建设国际航空枢纽的战略使命

广州作为中国目前中国三大国际航空枢纽之一，肩负着支撑国家民航强国战略的重大使命任务。根据中国民航局在《新时代民航强国建设行动纲要》提出的战略目标："到本世纪中叶，全面建成保障有力、人民满意、竞争力强的民航强国，为全面建成社会主义现代化强国和实现中华民族伟大复兴提供重要支撑。"广州应积极加强国际航空枢纽建设，着力提升民用航空的综合实力。

（一）服务粤港澳大湾区世界级机场群建设

白云国际机场是珠三角世界级机场群中的重要机场之一，也是国家定位的三大国际航空枢纽之一。广州要充分利用建设粤港澳大湾区及打造珠三角世界级机场群等战略机遇，大力完善基础设施，提升机场的承载能力，完善机场体系，增强自身在珠三角世界级机场群中的核心支撑作用，提升机场国际化水平，力求成为面向亚太、辐射全球的国际航空枢纽。

（二）服务于国家战略

要紧紧抓住"一带一路"建设契机，深入推进与沿线国家和地区航空运输市场的合作，拓展国际化航空市场空间。积极拓展国际航线网络，增加航班频率，提高国际航线的覆盖率，构筑高效通达的国际航空服务体系，形成具有国际竞争力的"空中丝绸之路"。在国家有关投资协定、自贸区协定等相关政策的指引下，积极推动基地航空公司参与国际竞争，开展国际合作，拓展国际市场发展空间，更好地服务"一带一路"和粤港澳大湾区建设。

（三）服务于国际大都市建设

广州国际大都市建设，需要通过建设先进的航空基础设施体系和一流的航空管理服务体系，推动航空业快速发展，成为推动国际大都市发展的重要动力源，增强对外的辐射带动能力。一方面助力航空发展，配置和集聚优质发展资源，推动自身持续高质量发展。另一方面，又要借助航空，提升自身的国际竞争力和影响力。

二、战略定位

借鉴和综合国内外主要国际航空枢纽建设的经验和战略安排，笔者认为可从更宽阔的时空维度，谋划广州建设国际航空枢纽的战略定位。

(一) 总体定位：面向亚太、影响世界的国际航空大都市

以国内外先进航空大都市为标杆，充分发挥广州的区位、交通、商贸和开放特色优势，以白云国际机场扩容提升和空港经济区建设为重点，进一步完善基础设施建设；构建高水平对外开放体制机制，加快推进航空相关联的高端制造业和现代服务业集聚发展，提升国际航线枢纽功能、临空产业价值功能、航空资源配置功能，促进机场与城市、产业与城市融合发展，建设国际空港新城。依托广州作为国家重要的中心城市优势，增强组织协调区域航空客货资源功能，推动大珠三角机场群一体化发展，打造海陆空联运综合服务中心，大幅提升航空软实力，努力把广州建设成为面向亚太、影响世界的国际航空大都市，为建设具有全球影响力的枢纽型网络城市提供强有力支撑。

(二) 具体定位

1. 中国通往世界、世界来到中国的空中"南大门"

充分发挥广州地理区位优势和国际综合交通枢纽优势，把握国家积极推动建立自由贸易区、"一带一路"等次区域合作的对外开放战略，推动白云国际机场扩容提升和功能配套，重点补齐国际航空枢纽地位不突出、国际通达水平不高、机场基础设施不强、大机型长航线不足、机场及城市软实力欠缺等短板。统筹推进空港、海港、保税区、公路港、铁路港建设，促进海陆空有机衔接、多式联运、形成体系，打造航空—铁路—公路—海港无缝衔接中转的现代综合交通枢纽。围绕增强国内直达、国际转国际、国内至国际、国际转国内4种能力，着力优化国内外航线网络布局，打造"泛珠三角、中部城市群—广州—境外""大洋洲、东盟、非洲—广州—中国内陆"等内外型品牌航线，开辟更多前往大洋洲、非洲、东盟、西欧、印度、中东等海丝沿线重点国家和地区的国际航线，增加欧洲、拉美、北美等主要城市航班，把广州打造成为中国通往世界、世界来到中国的空中"南大门"。

2. 国内领先、世界一流的区域航空服务中心

坚持以机场服务航空公司为导向,进一步激发中国南方航空公司以及各大航空公司参与建设和优化的积极性和能动性,打造世界一流的航空地面服务水平,增强机场软实力。叠加广州建设世界旅游目的地城市、国际交往门户城市、高端国际会议目的地城市等战略优势,形成聚合效应。全力吸引国内外航空公司、国际航空联盟和国际航空组织在广州开展航空研讨会议、航空教育培训、航空展览营销、航空研发设计等。发挥广州作为珠三角城市群核心城市优势,强化与大珠三角五大机场城市快捷化交通设施建设,提升对区域航空客流资源和货运资源的整合、组织和协调能力,探索构建区域一体化航空口岸通关模式,创新旅客中转和异地值机监管模式,携领区域构建跨市域世界级多机场体系。

3. 航空元素浓厚的国际商贸物流中心

发挥广州千年商都、经济腹地广阔等优势,加快白云国际机场国际航空货运基础设施建设,进一步发展连接世界重要枢纽机场和主要经济体的航空物流通道,大力支持、扶持开通国际货运航线,完善陆空衔接的现代综合运输体系,提升货运中转和集疏能力。以联邦快递亚太转运中心、顺丰速运华南枢纽快件中心等为重点,加快引进航空物流龙头企业,带动跨境电商、服务贸易等新兴商贸业发展。依托航空航线集散全球资源要素,加快广州建成世界旅游目的地城市、国际交往门户城市和国际消费城市,形成机场与城市经济发展相互支撑、相互促进,协同打造具有浓厚航空元素的国际商贸物流中心。

4. 海空铁高度融合的国际航空经济中心

把握航空、航运和高铁经济发展新趋势,融合集成海港、空港和高铁优势,致力于打造海空铁高度融合的国际航空经济中心。充分发挥南沙作为珠三角的几何中心,70千米范围内有5大国际机场的优势,探索发展航空保税物流、海陆空物流、客货中转、大宗商品交易、航空航运服务、商贸会展、电子商务、跨境电商等产业,在南部滨海地区打造海空融合型经济示范区。充分发挥广州北站与白云国际机场相邻的区位优势,增强广

州北站城市候机楼功能，推动广州北站商圈和空港经济区一体化发展，形成航空先进制造、现代物流、商贸服务、总部经济、服务贸易、跨境电商和新兴业态等为主的空铁融合型经济示范区。依托两大示范区，融合、集成和叠加全市商贸经济发展优势，形成贯穿南北的海空铁城市发展主轴，协同构建创新、商业、物流、知识、信息、服务交换、配置、创造或扩散的国际航空枢纽，增强对区域和全球资源配置的影响力、控制力和决策权。

三、战略布局

总体的战略布局是：以建设国际航空大都市为总目标，着力在设施服务、航空网络、临空经济和制度环境4个层面进行战略性布局，构筑起配套完善、网络发达、产业完备、国际接轨的国际航空服务体系。

（一）设施服务：配套先进的基础设施、高质高效的航空服务

1. 前瞻布局战略性航空设施

加紧谋划建设第二机场、通用机场，突出先行的占位优势，提高竞争对手的进入壁垒，抢占航空枢纽建设的制高点。

2. 配套完善基础设施

积极协调设施能力建设，消除硬件瓶颈，配套完善机场各种服务设施，建设高水平的机场集疏运体系，形成国内一流、国际先进的机场设施，促进硬件设施能力的均衡发展。

3. 高质高效的航空服务

从人性化、现代化的需求出发，围绕机场旅客服务的各个环节，设计高效创新的服务流程，建立起以"服务链"为纽带的全过程优质服务管理体系。

（二）航空网络：内外融合、相互支撑的航空网络体系

要在市域、区域和国际3个层面上，构织具有国际竞争力的航空网络布局体系。

1. 市域：世界级机场服务体系

市域航空发展是国际航空枢纽建设的主体和航空综合实力的基本支撑。市域航空的基本格局是：以临空经济示范区（白云国际机场及其第三期扩建工程和空港经济区）为核心，以从化、南沙两大通用机场为辅助，以佛山高明的珠三角干线枢纽机场为延伸，构建世界级机场体系，形成以枢纽机场、干线机场、通用机场为网络的"一主三辅多节点"航空服务体系，实现15分钟航空服务市域全覆盖，满足多样化、快捷化、个性化航空服务需求。

2. 区域：分工明晰的航空网络

依托白云枢纽机场，立足珠三角，辐射延伸至华南、泛珠三角及全国，强化白云国际机场与香港、澳门及省内深圳、珠海、汕头、湛江、惠州等机场的分工合作，打造"泛珠三角、中部城市群—广州—境外"航空战略大通道；改革和完善体制机制，推动口岸通关模式、旅客中转和异地值机监管模式创新，提升白云国际机场与省内城市的快捷化交通连接，增强广州对区域航空客流资源和货运资源的组织协调功能，活化和提升区域航空服务市场。

3. 全球：通达全球的国际航空网络

在完善白云国际机场航空服务功能和综合交通功能的基础上，继续拓展国际客运航线和货运航线，增强机场的国内直达、国际转国际、国内至国际、国际转国内服务功能；增辟更多的高质量的能持续运营的国际航线和航班，形成客流、物流、资金流、技术流、信息流和人才等要素集聚的中枢，巩固广州作为世界级航空枢纽的地位。

（三）临空经济：链条整固、高端高质的产业业态

1. 促进临空经济与城市经济的协同发展

探索临空经济与城市经济协同发展的新模式，以航空业为依托，汇聚资金、技术、信息、人才等航空优质资源，形成临空型现代服务业和高端制造业聚集发展新态势，成为城市高端高质产业成长的新支柱。

2. 整固和延伸航空产业链条

依托已有的飞机维修、公务机运营等航空产业基础，整固和延伸产业链条，发展航空维修制造、航空零部件制造、航空电子研发制造、复合材料航材生产、飞机改装、拆解等业务，推动航空金融、航材租赁、零配件物流、航空研发等配套发展。

3. 创新发展临空经济新业态

依托白云国际机场世界级航空枢纽，跟踪和创新临空经济发展的新业态，推动航空旅游、航空培训、航空播种、航空金融、空陆联运、航空情报服务、航空总部经济等临空经济新业态。

（四）制度环境：协同有序、国际接轨的营商环境

1. 推动航空相关部门的协同配合

从纵向看，需要从中央、省及中央驻广州的垂直管理部门的支持，以解决广州机场空域资源、时刻资源及机场能力等存在的不足和问题。从横向看，需要推动机场、港口、基地航空公司、海关、边检、检疫、公安、国家行业管理部门和地方政府等各个部门的高效协同，以促进枢纽机场的高效运作。

2. 塑造国际接轨的航空营运环境

加大改革创新力度，在提高通关效率、口岸建设、扩大开放、金融税收政策、简化审批等方面，形成引领全国、具有国际竞争力的政策环境，促进航空枢纽运营环境的国际化、市场化、法治化。

四、建设目标

在广州国际航空枢纽建设目标的设定上,要厘清近期目标、中期目标和远期目标的相互关系,逐级递进地推动广州国际航空枢纽朝着更高的目标迈进。

(一) 近期目标(2017—2020年)

第一,临空经济示范区基础设施和公共服务体系建设实现大跨越。空港经济区开发面积进一步扩大,机场控制区和空港经济区发展更加协调。

第二,机场设施能力逐步释放,空域试点取得明显成效。到2020年,白云国际机场旅客吞吐量达到8000万人次,货邮吞吐量达到250万吨。通用航空服务体系建设顺利起步,通用机场建设取得明显进展,发展成为中国面向东南亚和大洋洲的第一门户枢纽。

第三,临空经济发展取得新进展。飞机维修业务范围得到拓展,引入更多大型维修企业,提升大部附件、复合材料和发动机维修能力,初步形成具有国际竞争力的航空维修产业集群。依托南航等航空快递打造航空零部件的国际和国内销售供应链,力争成为全球重要航材集散基地。

第四,航空人才培训基础更加扎实。发挥广州民航职业学院的带动作用,加强与国内外航空维修培训机构合作,建立维修专业培训体系。

(二) 中期目标(2021—2025年)

第一,国际航空枢纽基本建成。临空经济示范区基本成型,形成与国际接轨的临空开放型经济格局,成为国内一流的临空经济示范区。

第二,机场设施能力进一步提升。白云国际机场5条跑道全部建成,年旅客吞吐量达到1亿人次,货邮吞吐量达到350万吨,国际排名进一步上升。中转旅客比例超过15%,其中国内国际间互转比重超过70%。通用航空服务能力基本形成,通用航空市场初步建立。

第三，临空经济更加多元协调发展。在飞机维修产业的基础上，飞机零部件制造、航空复合材料、航空电子设备研发制造得到进一步拓展，成为城市经济的新增长点。

第四，航空资源要素及产品市场初步形成。人才储备、航空金融保险、航空信息服务、航空研发成果交易等市场逐步完善。

（三）远期目标（2025年—未来）

机场、口岸、空港运营更加协调，拥有充足的容量与中转设施和地空、海空衔接顺畅的最佳综合交通系统，航空服务体系进一步优化；临空经济成为城市经济的新支柱，临空经济示范区作用更加凸显；中转旅客比例超过25%，其中国内国际间互转比重超过80%；拥有完善的国内及全球航线网络，航班衔接度高。使广州国际航空枢纽建设影响力进一步提高，并逐步输出具有国际影响力的机场管理服务，成为中国面向全球主要市场的大型门户枢纽，成为城市经济战略制高点和对外开放的前沿阵地。

表10-2 白云国际机场吞吐能力目标

	2017年	2020年	2025年
起降架次	42.5万	53.5万	61.5万
客运吞吐量（人次）	5700万	8000万	10000万
货邮吞吐量（吨）	160万	250万	350万

第三节 广州国际航空枢纽建设的主要策略

一、国际化策略

1. 加强机场国际化能力建设

着力改善机场和地面相关设施的国际化服务水准，积极引进国内外大型航空公司和综合物流服务商，鼓励和支持航空公司持续拓展国际航线，增强航线网络覆盖面和通达性，提升机场国际旅客中转服务能力和国际货运中转能力。

2. 积极推动航空国际合作发展

以国际旅客、国际物流、国际航线、国际航空公司、国际化服务体系为重点，探索开放第五自由权，开展第三方代码共享，借助外航力量巩固本国航空枢纽的国际地位，加速提升广州国际航空枢纽国际化水平。

二、规模化策略

围绕解决阻碍航空业规模化发展的瓶颈性因素，全方位推动广州国际航空枢纽的建设。

1. 尽快完善机场扩建相关工程

推全面优化升级T1航站楼基础设施和服务水平，加快推动第4、第5跑道以及T3航站楼等机场基础设施建设，增加机场货运设施和资源供给，提升白云国际机场的承载能力。同时，积极推动广州第二机场建设，争取尽早形成"一市两场"的民航机场体系。

2. 大力解决白云国际机场的空域使用问题，争取更大的空域使用范围

广州空域空港众多，航线繁忙，进出港航班流量大，加上广州驻军空域使用的特殊要求，使广州白云国际机场的空域使用受到限制。因此，应从更高层级上协调好珠三角军用机场和民用机场的空域使用关系，遵循科学技术发展趋势，兼顾各方诉求，适当调整军用机场的布局和民用机场的选址。

3. 谋划在广州周边城市并购或建设支线机场，形成更多为白云国际机场旅客集散服务的支线机场

例如，可以考虑与博罗、河源、汕尾、阳江等城市合作参股共建支线机场问题，形成布局合理的"一城多场"的机场群，实现从"城市机场"到"机场城市"的转变。积极推动广州第二机场选址建设，不断增加机场承载能力，以满足未来客货运流量增长需求，保证机场吞吐能力始终保持在世界先进水平。

三、便利化策略

1. 航空政策便利化

国际航空枢纽建设需要多方面的政策便利协同，否则会形成各领域的相互掣肘、相互扯皮，浪费资源，降低机场的运行效率。因此，需要从航空公司联营、空中交通管制运营、边检海关协调、航空运价调整等方面提供便利的政策支持。

2. 完善航空口岸通关环境，积极探索运用新技术提升口岸通关效率

进一步推动旅客签证政策优化，探索建立城市候机楼，创新旅客中转和异地值机监管模式，争取旅客国际中转过境手续简化。支持增强航空口岸一线执法力量，以适应航空业务规模增长。借鉴新加坡、迪拜等机场经验，探索对中转货物实行抽样检验、快进快出的运营监管模式，提升货物中转效率。

四、一体化策略

1. 推动粤港澳大湾区及邻近省份机场的一体化运营

推动粤港澳大湾区机场的国际航线合作和资源共享，建立合理的利益分配分享机制，形成良性合作、互补发展的格局。建立科学的客源组织机制，强化与湖南、江西、福建、海南、广西等周边省份的航空联系，充分借助高铁网络，形成充分的客源集聚优势。

2. 着力构建以机场为龙头的一体化地面综合交通运输体系

加快完善机场与广州北站、广州南站、南沙新区等主要地面交通枢纽的轨道交通和快速运输体系，主动融入广州国际综合交通枢纽网络当中，形成以机场为中心到中心城区半小时生活圈、珠三角1小时经济圈、泛珠三角3小时经济圈，提升机场与城市融合深度以及与腹地的互联互通能力，不断增强机场对区域客货运资源的集聚和中转能力。

五、智慧化策略

第一，利用大数据技术，挖掘航空数据资源，开展广州机场体系战略布局研究，精准把握国内外航空枢纽建设的大势，为广州国际航空枢纽建设提供前瞻性、战略性支撑。

第二，推进空管新技术的应用，从更大的关联机场范围里获取空中交通管理信息，建立完善的空管保障体系，合理调配时刻资源和空域资源，提升航班起降架次和准点率。

第三，充分人工智能、信息技术等优势，全面推动"互联网＋机场"模式改造升级，为旅客提供便捷易懂的航班信息、位置方向信息、登机口步行时间及距离信息、机场布局信息以及其他信息咨询等，建设智慧机场。

六、枢纽化策略

第一，充分发挥区位和航线优势，围绕建设国内转国际、国际转国内、国际转国际和国内直达的航线网络，支持国内外大型航空公司优先发展国际长航线和国际国内中转衔接航线，吸引国内外公务航空运营机构及配套服务机构在本市开展业务；促进全服务与低成本航空协调发展，加快提升白云国际机场作为国际、国内客货运资源转换枢纽能力。

第二，推动各类航空经济平台建设。发展航空金融租赁业务，开展航空航天技术展览与交易、航空产品展示和体验，形成枢纽市场辐射型的航空经济平台；发挥航空经济平台的集聚效应，促进航空枢纽的集散功能。

七、产业化策略

第一,发挥机场带动作用,依托空港经济区建设,加快培育和引进航空关联产业,形成集聚效应。加快推进空港经济区与清远、佛山等周边地区的融合发展,探索通过开放合作突破空港经济区行政边界限制,做大做强空港经济,形成强大的地域产业集群。

第二,促进航空产业与全市产业体系的融合发展。把航空航天制造、航空物流、航空旅游、航空服务等航空产业嵌入到全市高端高新高质产业体系当中,实现航运产业与城市经济发展深度融合,强化航空产业链条的根植性。

八、集群化策略

第一,把握国家推进"一带一路""粤港澳大湾区""大珠三角经济区"建设的契机,支持白云国际机场与香港国际机场、澳门机场、深圳机场、珠海机场以及省内其他干支线机场共同合作申请空域管理、航权分配、时刻资源市场化配置等政策支持,落实国家低空空域开放政策,推动公务航空、城市公共服务飞行等通用航空领域合作,形成共生共融的发展新模式,打造世界级机场群体系。

第二,联络东南亚、南亚及中东欧有实力的航空公司,借助南方航空等基地航空公司,开展航空战略合作,实现航线拓展、客货源组织、信息共享、航空产业技术应用等领域紧密联系和交流,建立东南亚、南亚及中东欧等不同地域的航空合作集群,形成据点式航空发展格局。

第十一章

建设广州国际航空枢纽的主要路径和政策建议

第十一章　建设广州国际航空枢纽的主要路径和政策建议

第一节　建设广州国际航空枢纽的主要路径

一、加快推动航空基础设施体系建设

(一) 加快新机场体系建设

1. 加快第二机场的规划建设

当前，白云国际机场容量逐渐跑和，空域时刻资源日趋紧张，未来到2025年将会呈现超负荷运转状态。因此，前瞻谋划建设广州第二机场以纾解白云国际机场的压力、提升白云国际机场运营效益已经得到省市政府及社会各界的普遍认同。然而，有关广州第二机场的选址与建设却一直悬而未决，成为媒体及社会高度关注的热点话题。由于新机场从选址论证、施工建设到试航调试再到投入运营通常需要耗费5～10年的时间，因此，尽快确定广州第二机场建设方案尤为紧迫。要抓紧推动广州第二机场（珠三角新干线机场）选址、规划和建设，并促成第二机场加快落地建设，争取2025年基本建成，推动广州由单一机场城市向"多机场"的城市转变。为此，还要积极争取相关部门的支持。机场建设涉及国家空管委、空军、国家民航局、省发改委、省机场集团公司等多个航空相关部门，因此必须建立与这些部门畅通有效的沟通联络机制，及时掌握空域改革、民航改革等顶层设计动向动态，积极争取相关试点政策以及更有利于广州的建设方案，为第二机场建设不断积累政策和舆论优势，促成第二机场加快落地建设。积极把握住第二机场建设与管理的主导权，最大化地发挥出第二机场对广州国建设际航空枢纽和国家重要的中心城市的作用。探索推进白国际机场与第二机场一体化运营，使机场之间各司其职、相互协作、共同发展，进而实现整体效益最大化。先行探索与惠州、佛山机场

建立机场联盟并开展航班航线合作,推动机场间便捷交通通道建设,逐步共享互认口岸、安检等地面服务,不断深入研究实施一体化运营的有效路径模式。积极与湛江机场、罗定机场、梅州机场、揭阳机场等支线机场开展合作,使之成为广州两大机场客运和货运的"喂给港",不断拓展延伸广州航空枢纽的腹地空间。各机场通过差异化战略进行功能分工,有效实现良性互动发展,力争将珠三角机场群打造成为以广州白云国际机场为核心的世界级机场群。

2. 加快通用机场体系建设

大力实施《广州通用航空规划(2016—2030)》,努力形成以一类通用机场为骨干、二类通用机场为支撑、三类通用机场为重要补充的结构合理、功能互补的通用机场体系。探索市、区两级政府及企业共同对广州通用机场等基础设施的投融资及建设模式,鼓励采取BOT、PPP等投融资管理模式,吸引社会资本参与通用航空基础设施建设。重点推动南沙通用机场和从化通用机场建设,鼓励社会及民间利用大型的建筑场所,建设直升机临时起降点/停机坪,如在庇护场所、医院、高速公路服务区、大型公交场站、酒店及私人住宅等设置直升机停机坪。同时配套发展固定基地运营商(fix base operator,FBO)、飞行服务站(flight service station,FSS)、飞机维修机构(maintenance repair overhaul,MRO)等的通用机场附属设施。此外,大力发展通用航空运营与配套服务、制造及关联产业,以规模化的通用航空市场牵动通用航空发展,形成集高效服务、高端制造、高能级辐射的通用航空产业体系。

(二)完善集疏运体系

1. 场内基础设施建设行动

(1)加快机场内基础设施建设。推动建设白云国际机场第四、第五跑道和东四、西四指廊以及第三航站楼,将广州北站打造成为第四航站楼(见图11-1);建设白云国际机场西侧大物流基地。借鉴国外先进机场经验,发挥机场和基地航空公司的积极联动作用,充分发挥南方航空作为白云国际机场最重要的基地航空公司在机场建设和运营的主导作用,将T2航站楼由南航主营,或者引入国际知名机场服务供应商提供相关专业化机场服务,提升机场国际化、专业化服务水平。

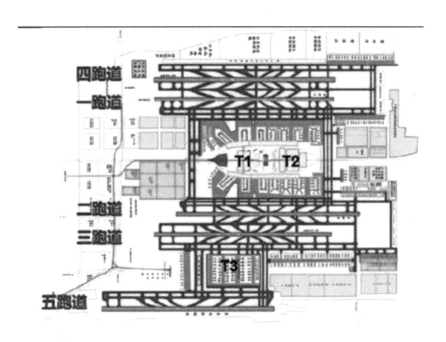

图11-1　白云国际机场远期规划:3航站楼+5条跑道

(2)加快机场智慧化改造,实现机场智慧安全、智慧运营和智慧服务。通过机场地理信息系统和统一智能安防平台的搭建,将与安全相关的系统联系起来,初步形成智慧机场的安全体系;借助机场的有线网络和无线网络覆盖,将各种识别、传感器和定位设备与业务系统连接起来,构建智慧机场的神经网络,实现安全风险自动化管理,提高智能监控水平。智慧运营,借用信息集成技术使原本孤立的空管、航空公司和机场的系统信息全面集成,搭建机场统一的信息平台,并为各保障单位提供较完整的关键保障环节数据支持;建立以航班流程为导向的进程监控体系,结合全流程数据实时监测,动态反映机场整体运行效率,为广大航空运输用户及各保障单位提供更为准确的航班动态信息及关键环节监控预警信息；加快电子虚拟候机楼上线运营，实现"购票、乘车、停车、值机、安检、服务、登机"等全流程信息化服务。智慧服务，利用新技术在提高旅客服务满意度方面做出新努力：加快自助值机终端、自助行李托运柜台建设让旅客避免了排队的麻烦，如通过手机 App 让旅客能够实时了解航班状态、登机口变更消息等；基于位置服务的旅客定位系统能够让机场更好的管理旅客流，提前发现流程瓶颈等；借助数据挖掘等先进技术形成特定服务的知识，并应用于旅客服务的全过程，从而形成机场特有的"智能化服务"。

2. 空铁联运建设行动

通过轨道交通建立白云国际机场与广州北站之间的快速联运，白云国际机场和广州北站将联合成为"空铁联运"的世界级综合交通枢纽。在广州北站打造第四航站楼，实现安检、边防与隔离区直接对接。旅客乘坐高铁到达广州后，通过穿梭轨道到达机场直接登机。通过空铁联运吸引泛珠三角的旅客来到广州乘机。发挥广州北站的疏解和筛选作用，形成空铁融合型经济体，建设成为全国首创示范区。

3. 地面交通建设行动

一是加快建设白云国际机场周边将形成的"四纵四横"高速路集疏运网络。"四纵"包括广清高速、机场高速—机场北延线—广乐高速、京珠高速、机场第二高速；"四横"包括肇花高速—机场北延线—北三环高速、花莞高速、北二环高速、华南快速三期—广佛肇高速。二是城际轨道建设。加快建设已规划的广佛环线及穗莞深城际，强化空港地区与广州中心城区、佛山地区以及广州南站客运枢纽的交通联系，增强对东莞和深圳地区的辐射能力。三是地铁建设。加快地铁九号线建设，快捷衔接广州北站，实现空铁联运。通过票价差异为机场乘客提供便利、快捷、舒适的公共交通。为提高便利性和舒适性，地铁增设机场乘客专用车厢，为携带大件行李机场乘客做出人性化车厢设计和服务，避免与普通站点上下客流造成相互影响。四是出租车、网约车管理。分散出租车和网约车上下客点，避免因集中带来的拥堵和排队时间长等问题。通过智能化交通系统，加强出租车和网约车的调度和管理。加强引导人员配备，在国际到达区域出租车站点安排外语服务工作人员，提升国际化服务水平。五是机场内部接驳建设。加强航站楼内部、与新建航站楼 T2、T3 之间以及机场与高铁北站的接驳交通。可借鉴新加坡、迪拜等机场使用的接驳轻轨，设计航站楼内部、航站楼之间科学、便利的中转线路；在每个路口有清晰的标志，并能够显示到达中转区域所需要的时间。六是打通良性微循环建设。"最后 10 分钟"是影响乘客旅程满意度最后一个也是最关键的一环。通过精细化管理和高品质服务可以提升打造机场区域微循环。

（三）航空货运体系建设行动

1. 加快航空货运基础设施建设

加快货物物流设施建设，包括现代化仓储设施，货物处理中心，保税物流设施，商务办公设施，现代化机械设备、智能化物流体系，加强冷链物流建设等。加快完善地面交通体系，逐步形成以机场为中心的发散式集疏运系统，提高空港物流聚散效率和能力。

2. 大力发展航空运输和物流产业

推动"超级货站"建设工作，大力引进国内外知名先进物流运营商，拓展航空货运业务，提升航空资源吸聚能力，把空港经济区建设成为世界级航空货运枢纽和转运中心以及亚太总部经济集聚区。

3. 建设智能化物流信息系统

充分利用条形码技术、数据库电子订货系统、电子数据交换等技术，不断完善空港物流信息系统以客户为中心，实现面向客户和代理人的市场销售、网上订舱、跟踪查询、客户管理、货代管理、航班保障、卡车航班和车队调度管理等，搭建信息交换平台，与海关及有关单位信息连接，整合供应链系统。

4. 延伸货运服务功能

针对航空货运产品的特殊性，提供多元化优质服务。在运输速度、员工服务、服务产品、高端客户管理、信息处理能力等方面以超前的服务理念和出色的服务意识,参与国际货运枢纽市场竞争,通过不断的服务创新以及在目标市场中提供区别于竞争对手的差异化服务,开拓新的国际货运市场。

二、推动广州国际航空枢纽合作发展

(一) 强化主基地航空公司培育发展

1. 大力支持主基地航空公司做成全球一流

全力支持南航等基地航空公司的发展,对南航以广州为枢纽新开国际客货运航线、白云国际机场国际货运予以有竞争力的补贴政策,在地勤保障、机位安排等方面优先保障主基地公司,而新落成的 T2 航站楼主要用于南航公司发展壮大。支持主要基地航空公司加快构建以广州白云国际机场为中枢的国际中转航线网络,联合民航管理部门,对以广州白云国际机场为基地的主要基地航空公司航线网络和航班波构建等给予政策支持,新增航班时刻分配上,优先用于支持主要基地航空公司发展中远程国际航线和配套国内航线的波峰时刻需求。

2. 谋划建立本土基地公司及航空关联环节企业

围绕做大做强航空经济,以打造产业链、价值链、产城融合为导向,引进或培育核心环节企业、关联类企业、配套企业、中介企业和组织大力发展相关产业链重点环节的企业,深入研究培育一家广州本土(广州国有控股)的基地航空公司;在航空物流、航材维修制造、通用航空、跨境电商、航空商贸会展、航空酒店旅游等环节,促进省属企业、市属企业等现有相关企业设立关联业务公司,培育广州本土企业,以广州腹地为主要市场,开展产业链、价值链整合,促进有实力的航空关联业务公司上市。围绕航空枢纽国际化、便利化、网络化发展,培育壮大航空院校和培训机构,引进机场管理咨询机构,大力提升机场地面公司服务效率,提升机场各类公司的信息化运营水平。

3. 支持国内外公司以广州为枢纽做大做强

围绕做大做强国际航空服务和组织网络、完善航空生态系统，支持以广州为区域枢纽、国际支点的国内外大型航空公司在广州引进大飞机、长远程国际航线，并在机场机位、航班时刻方面予以倾斜，积极开展国际航权谈判。加大对低成本航空发展的政策支持力度，支持低成本航空公司的灵活经营政策，在宣传营销、旅客值机、地勤保障等方面给予其在同类机场中更有竞争力的支持。支持生产服务类、生活服务类企业和机构围绕广州国际航空枢纽做强做优，吸引国际航空公司派驻机构、国际航空组织分支机构、航空燃油企业、货代公司、营销类机构、航材制造与代理机构等航空配套企业扎根广州，做大服务网络，共同构建广州航空生态链。

（三）促进临空经济大发展

以枢纽和空港经济区为双轮驱动，大力壮大临空经济。广州可借鉴新加坡、香港、澳门、法兰克福经验，形成"城市是机场的"之格局，充分发挥广州空铁联运的功能，吸引大型货运物流航空企业，打造亚太物流中心，依托空港构建具有全球高度的航空产业体系。

1. 重点发展四大航空产业集群

一是壮大航空物流产业集群。依托白云国际机场构建航空货运枢纽，加快白云国际机场"超级货站"建设，充分利用白云国际机场航空资源，以大型物流企业为引领，优先发展航空物流业；发挥南航、省机场集团等大型综合企业和顺丰速运等大型物流企业的引领带动作用，大力支持有实力的物流企业以广州为基地建立全球物流中心，积极争取白云国际机场综保区纳入自由贸易区，加快申请空港综合改革实验区，打造广州国际物流中心的重要支点，构建覆盖全球的航空物流网络。

二是航空维修制造产业集群。以 GAMECO 公司和新科宇航公司等大型企业为基础，引入和培育实力雄厚的航空维修企业、关键零部件制造商，扩大维修制造场库空间，引导上下游企业集聚，大力发展飞机配套零部件行业、航材制造、复合材料制造产业环节。依托飞机维修、客改货产业，促进融资租赁、航电维修、零部件制造、航材维修、航材制造、航材交易平台、飞机拆检、飞机零部件交易行业发展，形成全系列产品维修能力，打造国家级航空器和零部件维修产业基地以及全球最大的航空维修基地，以客改货为重点打造全球性飞机改装中心，提升广州航空制造、维修、改装产业的核心竞争力。

三是航空现代服务业产业集群。大力发展以航空枢纽和航空运输为依托的高新技术产业和现代服务业，充分发挥广州国际商贸中心的优势，重点发展航空总部、航空金融、融资租赁、商务商贸、会议展览、跨境电商、生物医药等诸多高端产业，打造成为"空中丝绸之路"的一个重要航空枢纽。四是通用航空产业集群。充分利用广州作为全国低空空域管理体制改革试点的政策优势，打造全国低空空域管理运行服务先行区，加快公务机场地布局建设，加快推动第四跑道前期研究及公务机第二期、第三期计划布局规划，加快建立以广州为枢纽的省内直升机运营网络，构建完善广州与香港、澳门之间的直升机网络，吸引有实力的通用航空企业落户，重点发展商务飞行、短途客货运、低空旅游、警务飞行、医疗救助、农业生产服务等通用航空业务，谋划中远期内成为全国第一、世界一流的公务机枢纽。

2. 构建以广州为中心的航空经济版图

一是谋划打造南沙航空组织和服务功能区。充分发挥南沙区位优势、政策优势、制度开放优势、枢纽优势，以珠三角和华南区域为首要服务腹地，大力发展国际货流、客流中转，联结周边五大机场，促进香港、广州、深圳、东莞等周边海陆空枢纽在海铁联运、空铁联运、空海联运等领域的共享合作，促进机场海关、口岸、地勤服务等机构布局南沙，建设南沙至白云国际机场快速轨道交通，吸引国际航运、航空、海事组织服务机构落户，将南沙打造成为珠三角乃至华南国际航空组织服务枢纽区域，成为辐射影响珠三角的服务枢纽。

二是强化华南腹地区域航空市场开拓与合作。联合国家航空管理部门，以国家战略要求和任务落实为使命，突出主辅枢纽的分工和功能，确立以广州为华南唯一核心枢纽的地位，以白云国际机场的国际枢纽优势，集聚华南区域的货流、客流、资金流，重点以珠江—西江经济带、粤桂黔合作区以及武广、贵广、沿海高铁经济带为腹地拓展区域，加快集疏运体系建设，力促空铁、陆空、空海联运，加快促进跨省域海关、口岸、通关一体化，布局异地值机网络，积极对以广州为始发枢纽、中转服务枢纽的贸易企业予以政策优惠、费用减免。突破航空枢纽的单一运输功能，通过与区域经济相互影响和渗透，形成带动力和辐射力极强的广泛的"临空经济区"，通过聚集人流、物流、资金流、技术流、信息流等优势资源，对区域经济社会发展产生强大的辐射效应，成为国家和华南区域经济增长的"发动机"。

三是建设"一带一路"航空枢纽。一方面，以广州航空枢纽为纽带，大力促进珠三角产能"走出去"。充分发挥白云空港区域国家战略优势、区位优势、口岸优势、政策优势、产业优势、体制优势六大优势，整合珠三角全球制造优势和产能优势，打破行政藩篱，降低运输和服务成本，协同珠三角地区构建完善的全球供应链超级基地，提升广州航空枢纽对珠三角的辐射带动作用，加上空铁联运、空港海港联动，使广州及珠三角地区成为国际公司在亚太区域青睐的首选投资区域。另一方面，以广州航空枢纽为"桥头堡"，吸引国际高度要素"走进来"。以国家与"一带一路"沿线的合作国家和地区的为拓展导向，以南航等主基地航空公司、外航航线为合作网络，加快第六航权更广阔范围的谈判，支持大型航空公司及关联企业国际兼并收购、联营联建联盟计划。积极吸引国际高端服务组织、国际高端高附加值产品、国际人才以广州为拓展中国巨量需求市场的"桥头堡"，近期要巩固广州作为中国到大洋洲、东南亚、南亚等地区的第一门户枢纽的地位。

3. 打造国际临空经济合作平台

一是建设跨境贸易平台。以广州国际商贸中心市场优势，"互联网+"集聚优势、空港综合保税区政策优势，以国家跨境电商综合试验区建设和白云国际机场综合保税区红线调整为契机，明确空港跨境电商集聚区功能布局，出台支持空港跨境电商产业发展政策，研究编制空港跨境电商集聚区规划建设方案，建立临空区域跨境贸易平台，以"一带一路"沿线国家和地区为重点，吸引更多实体体验馆、电商网上体验馆前来空港经济区注册。近期加紧开展中澳新韩自贸产业园建设，推动跨境电商体验馆尽快运营。同时，推动苏宁广州跨境电商项目落地综合保税区。

二是国际会展会晤平台。以广州在历次举办国际会展展览中积淀的雄厚基础和经验，建设临空商贸会展平台，培育和壮大一批本土通用航空博览会展及论坛活动，吸引国际航运组织分支机构在广州设立亚太总部，举办广州航空大都市经济高峰论坛、中国（广州）国际通用航空及直升机博览会、国际航空运动休闲娱乐高峰论坛、策划"一带一路"航空贸易博览会。积极承办国家或国际大型通用航空会展及论坛活动，如中国国际通用航空大会、中国航空培训及教育峰会、国际航空维修及工程技术展览会等活动。积极利用驻穗国际领事资源，常态化举办招商选资论坛、推介会等交流活动。

三是培训教育平台。吸引国际民航组织、飞行员培训教育类机构落户，支持航空企业与广州民航职业技术学院等民航相关院校合作办学，实施重大航空人才工程，加大飞行、机务、空管等紧缺专业人才培养力度。支持欧洲、香港航空培训机构来穗设立培训机构，开展国际合作办学。长期开展航空教育培训，举办航空专业技能、专业知识等培训班。搭建在线学习平台，整合高校、科研院所、航空企业等相关单位教育教学资源，供通用航空爱好者、从业者学习。打造广州成为国内领先、国际知名的航空人才教育、培训、认证中心。

四是航空金融服务平台。加快申请空港综合保税区纳入自贸区范围或自贸区金融政策延伸至空港经济区，鼓励有实力的航空企业设立航空金融分支机构，发展 SPV（special purpose vehicle，特殊目的机构）采购方式，吸引国内外航空金融服务企业。航空产业互联网金融平台、金融租赁、国际主权担保机构，金融与航空行业协会和中介机构注册广州，实现了航空金融产业链全覆盖，打造与广州国际航空枢纽匹配的航空金融平台。

第十一章 建设广州国际航空枢纽的主要路径和政策建议

（四）拓展航空网络合作

1. 发起设立丝绸之路空港城市联盟

提高与丝绸之路沿线机场城市航线网络互联互通水平，发起设立丝绸之路空港城市联盟，促进航空信息共享，加强对货物流向、贸易便利化、大通关等共同关心问题和重大课题研究的交流。在平等互惠的基础上，发挥联盟成员及所在国家与地区的资源优势，强化在机场开发建设、客货运、投融资和经营业务等领域的合作，共同打造航线密布、优势互补的沿线机场群体网络。以空港合作带动相关产业合作，增进与主要城市的商务和人员交流，形成开放、合作、协调、有序的空中丝绸之路利益共同体。

2. 推动白云国际机场股份有限公司"走出去"

积极推动白云国际机场股份有限公司与国内外主要机场签署战略合作协议或合作备忘录，积极推进临空产业开发、机场免税、智慧机场建设、机场运营管理、货运物流产业链拓展、航线拓展、旅游资源开发等合作项目。把握国家推动国际产能合作契机，支持白云国际机场股份有限公司加快"走出去"步伐，通过兼并、收购、入股或者新建等方式参与国外机场管理运营，努力成长为"全球性"的集机场运行管理、资产管理、投融结合、多元合作为一体的机场综合服务运营商。

3. 推动基地航空公司拓展航线与跨界合作

鼓励基地航空公司与国内外旅游城市开展战略合作，在市场、产品和销售能领域开展深度合作。积极推动"互联网＋航空"发展，促进航空公司与互联网企业在平台、支付渠道、会员权益等方面进行深度合作，共同参与移动航旅、民航大数据、互联网航空等项目投资，协同打造互联网航空公司，提高航空公司国际合作能力。支持基地航空公司加快国际投资合作步伐，兼并收购国际上其他航空公司、地面服务代理商、飞机租赁公司等，为拓展全球航线网络和相关业务奠定基础。

（五）实施国际化服务大提升行动

1. 国际中转市场建设行动

一是完善旅客/行李中转设施建设。将旅客/行李中转设施作为航空枢纽中转效率的重要保障，提高旅客满意度及航空枢纽竞争力。提前应对白云国际机场旅客吞吐量及行李处理量快速增长的趋势，对机场旅客/行李中转设施及早做出更新改造。以机场和南航为主导，积极协调空管、海关、边检、检疫等部门，通过科学合理的流程设计，实现到达和中转的旅客分流，尽快设立专用的中转行李分拣区、"通程航班"旅客候检区、中转旅客休息室等以满足广州国际航班大幅增长的需要。二是争取相关政策支持。作为改革开放前沿阵地和"一带一路"重要枢纽，争取广州尽快实施144小时甚至更长时间的过境免签政策，提高广州航空枢纽中转、衔接和辐射能力。尽快将机场口岸查验配套服务费改革纳入广州市全面试点工作方案，建立长效工作机制。进一步加大对"南沙自贸区"和"机场综保区"两区联动发展的政策推广和支持力度。

2. 多元化、人性化设施和服务改善行动

从不同语言、不同年龄、不同出行目的、不同宗教需求出发，提供多元化、人性化设施和服务。优先考虑旅客换乘交通的便捷性，使轨道交通和常规公交成为旅客到达和离开机场的主导方式，从而可以大大提高机场的旅客集疏运效率。在以客为尊、旅客至上的指导原则之下，提供人性化设施，如提供候机舒适的座位、婴儿推车、老年人残疾人推车、儿童娱乐设施、哺乳室、祷告室、吸烟室、上网设施等。提供增值服务，如打造花园式机场，让旅客在机场能欣赏到免费的花展、艺术展，展示广州历史文化名城形象等，使机场成为城市形象的窗口；为吸引国际中转旅客，为过境免签旅客提供广州半日游等。提供清晰连贯的多语指示标志，在每一个通道转折处，设立明显的多语种标示，让旅客轻松地找到要前往的闸口，在关键的位置设置各班机起降闸口一览表的电动标示牌，设置触控式的"互动"电子导引板，配备专职服务人员，随时准备协助旅客解决任何困

扰。在候机楼多处设置免费咨询电话,让旅客可以立即接通服务中心。提升"食在广州"的品牌,在机场打造万国美食城,满足来自世界各地人群的就餐需求。

3. 机场非航空功能建设行动

积极发展机场非航空功能,使其成为机场赢利的重要来源,成为增强机场竞争力的重要手段。机场的商业活动包括服务于旅客的商业活动、服务于航空公司的商业活动和其他经营开发活动。重点发展服务于旅客的各类商业活动,主要包括零售(陆侧和空侧)、餐饮、娱乐、租车、银行、酒店预订、问讯、搬运服务等,积极吸引客流以保证商业效益;大力发展服务于航空公司的商业活动,主要包括地面服务、办公设施和场所,其他经营开发活动包括房地产开发、展览展示和为观光游客提供的服务设施。借新加坡机场和迪拜机场的经验,在新航站楼和新机场设施规划和设计时,就应将商业规划和开发的理念引入其中,为商业活动提供充分的发展机会。管理价格水平、商品质量和业务范围等影响机场商业服务质量和收益的因素,使机场成为乘客甚至非乘客愿意来消费和购物的地方。

4. 国际化航空服务品牌打造行动

借鉴迪拜国际机场品牌战略发展经验,提升广州国际航空枢纽的竞争力,打造具有广州特色的国际化服务品牌。结合广州城市形象发展目标和在整个航空市场中所处的地位,制定一整套长远的品牌战略,找准品牌定位,将广州城市文化特征作为品牌文化的支撑,通过有效整合和规范品牌战略在广州建设国际航空枢纽的各子战略中的地位,通过不断的宣传和广告手段,营造品牌实力、塑造品牌形象,通过差异化的品牌建设策略,打造服务完善的具有岭南特色的航站楼等。

第二节 广州建设国际航空枢纽的政策建议

一、推动军地、央地合作共建

（一）以国家战略定位争取国家支持

国务院印发的《关于促进民航业发展的若干意见》，提出打造北京、上海、广州三个功能完善、辐射全球的国际航空枢纽；在国家发布的《推动共建丝绸之路经济带和 21 世纪海上丝绸之路的愿景与行动》中，也明确提出要强化"上海、广州等国际枢纽机场功能"；国务院批复广州市城市总体规划，赋予广州广东省省会、国家历史文化名城、我国重要的中心城市、国际商贸中心和综合交通枢纽的定位。由此可见，建设国际航空枢纽是国家赋予广州的战略任务。广州要坚持以国家战略定位，寻求国家层面的战略支持，要将国家支持广州国际航空枢纽建设的各项政策落到实处；积极沟通国家相关领导人、国家空管委和相关部门，特别是在空域资源保障、航空经济发展和重大项目支持、航空管理改革、海关监管、口岸便利制度改革等方面要优先以广州为先行先试区域。以广州临空经济示范区获批为契机，协力推动国家航空综合改革试验；同时，考虑将综合保税区扩园及纳入自贸区，打造"一带一路"的重要支点。

（二）积极争取广东省支持

广东省"十三五"规划明确提出要发挥白云国际机场航空枢纽作用，因此，要积极寻求广东省的全力支持，解决好珠三角、广东省机场群之间的功能分工、枢纽机场和支线机场的服务范围，要积极联合广东省向国家相关部门建立广州航空枢纽的共建机制和领导机制。要积极争取广东省对广州航空经济区的财政、税收、金融、人员等要素方面的支持,从而巩固和发挥广州作为省会城市、珠三角世界级城市群核心城市的作用。

（三）构建部、省、市合作机制

学习借鉴上海航空枢纽建设、郑州综合改革试验区建设、天津空港经济区建设方案策略经验,积极与国家相关部委、民航局等机构沟通协调,加快谋划成立推进广州航空枢纽建设联合领导小组,成员应包括国家有关部门、部队、广东省、广州市有关方面的负责人。要谋求以广州为先行区域,促进民航局加快落实《关于进一步深化民航改革工作的意见》的主要任务。要创新合作方式,积极联合国家发改委、民航局等部门共同编制《广州航空枢纽战略规划》,战略定位、发展目标、空间布局、建设重点、政策支持、体制机制创新等内容。促进民航局和广东省政府、广州市政府联手建设广州国际航空枢纽。

（四）构建军地合作机制

积极沟通国家领导人、军委部门,抓住国家军民融合发展战略实施的机遇,积极参与制订珠三角地区空域优化方案和优化军民航机场布局,从长远解决白云国际机场空域制约问题。共同寻求谋划改革方案,与空域管理等部门联合开展空域优化研究,促进形成《调整广州地区空域结构方案》,重点突破空域、时刻难题,争取珠三角航路航线结构和广州终端区空域结构整体优化,增加白云国际机场进离场航线和时刻容量,提升高峰起降架次,提升白云国际机场第三跑道使用效率,协调解决第四、第五跑道建设面临的空域使用问题。支持规划建设白云国际机场第二塔台、广州终端管制中心工程,共同保障广州作为中国三大枢纽之一的空域地位,保障广州在珠三角机场群中的核心枢纽地位。同时,广州还要积极全力做好改革先试过程中的其他保障工作。

二、优化航空政策体系

致力打造引领全国、具有国际竞争力的航空政策体系,以强有力的优惠政策集聚全球航空资源,提升广州国际航运中心、国际中心的地位。

(一) 税费激励政策

加大航线、航班补贴力度。对有关航空企业新开辟客货运航线航班、航线给予国内有竞争力的补贴、机场使用费减免。例如,新开一条国际航线补贴不少于3000万人民币、起降费第一年全免。对航空公司、航空货运代理企业、客货销售代理企业等有关单位开拓客货运市场给予奖励,简化审核程序,及时兑现。

建立有全球竞争力的收费服务体系。对以广州白云国际机场为主基地的航空公司的起降服务费、停场费、旅客过港服务费、运输服务费(地勤类)、安检费予以大力优惠。对以广州为国际中转枢纽的外航公司的起降费、停场费、地面服务收费(基本费率)、旅客行李和货物邮件安检费、飞机安全警卫费予以有国际竞争力的优惠支持。

改革企业固定资产折旧方法。鉴于航空企业技术进步、产品更新换代较快以及常年处于强震动、高腐蚀状态的状况,允许空港经区内企业固定资产缩短折旧年限或者加速折旧。

争取广东省政府债券资金的分配向空港经济区适当倾斜;支持国有投融资公司参与空港经济区建设,对其基础设施建设贷款融资给予财政贴息,对其信托融资、租赁融资、企业债等直接融资费用给予适当补贴。

争取国家、广东省政府支持,对设在空港经济区、保税区的飞机维修劳务增值税实际税负超过6%的部分实行即征即退政策。

争取空港经济区企业从事公共基础设施项目的投资经营所得,自设立后的第1年至第3年免征企业所得税,第4年至第6年减半征收企业所得税。

争取空港经济区内增值税一般纳税人购进或自制固定资产符合规定的可抵扣进项税额。

(二) 投融资政策

设立产业发展基金,运用政府股权投资引导基金,吸引社会资本通过参股等方式,扶持在空港经济区内设立创业投资企业和产业投资基金,主要用于扶持主导产业和金融业发展。

鼓励社会资本参与空港经济区建设,推动央企、省属企业和民营企业等各类投资主体,以"建设—移交"(build-transfer,BT)、"建设—运营—移交"(build-operate-transfer,BOT)、"转让—运营—转让"(transfer-operate-transfer,TOT)等模式,参与空港经济区基础设施项目建设。

对航空经济关联度高、带动作用强的重大项目,在资金和政策扶持上实行"一事一议、一企一策、特事特办"的办法。

支持航空物流企业和融资租赁公司发展。对符合条件的航空物流企业,按航空物流集货量,在一定时间段财政给予一定补助。对入驻空港经济区的融资租赁公司按融资租赁规模等,市财政给予一定数额的补贴。

(三) 口岸通关便利化政策

推进白云国际机场"大通关"建设。争取尽快实施144小时或更长时间的过境免签政策,扩大白云国际机场旅客过境免签证、通程值机政策的实施范围,优先将"通程航班"政策适用范围扩大至南航等主基地航空公司全部经广州中转的航班。充分利用外籍旅客过境免签证政策、国际中转旅客24小时免检政策,推出免签过境旅客免费"广州1~3日游"项目,提高广州空港枢纽的中转、衔接和辐射能力,发挥航线网络的规模效应。

促进泛珠三角区域通关一体化。争取国家支持,推广广东省通关一体化做法和经验,以泛珠三角广东、福建、江西、广西、海南、湖南、云南、四川、贵州9个省(区)为试点区域,加快9个省的通关一体化。

继续完善"单一窗口"、电子口岸建设。强化广州电子口岸领导小组的功能,加快落实电子口岸在各类关检环节和相关政府部门的全覆盖和一体化,加快落实完善海关和检验检疫部门"一次申报,一次查验,一次放行"通关作业模式,出重拳打破信息孤岛和利益垄断,加快打造空港、海港、航空航运公司、口岸各部门信息化共享,提高通关效率,优化通关环境。

扩大、完善通程航班旅客候验区。加快机场改造,加快努力扩大白云国际机场入境通程航班旅客候验区面积,尽快进行流程改造,满足海关监管要求,有效提升程航班的海关监管效率与服务保障能力。T2航站楼应建设专用的通程航班旅客通道与旅客候验区。还要派驻工作人员以缓解口岸部门人力不足问题。加快建设第六航权旅客休息室。

推动机场综保区区港一体化运作。争取白云国际机场综合保税区创新区港一体化海关监管模式,推动口岸货物与保税货物实现同步运作。

加强白云国际机场口岸建设。充分发挥白云国际机场综合保税区的带动作用,支持在机场建立跨境电商便利通关试点,增设T2航站楼国际口岸服务功能。

(四)人才保障政策

开展广州航空人才规划。把握国际航空枢纽建设的战略导向,补齐短板,将人才队伍建设提升至战略高度,尽快开展航空人才规划,完善航空人才配套政策。

支持民航业人才队伍建设和人才交流,市属部门、空港部门要与基地航空公司、机场运营管理单位互派干部,挂职交流锻炼。

支持基地航空公司和白云国际机场引进飞行、机务等的紧缺专业人才,对个人所得税属可税前扣除的应扣尽扣,或将留成地方部分的税额予以50%返还。

建设高等级航空综合院校。整合航空教育院校资源,努力打造一所国内外知名的航空综合性院校。搞活办学模式,加强航空重点学科建设,开展跨专业、复合型高级航空人才培养。

第十二章

建设广州国际航空枢纽的核心区：空港经济区创新发展

第十二章 建设广州国际航空枢纽的核心区：空港经济区创新发展

空港（临空）经济区是从空港综合体（Mckinley，Conway，1965）的概念演进而来的。它依托航空枢纽和现代综合交通运输体系，提供高时效、高质量、高附加值产品和服务，集聚发展航空运输业、高端制造业和现代服务业而形成的特殊经济区域，是民航业与区域经济相互融合、相互促进、相互提升的重要载体。广州空港经济区以白云国际机场为核心，从航空维修与制造业、航空物流业、跨境电商业、通用航空业、飞机租赁业、航空总部商务等航空产业发展，进而集聚商务、休闲、娱乐、物流、制造等产业，初步形成了"航空都市"雏形，成为广州经济发展的一个新增长点。

第一节 空港经济区的发展理论

关于空港经济区发展的理论，目前大多从其形成原因、空间形态、产业生态、成长阶段等方面加以阐述，大致可从以下五个方面归纳其发展理论。

一、"第五波"理论

"第五波"是由美国北卡罗来纳州大学工商学院教授卡萨达（Kasarda，1991）提出。这一理论认为航空将成为海运、运河和水运、铁路、高速公路等交通方式所带来冲击波之后的新一轮冲击波。由于航空这一交通方式的发展，机场尤其是区域性的枢纽机场将不再是传统意义上的单一的乘客集散地概念，而是基于人流、物流、资金流、信息流聚合与裂变形成的临空经济区。在航空这种高端运输方式的推动下形成高端制造、高端物流、高端产业相互促进、相互影响、互利共生的经济形态圈，驱动区域经济融合发展。这样，不仅催生空港经济这一新经济形态发展，由于机场及其周边区域成为全球生产和商业活动的重要节点，而且在区域经济发展中的引擎作用日益凸显，扮演着越来越重要的角色，成为引领城市和区域发展的重要增长极。空港经济在国外已成为成熟的经济发展模式，许多国家和地区都围绕大型枢纽机场发展空港经济，如爱尔兰香农镇空港、新加坡樟宜空港和荷兰史基浦空港等，均辐射、带动地区经济发展。

二、空港"圈层空间结构"理论

1. 航空大都市模型

卡萨达（Kasarda，1991）提出了一个空港地区空间结构的"航空大都市模型"。其基本的结构是由机场密切相关的、圈层分布的若干功能组团构成。这些功能组团包括机场核心区、物流与自由贸易区、仓储批发市场、工业园区、商务园区和居住区等，其间由机场快速通道穿过。（见图12-1）

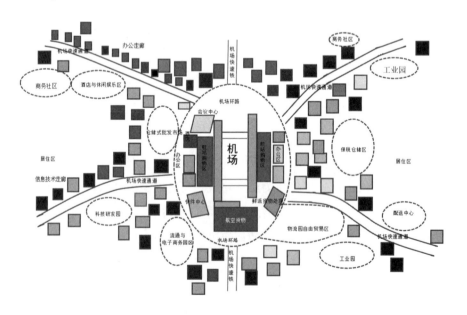

图12-1　卡萨达的航空大都市模型

2. 圈层结构理论

英国剑桥系统研究所 Weisbrod 等（1993）建立了航空港周围地区土地开发规划模型体系，依据不同产业与空港联系的紧密程度，提出了一个具有均质化假设的以机场为中心，由里向外的圈层发展空间结构，即从机场向外氛围空港区（机场核心区）、空港紧邻区、空港相邻区（亦称空港交通走廊沿线可达性地区）和外围辐射区（都会区内的其他区位）四个圈层。一般空港区的范围为机场区的1千米范围，空港紧邻区的范围为机场区周边5千米范围，空港相邻区为机场10千米，外围辐射区是指机场10千米之外的范围；在产业特征上一般体现在产业临空指向的强弱上，一般而言，空港区布局临空指向性最强的产业，空港紧邻区布局临空指向性较强的产业，空港相邻区布局临空指向性一般的产业，外围辐射区布局临空指向性较弱的产业。

三、临空产业经济理论

机场对现代经济具有很大的影响力，其影响已经超越区域、跨越产业，对现代制造业、物流业、企业总部和专业服务产生巨大吸引力。Glen E. Weisbord 等（1993）从空港对产业的集聚能力来区分空港产业，将空港产业分为四种类型：一是航空运输、货运代理、设备制造、通信制造等特别高度集中的产业，二是邮政与送货服务、药物制品批发等高度集中的产业，三是建筑、汽车租赁、出租车等中度集中产业，四是邮政及相关服务、计算机数据处理、旅游等越来越集中的产业。

四、"港—产—城"融合理论

曹允春、欧阳杰等认为，空港、航空产业、航空城是临空经济发展演进的相互关联的三大功能要素①，分别代表着交通系统、经济业态和功能分区的要素组成，三者相辅相成，成为一个融合系统。因此，机场地域范围的综合开发就是"港—产—城"三位一体的发展模式。从现实看，"港—产—城"协调对临空经济长远发展具有重要意义，不少地方只重视"产（业）"，缺乏与机场建设的有效协调，忽视空港新城的配套规划与建设，导致"港—产—城"三者发展不协调。在管理上，航空港区管委会与机场管理单位的协调不足，航空港区管委会只承担产业规划、招商引资、争取相关发展政策等职能，没有承担像教育、卫生、社会保障等社会公共职能，空港城发展不完善，因此，需要避免"港—产—城"割裂发展。曹允春等还从规模效应、结构完善性和协同机制三个维度，揭示了"港—产—城"一体演进的机理（见图12-2）。

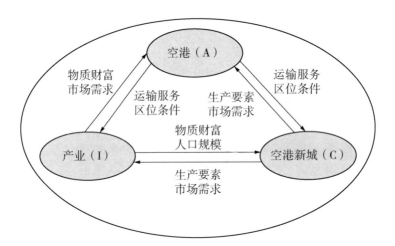

图12-2　曹允春等提出的临空经济区系统结构②

---

①　参见蔡云楠、李冬凌、杨宵节《空港经济区"港—产—城"协同发展的策略研究》，载《城市发展研究》2017年第7期，第32-40页。

②　参见曹允春、何仕奇、赵冰《临空经济区"港—产—城"一体化发展研究》，载《区域经济评论》2016年第4期，第56-64页。

五、临空经济成长阶段论

临空经济发展是一个逐步成长的过程。刘雪妮（2008）和曹允春（2009）依据航空产业发展水平及其对区域经济的影响方式，将临空经济发展分为三个阶段：一是以运输功能为主的形成期。这一阶段临空经济区主要承担传统航空运输功能，但航空配套服务产业，如航油供应、空管和海关服务、飞机维修、航空客货代理等已逐步形成。二是临空产业集聚的成长期。这一阶段的重要表征是机场规模扩大、客货运量增长、高附加值产业集聚。机场基础设施建设促进了资本和人力要素的聚集和流动，货运量增长促进金融服务业、货代业、综合保税、物流业、高端制造业等行业的快速发展，客运量增长提升区域关注度，促进会议展览、广告、商贸、餐饮、旅游等现代服务业的发展。三是城市经济发展的成熟期。这一阶段，由于临空基础设施的不断完善，各种航空相关产业不断积聚，企业的大量入驻，娱乐、休闲、购物、交通等诸项城市功能不断增强，机场航空运输服务、空港区域经济、城市经济环境相互融合，生活环境、交通环境、人文环境逐步改善，并形成以航空功能特色鲜明的新城区。

上述理论，对于谋划空港地区的经济发展，思考研究空港地区空间安排、产业布局及发展时序等都有着明显的指导作用。在具体的空港经济发展实践中，还需要结合空港经济发展的具体实际，加以整合运用。航空作为一种速度快、投资少、不受地方地形条件限制、能进行长距离运输的运输方式，适合于高档及外贸货物、远程客运和急需货物的运输。这种运输方式的特点体现在空港经济方面就是：第一，发展需要临近机场、对航空运输依赖较高的产业，并在机场范围内形成航空产业的链条，形成航空产业的集群的空间圈层结构。第二，航空运输一般为具有较高附加价值的产业，这样才能容纳相对较高的运输价格和人力（才）资源消耗，因而这些产业往往是高新技术产业，并形成特定产业集群。第三，航空运输的快捷达到方式，对于大尺度空间国家、跨国及全球范围的特定产业发展来说，是必备的条件。这就会使区域间航空港成为区域间、国际间产业供应链、价值链的相互依存的重要节点。因此，在较大的枢纽型机场周边会产生航空产业、航空关联产业、航空引致产业等产业集群的集聚发展。各类产业的综合发展及城市功能的配套，必然要求产业的协调发展，以及机场运营方、空港管理方乃至城市整体发展的全面协调匹配。因此，空港经济的发展是一个各种要素、各个系统不断相互匹配协调的发展演进过程。

第二节 广州空港经济区发展的建设进展与发展愿景

广州空港经济区是广州国际航空枢纽建设的核心载体。广州空港作为联通全球、通达世界的物理载体和标志性区域，是全球高端发展要素集聚吸附器，在参与和推动全球高端客流、物流、信息流、资金流、技术流在广州及华南地区快速集散过程中必将起到重要的作用。加快广州空港经济区发展是提升城市能级、强化城市功能、实现老城市新活力的必然要求。

一、广州空港经济区建设进展

广州市空港经济区依托白云国际机场、广州北站和大田铁路集装箱中心站，综合集聚多条高速公路、国道、轨道交通优势，在南起北二环高速、北至花都大道、东起流溪河、西至106国道—镜湖大道的区域及白云国际机场综保区北区和南区的范围内致力发展枢纽机场功能性服务业、国际空港配套性服务业、临空指向高端化制造业和航空相关科技服务业，努力建设成为具有国际竞争力的国际航空产业城、世界枢纽港。经过多年建设，已初步形成了较好的发展基础。

（一）国际枢纽功能逐步增强

加快机场及周边区域基础设施建设，初步形成功能完善、辐射全球、快速便捷、连接珠三角的综合交通枢纽网络。目前，T2航站楼已开通运营，白云国际机场综合枢纽功能显著增强，机场吞吐量稳步增长。2017年，白云国际机场实现旅客吞吐量6500多万人次，年国际旅客吞吐量1580万人次，增长明显。货邮吞吐量178万吨，机场高峰小时容量由2014年的65架次/小时提升至71架次/小时；国际客货运通航点由70个增至90多个，增速较快。

（二）临空产业集聚态势初步形成

加快引进航空维修与制造业、航空物流业、跨境电商业、通用航空业、飞机租赁业、航空总部商务等类型产业项目，截至2018年已进驻企业11728家，初步形成产业集聚的形态。吸引东方航空、九元航空、深圳航空等一批航空公司；集聚顺丰速运、敦豪、中远、中外运等国内外物流龙头企业，现已经聚集200多家航空物流企业，并建立了以空港为中心的现代化物流体系；支持广州飞机维修有限公司、新科宇航等企业拓展业务范围，将原有业务领域拓展至飞机部附件维修、客机改造货机等。（见表12-1）

表12-1 广州空港经济区产业集聚基本情况

引进产业类型	具体项目	产业集群及基地
航空维修与制造业	空客、波音的飞机客改货项目	建立广州飞机维修工程有限公司（GAMECO）的飞机附件维修基地，初步形成全国最大飞机维修基地和全球最大飞机客改货基地
航空物流业	美国联邦快递，独立注册，引进DHL、顺丰、唯品会等	建立物流基地，初步形成全国最大空港物流中心

续表 12-1

引进产业类型	具体项目	产业集群及基地
跨境电商业	入驻机场综保区跨境电商企业逾千家、商品备案项数超过10万种，覆盖BBC进口、BC出口等5种跨境电商业务	机场口岸跨境电商业务已连续4年居全国空港首位
通用航空业	引进本田公务机、亚联公务机、法国优德士集团（UUDS）等10多家国内外商务航空服务公司，30多家客户提供1100多架次的航班保障服务	商务航空服务基地
飞机租赁业	租赁飞机36架，货值约28亿美元；同步拓展航空租赁业务范围和规模，成功引进5台飞机发动机	初步发展飞机租赁的支持行业
航空总部商务	南方航空、九元航空等主基地航空公司，以及东航广东分公司等78家航空公司，其中国际及地区航空公司50家	进驻一批国际知名的商务航空运营商及行业领头企业，商务航空服务基地

（三）对外贸易便利化水平稳步提升

健全跨境电商业务模式，将机场综合保税区发展成为国内跨境电商业务模式最丰富的区域；创新监管机制，首创国内跨境电商溯源平台和"分级管理机制"双支撑的监管新模式，全面提升空港跨境物流效率；降低运营成本，率先推动跨境电商进口商品检测费和空港查验服务费改革，多措并举促进跨境电子商务产业健康、快速发展。进出口贸易水平稳步提高，2017年机场综合保税区进出口总额达150亿元，空港口岸跨境电商进出口总值达37亿元，入驻机场综保区跨境电商企业逾千家、商品备案项数超过10万种。

（四）基础设施建设得到加强

加强规划引领，做好统筹谋划，推动全区市政基础设施建设。目前，穗莞深城际新白广段等轨道工程正抓紧施工；9号线花都经高增至航站楼段已投入运行；地铁3号线北延至T2航站楼段已与T2航站楼同步投入使用；机场第二高速、广州北站至白云国际机场快速通道已开工；全面启动空港经济区起步区和总部经济区内部循环道路建设，分别制定了《起步区拆迁安置及留用地方案》和《起步区近期开发建设工作方案》，空港大道、新106国道、钟港大道等跨区域道路正开展前期工作；机场北出口主干道飞粤大道和迎宾大道升级改造项目，以及清水河景观提升项目建设已完成，龙港路、花联路等12条支路的开工准备工作正加快推进。

二、广州空港经济区的发展优势和发展愿景

（一）广州空港经济区发展的主要优势

临空经济发展条件应具备优越的区位条件、丰富的航线网络、良好的硬软条件、殷实的市场基础、完善的配套设施和良好的政策环境。从广州发展临空经济的具体条件来说，具备以下四个方面的突出优势。

1. 突出的枢纽转换能力

广州空港经济区依托白云国际机场世界级航空枢纽。该枢纽是我国的三大国际枢纽机场之一，是华南、西南、中南地区唯一的复合型航空枢纽，也是国内第一个按照国际中枢机场概念来设计和建造的机场，已建成两座航站楼、三条跑道，机场第三期扩建工程也正在谋划推进之中，航站楼、货站、飞行区的硬件设施和信息系统都将达到世界领先水平，具备年运送旅客1亿人次以上和货邮吞吐300万吨以上的设计能力，为国内外客货中转流动提供了充分的基础条件。目前，已经建立起了高品质的转换实体，联邦快递全新亚太区转运中心已运行多年，是亚洲规模最大的货物转

运设施之一，开通32条国际航线，可直飞144个国际航点，将广州、华南等地与全球220多个国家和地区联结起来。DHL、穗佳、顺丰等物流企业将广州国际航空的网络深入本土和国际，形成突出的空地、空空转运能力，将助力空港地区成为全球高能级生产要素的集聚地和资源配置中心。

2. 较好的航空产业基础

白云国际机场是广州最主要的基地航空公司——南方航空所在地。南航是中国运输飞机最多、航线网络最发达、年客运量最大的航空公司，目前南航运营客货运输机500多架，机队规模居亚洲第一，是全球第一家同时运营波音787和空客A380的航空公司。拥有新疆、北京、大连、深圳、黑龙江、吉林、湖北、湖南、海南、广西、珠海、台湾等13个分公司和厦门、汕头、贵州、珠海、重庆、河南6家控股子公司，在国内外重要城市设立了17个国内营业部和49个国外办事处；每天有近2000个航班飞抵全球超过40个国家和地区，190个目的地。在飞机维修方面，南航广州飞机维修公司（GAMECO）有3个维修机库，已跻身世界十大飞机维修机构之列。新科宇航飞机维修基地规划建设8个机库，远期可达15个飞机维修机库，成为全球最大的飞机维修基地。飞机维修产业作为科技含量极高的产业，对于相关的航空服务业和航空制造业都会产生较好的示范引领作用，并推动本地临空经济的发展。

3. 较为优越的政策环境

2010年国家批准设立了面积达7.39平方千米的广州白云国际机场综合保税区，该保税区成为目前政策最优、功能最强、层次最高、手续最简的海关特殊监管区域之一，享受一系列保税优惠政策。广州市也出台了《广州白云国际机场国际货运航线财政补贴专项资金管理暂行办法》，对广州始发的国际货运直达航线予以财政补助。广州空港经济区管委会还出台了《关于促进跨境电子商务健康快速发展的实施意见（试行）》《跨境电子商务专项资金扶持政策实施细则（试行）》和《广州临空经济示范区重点产业指导目录（2019版）》，对临空产业发展起到重要的引导和支持作用。

4. 巨大的腹地优势

粤港澳大湾区是由香港、澳门两个特别行政区和广州、深圳、佛山、东莞、珠海、惠州、江门、中山、肇庆九市组成，是国家建设世界级城市群和参与全球竞争的重要空间载体，是与美国纽约湾区、旧金山湾区和日本东京湾区比肩的世界四大湾区之一。广州空港经济区处于大湾区的核心地带，有着吸聚粤港澳大湾区发展资源的天然优势，可以依托珠三角这一全球最大的出口产品加工基地和我国乃至亚太地区最具活力的经济区之一。《粤港澳大湾区发展规划纲要》提出了建设"充满活力的世界级城市群、具有全球影响力的国际科技创新中心、'一带一路'建设的重要支撑、内地与港澳深度合作示范区和宜居宜业宜游的优质生活圈"的战略定位和目标。高度发达的腹地经济、充满活力的市场化发展环境以及巨大的航空运输消费需求，必将促使广州临空经济不断发展壮大。

(二) 广州空港经济区发展的主要挑战

1. 航空产业的区域竞争日益激烈

广州空港经济发展来自两大方面的地域竞争，一是新加坡、东京、仁川、曼谷等亚洲主要枢纽机场实力雄厚，广州如何在参与国际的竞争者取得应有的地位，需要有更为精准的国际化战略作为支撑。如在航权开放方面，广州虽然作为低空开放的首批试点城市之一，但仍明显落后于亚洲地区其他"天空开放"的枢纽机场。二是粤港澳大湾区内部的竞争也十分激烈。广州、深圳、珠海、香港、澳门五个机场各具竞争优势，空域容量高度紧张，白云国际机场高峰小时的时刻资源已经全部饱和，主要航路运行容量已接近或达到饱和，空中交通拥堵和流量控制频繁发生；白云国际机场的航空相关产业、市场资源与其他机场竞争愈益激烈。如航空物流、快递业、商务航空、航空金融、航空电子以及通用航空制造、发动机维修、模拟机培训等产业的布局都与深圳、香港和珠海等机场重叠，竞争在所难免。

2. 航空产业规模和水平还不够高

虽然广州临空产业发展初步集聚，全国最大的飞机维修基地已经成型，全国最大的空港物流中心名副其实，飞机租赁实现广州零的突破。但总体空港产业发展的规模还比较小，水平有待提升。空港经济区产业集群尚未形成，航空产业链条不全，与地方差异联系很弱，难以孵化出大规模、高水平的航空产业集群，辐射带动作用不足。广州通用航空产业整体规模小、分布散，通用航空制造与维修、航空金融服务等发展不足，主要集中在运营和配套服务方面。非航空产业规划发展规划滞后，缺乏设施完备、具有强大吸引力的商业配套建设、酒店、娱乐设施，金融、保险、信息、会计、咨询、法律等方面服务的提供能力也较弱。

3. 综合交通网络体系还有待完善

空港经济区周边交通配套设施不足，与外部的连通设施、方便产业发展的人与物流接驳设施明显缺乏，临近的高铁北站与机场的衔接尚未有效实现空铁联运。与广州中心城区的连接也还不够，地铁3号线和9号线已把广州空港所在的花都区和白云区与广州市中心区连在一起，但高速公路、地铁线路的衔接短板问题仍然十分突出。与省内各地区虽已建立了25个异地城市候机楼，但轨道交通网络覆盖及与机场衔接明显不够，多式联运的态势还没形成，异地货站和卡车航班的运营模式还不成熟，航空运输"两头慢，中间快"状况还没得到根本改善。

4. 管理体制机制还须再创新

机场管理、空港管理及相关部门的管理协调不足。机场规划与空港规划的协调，联检单位通关服务效率，航空产业的补贴及激励政策，空港开放模式创新，空港整体形象塑造等方面都有待进一步完善、改进和提升。

（三）广州空港经济区发展愿景

广州空港经济要以世界级综合航空枢纽建设为引领，集聚发展航空维修与制造业、航空物流业、跨境电商业、通用航空业、飞机租赁业、航空总部商务等产业集群，优化产业布局，逐步发展成为全球综合交通枢纽、亚太重要物流集散中心、国家重要的航空经济示范区和华南地区重要的发展引擎和增长极，成为国内外具有高度投资价值、高度驻留吸引力的临空经济新区，建设具有国际竞争力的航空产业城、世界枢纽港。

1. 全球综合航空枢纽

提升机场航空运输服务和综合交通功能，拓展客货运网络航线，强化自身在珠三角机场群的主力机场地位，形成客流、物流、资金流、技术流、信息流和人才等要素资源集聚的中枢，打造功能完善、面向亚太、影响世界的综合航空枢纽。

2. 亚太重要物流集散中心

借助白云国际机场与高铁、高速公路和普通铁路的网络联系优势，充分发挥广州已有的联邦快递亚太转运中心等快递物流企业的带动作用，建设现代化航空物流园区，促进航空物流企业集聚发展，形成完善的现代物流体系，建成具有国内外影响力和品牌效应的亚太地区重要物流集散中心。

3. 国家重要的航空经济示范区

创新口岸通关、金融创新、简化审批等方面体制机制，推动货物通关、安全检查、金融发展等方面的效率提升；推动临空经济与周边区域经济的协同发展，以航空业创新发展为依托，推动现代服务业和先进制造业加速集聚；培育发展航空教育基地、特色民宿、城市候机楼、非遗文化展馆、艺术画廊、商业办公区、生态旅游区等功能区，形成空港文旅小镇；成就资金、人才、信息、技术等优质资源汇聚空港经济区的态势，努力成为国家航空经济创新发展示范区。

4. "海上丝路"生产和商业活动的重要节点

借助综合交通枢纽的优势，在现有产业基础上加快培育发展航空维修与制造业、航空物流业、跨境电商业、通用航空业、飞机租赁业、航空商务总部等主导产业集群，促进临空经济的集聚发展，并推动相关产业和服务向周边区域延伸，实现临空区域从"综合交通枢纽"向"经济枢纽"演变，与广州中心城区、珠三角乃至华南地区的联动发展，成为华南地区最具发展活力的区域,成为 21 世纪海上丝绸之路的生产和商业活动的重要节点。

第三节 广州空港经济区发展布局与建设路径

一、广州空港经济区的空间布局模式

(一)"一核三区"概念模型

按照航空大都市模型和圈层结构理论的空间关系,结合广州空港现有的空间布局,依从圈层空间次序和轴向空间安排,广州空港经济区的空间格局大致如下:一是核心圈层,即空港经济区核心区。安排航空核心产业,主要包括适航的相关产业布局,如机场航站楼、跑道及其他辐射设施,以及航空维修及制造产业集群区,吸引航空公司、物流企业、货代企业、飞机租赁、飞机维修等类型企业进驻。其中航空维修及制造与航空主业经营高度相关,需要核心区内外配合,可以由机场主导经营,进一步依托广州新科宇航维修基地和广州飞机维修工程公司,培育发展国内领先、国际一流的航空维修产业集群区,为航空制造业发展创造条件。二是空港紧邻区。在这一区域由于其临近机场,需要依据白云国际机场现有的布局状况,在东南西北不同方向上采取不同的产业集聚。东部地区农田较多,生态环境较好,临近流溪河,主要布局健康产业及高科技产业。西部地区主要为临空商务服务区,在与武广高铁广州北站联络中,借助空铁走廊,延伸深化空港商务经济发展功能。南部地区主要布局航空文化休闲及机场生活保障区,包括建设中的空港文旅小镇。其主要适应机场集团、驻场单位和产业园区企业对住宅生活的配套,建成一个具有较大影响力的航空文化休闲体验区,吸引航空博物馆、医疗健康、航空培训、休闲度假等经济

实体入驻。北部地区布局航空经济总部商务区。依托白云国际机场世界级航空枢纽，吸引会议展览、模拟机培训、商贸企业等机构入驻，形成航空公司总部经济、商贸流通、航空金融、空陆联运、公务机运营、租车等现代服务业等综合商务区。三是在空港相邻区及外围辐射区，借助空港交通走廊，辐射延伸至城市都会区，重点发展航空制造、生物医药、先进装备制造、未来科技、空间信息技术等行业。外围布局安排优质配套项目，通过交通走廊连接并将航空产业向外辐射，促进周边白云区、花都区及萝岗区协同发展。

二、广州空港经济区建设路径

（一）强化协调和政策引导，推动空港发展创新

第一，空港地区的管理涉及机场集团、空港管委会及驻空港相关单位，如海关、边防、检验检疫、质检以及相关的企业、投资者等不同的利益主体，需要进行跨地区、跨部门和跨行业的协作、协调，才能有效地推动空港地区管理效率及效益的提升，特别在土地使用、选址定位、规划布局、管理权限和投资渠道等诸多方面，都应统筹安排、通盘考虑，力避多头管理、无序竞争的局面。

第二，要积极推动发展创新。要按照《国务院关于促进民航业发展的若干意见》，积极推进航空经济示范区试点，争取在土地出让金方面给予价格优惠、放开金融租赁公司的融资渠道、允许境内机构设立境外SPV试点、减免有关行政事业收费及减免高管所得税、航空运输企业航权时刻特惠、实行保税维修政策、离境退税政策等方面实现政策创新和突破。[①]进一步加大改革创新力度，积极参与探索建设自由贸易区，全面复制推广

---

① 参见吴国飞、陈功玉《广州临空经济发展模式和具体思路研究》，载《国际经贸探索》2014年第12期，第60-69页。

自贸区政策，完善国际航空枢纽建设的政策保障。

（二）统筹谋划战略和规划，持续坚持实施

1. 空港地区的发展是一个涉及长远、战略性的安排

需要统筹谋划相关的发展战略及安排，做到战略上"站得高，望得远"，从长远目标出发，充分考虑机场地区未来发展的新要求，明确各功能区块的定位，统筹安排各区块的功能布局，与区域的整体布局保持一致，并预留发展空间，做到高起点、高标准整体规划。

2. 持续推动规划实施

对空港地区的战略规划布局的实施，需要保持足够的战略定力，要坚守每一次总体规划的成果，分步实施、滚动开发，不搞重复建设和浪费性的二次投资，提高空港地区规划的严肃性和规范性。

（三）积极推动临空产业发展，实现区位优化组合

在具体的详细产业发展安排上需要遵循市场规律，在选址定位、土地使用及区域组合诸方面实现协调。

第一，要协调好航空主业和航空经济发展的关系。要统筹机场航站区、货运区、飞行区及工作区协调发展关系，确保机场客流、货流、飞机流及工作人流等的井然有序及价值挖掘，酒店、办公、停车、餐饮、零售等航空服务业与航站楼、工作区的协同发展，仓储物流用地应与机场货运区、飞行区在空间上要尽量临近安排。① 充分发挥枢纽机场航空主业的聚集、吸引、辐射和带动作用，推动航空主业和航空经济产业互动发展，打造航空经济的产业聚集区。

第二，按照圈层发展的结构和机场布局的特殊要求，做好临空产业的布局。适应空港核心区、空港紧邻区和空港相邻区和外围辐射区的不同产

---

① 参见曹允春《临空经济区：空中丝绸之路的战略支点》，载《区域经济评论》2015年第5期，第75-77页。

业发展特性，如飞机后勤服务、航空货运服务、旅客服务以及航空公司办事机构应主要安排在空港核心区。另外，还要充分考虑产业的相容性问题，避免产业发展的冲突，包括噪声、净空高度等方面的要求，做好各产业区位的优化组合。

第三，优先推动临空经济示范区起步区开发建设，以点带面，逐步实现空港经济区发展重点突破、多点支撑。

（四）营造良好环境，树立良好的空港形象。

1. 完善交通基础设施

完善综合交通体系功能，尽快完成"三横五纵"高速路网及4条城际轨道、3条城市轨道、12条内部循环支路建设，推动空港地区顺畅实现"外部大集散、内部微循环"，改善空港交通设施形象。

2. 持续抓好机场区域环境综合整治

解决空港地区交通拥堵，根据客货交通源的分布、流向、流量，做好交通组织工作；针对空港地区部分路段、村庄脏乱差现象，开展重点整治；同时，建设好公园、绿带、广场等开放空间设施，打造优美的生活环境，① 营造"更干净、更整洁、更平安、更有序"的机场区域环境。

3. 进一步优化营商环境

空港地区营商环境是广州营商环境的重要组成部分，也往往成为广州营商环境的形象代表。为此，要积极优化空港地区营商环境，使之成为广州市内营商环境最好最优的地区之一。

---

① 参见刘廷川《海外航空城开发的成功之道及规划研究》，载《综合运输》2014年第4期，第71-79页。

参 考 文 献

[1] 《临空经济发展战略研究》课题组. 临空经济理论与实践探索 [M]. 北京：中国经济出版社，2006.

[2] 马少华. 机场卓越经营 [M]. 北京：中国民航出版社，2005.

[3] 中华人民共和国国家发展和改革委员会，中华人民共和国外交部，中华人民共和国商务部. 推动共建丝绸之路经济带和21世纪海上丝绸之路的愿景与行动 [M]. 北京：人民出版社，2015.

[4] 蔡云楠，李冬凌，杨宵节. 空港经济区"港—产—城"协同发展的策略研究 [J]. 城市发展研究，2017，24（7）：32 – 40.

[5] 曹允春. 临空经济区：空中丝绸之路的战略支点 [J]. 区域经济评论，2015（5）：75 – 77.

[6] 邓端本. 鸦片战争前的粤海关 [J]. 岭南文史，1984（2）：60 – 67.

[7] 龚峰，韩璐. 国内临空经济区的发展模式及资源禀赋的比较 [J]. 物流工程与管理，2017，39（1）：5 – 7.

[8] 付晓. "一带一路"倡议下我国民航建设国际航空枢纽的基础与对策 [J]. 产能经济，2018（25）：363.

[9] 顾涧清，李钧，魏伟新. 广州推进21世纪海上丝绸之路建设战略的目标与对策思考 [J]. 广东开放大学学报，2015（2）：28 – 33.

[10] 金碚. 论经济全球化3.0时代：兼论"一带一路"的互通观念 [J]. 中国工业经济，2016（1）：5 – 20.

[11] 卡萨达，阿波德，陈萍. 规划有竞争力的航空大都市 [J]. 区域经

济评论,2014(3):5-17.

[12] 卡萨达,卡农,黄菲飞,等. 规划高效发展的航空大都市[J]. 区域经济评论,2016(5):42-59.

[13] 卡赛德. 航空大都市:21世纪的商业流动性与城市竞争力[J]. 城市观察,2013(2):25-34.

[14] 李非,王晓勇,江峰. 临空经济区形成机理与区域产业结构升级:以广州新白云国际机场为例[J]. 学术研究,2012(1):74-80,160.

[15] 李晓江,王缉宪. 航空港地区经济发展特征[J]. 国外城市规划.2001(2):35-38.

[16] 刘廷川. 海外航空城开发的成功之道及规划研究[J]. 综合运输,2014(4):71-79.

[17] 陆林,陈振. 空港经济研究进展[J]. 安徽师范大学学报(自然科学版),2014(6):587-591.

[18] 吕斌,彭立维. 我国空港都市区的形成条件与趋势研究[J]. 地域研究与开发,2007(2):11-15.

[19] 宋伟,杨卡. 民用航空机场对城市和区域经济发展的影响[J]. 地理科学,2006(6):649-657.

[20] 宿凤鸣. 综合交通枢纽的典范:希斯罗机场[J]. 中国民用航空,2013(4):17-19.

[21] 孙红英. 广州市花都区建设国际航空枢纽核心区的战略思考[J]. 探求,2017(1):50-54.

[22] 孙延海. 国外临空产业发展新趋势[J]. 港口经济,2008(6):32-33.

[23] 王爱虎. 从海上丝绸之路的发展史和文献研究看新海上丝绸之路建设的价值和意义[J]. 华南理工大学学报(社会科学版),2015(1):1-14.

[24] 王飞. 清代十三行贸易和恰克图贸易比较研究[J]. 经济问题,

2018(3):96-99.

[25] 王征.论虹桥国际机场在上海空港枢纽建设中的定位[J].民航管理,2017(5):49-54.

[26] 吴国飞,陈功玉.广州临空经济发展模式和具体思路研究[J].国际经贸探索,2014,30(12):60-69.

[27] 吴振坤.基于区域战略的国际航空货运枢纽竞争力研究[J].港口经济,2016(6):5-9.

[28] 谢群.广州空港经济区的跨越式增长[J].商场现代化,2017(21):164-166.

[29] 张宁,韩德强,陈蒂.我国发展国际航空枢纽的战略思考[J].综合运输,2011(10):23-27.

[30] 张占仓,孟繁华,杨迅周,等.郑州航空港经济综合实验区建设及其带动全局的作用:河南发展高层论坛第60次会议综述[J].河南工业大学学报(社会科学版),2014(9):65-69.

[31] 赵冰,曹允春,沈丹阳.港—产—城视角下临空经济的新模式[J].开放导报,2016(2):70-74.

[32] 周少华,韦辉联.临空经济的主要发展模式[J].中国国情国力,2009(11):57-59.

[33] 佚名.广州将与世界主要城市建立"12小时航空交通圈"[J]中国产经,2017(10):80.

[34] 陈晓,苏力,关悦.广州跨境电商进出口,连续4年居全国第一[N].南方日报,2018-02-09.

[35] 何国柱.南航广州国际航空枢纽建设战略研究[D].桂林:广西师范大学,2013.

[36] 马暕.基于产业属性的道路运输市场规制研究[D].西安:长安大学,2014.

[37] 孙志强.首都国际航空枢纽建设的对策研究[D].北京:对外经济贸易大学,2007.

[38] 中华人民共和国商务部国际贸易经济合作研究院,中国驻阿富汗大使馆经济商务处,中华人民共和国商务部对外投资和经济合作司.对外投资合作国别(地区)指南:阿富汗:2018年版[R/OL].(2019-01-29)[2019-01-30]. http://www.mofcom.gov.cn/dl/gbdqzn/upload/afuhan.pdf.

[39] 中华人民共和国商务部国际贸易经济合作研究院,中国驻卡塔尔大使馆经济商务处,中华人民共和国商务部对外投资和经济合作司.对外投资合作国别(地区)指南:卡塔尔:2018年版[R/OL].(2019-01-29)[2019-01-30]. http://www.mofcom.gov.cn/dl/gbdqzn/upload/kataer.pdf.

[40] 中华人民共和国商务部国际贸易经济合作研究院,中国驻阿曼大使馆经济商务处,中华人民共和国商务部对外投资和经济合作司.对外投资合作国别(地区)指南:阿曼:2018年版[R/OL].(2019-01-29)[2019-01-30]. http://www.mofcom.gov.cn/dl/gbdqzn/upload/aman.pdf.

[41] 中华人民共和国商务部国际贸易经济合作研究院,中国驻黎巴嫩大使馆经济商务处,中华人民共和国商务部对外投资和经济合作司.对外投资合作国别(地区)指南:黎巴嫩:2018年版[R/OL].(2019-01-29)[2019-01-30]. http://www.mofcom.gov.cn/dl/gbdqzn/upload/libanen.pdf.

[42] 中华人民共和国商务部国际贸易经济合作研究院,中国驻阿联酋大使馆经济商务处,中华人民共和国商务部对外投资和经济合作司.对外投资合作国别(地区)指南:阿联酋:2018年版[R/OL].(2019-01-29)[2019-01-30]. http://www.mofcom.gov.cn/dl/gbdqzn/upload/alianqiu.pdf.

[43] 中华人民共和国商务部国际贸易经济合作研究院,中国驻伊拉克大使馆经济商务处,中华人民共和国商务部对外投资和经济合作司.对外投资合作国别(地区)指南:伊拉克:2018年版[R/OL].

（2019-01-29）［2019-01-30］. http：//www. mofcom. gov. cn/dl/gbdqzn/upload/yilake. pdf.

［44］中华人民共和国商务部国际贸易经济合作研究院，中国驻阿塞拜疆大使馆经济商务处，中华人民共和国商务部对外投资和经济合作司. 对外投资合作国别（地区）指南：阿塞拜疆：2018年版［R/OL］.（2019-01-29）［2019-01-30］. http：//www. mofcom. gov. cn/dl/gbdqzn/upload/asaibaijiang. pdf.

［45］中华人民共和国商务部国际贸易经济合作研究院，中国驻伊朗大使馆经济商务处，中华人民共和国商务部对外投资和经济合作司. 对外投资合作国别（地区）指南：伊朗：2018年版［R/OL］.（2019-01-29）［2019-01-30］. http：//www. mofcom. gov. cn/dl/gbdqzn/upload/yilang. pdf.

［46］中华人民共和国商务部国际贸易经济合作研究院，中国驻亚美尼亚大使馆经济商务处，中华人民共和国商务部对外投资和经济合作司. 对外投资合作国别（地区）指南：亚美尼亚：2018年版［R/OL］.（2019-01-29）［2019-01-30］. http：//www. mofcom. gov. cn/dl/gbdqzn/upload/yameiniya. pdf.

［47］中华人民共和国商务部国际贸易经济合作研究院，中国驻土耳其大使馆经济商务处，中华人民共和国商务部对外投资和经济合作司. 对外投资合作国别（地区）指南：土耳其：2018年版［R/OL］.（2019-01-29）［2019-01-30］. http：//www. mofcom. gov. cn/dl/gbdqzn/upload/tuerqi. pdf.

［48］中华人民共和国商务部国际贸易经济合作研究院，中国驻叙利亚大使馆经济商务处，中华人民共和国商务部对外投资和经济合作司. 对外投资合作国别（地区）指南：叙利亚：2018年版［R/OL］.（2019-01-29）［2019-01-30］. http：//www. mofcom. gov. cn/dl/gbdqzn/upload/xuliya. pdf.

［49］中华人民共和国商务部国际贸易经济合作研究院，中国驻沙特大使

馆经济商务处，中华人民共和国商务部对外投资和经济合作司. 对外投资合作国别（地区）指南：沙特：2018年版［R/OL］.（2019-01-29）［2019-01-30］. http：//www.mofcom.gov.cn/dl/gbdqzn/upload/shate.pdf.

［50］ 中华人民共和国商务部国际贸易经济合作研究院，中国驻约旦大使馆经济商务处，中华人民共和国商务部对外投资和经济合作司. 对外投资合作国别（地区）指南：约旦：2018年版［R/OL］.（2019-01-29）［2019-01-30］. http：//www.mofcom.gov.cn/dl/gbdqzn/upload/yuedan.pdf.

［51］ 中华人民共和国商务部国际贸易经济合作研究院，中国驻以色列大使馆经济商务处，中华人民共和国商务部对外投资和经济合作司. 对外投资合作国别（地区）指南：以色列：2018年版［R/OL］.（2019-01-29）［2019-01-30］. http：//www.mofcom.gov.cn/dl/gbdqzn/upload/yiselie.pdf.

［52］ 中华人民共和国商务部国际贸易经济合作研究院，中国驻也门大使馆经济商务处，中华人民共和国商务部对外投资和经济合作司. 对外投资合作国别（地区）指南：也门：2018年版［R/OL］.（2019-01-29）［2019-01-30］. http：//www.mofcom.gov.cn/dl/gbdqzn/upload/yemen.pdf.

［53］ 中华人民共和国商务部国际贸易经济合作研究院，中国驻科威特大使馆经济商务处，中华人民共和国商务部对外投资和经济合作司. 对外投资合作国别（地区）指南：科威特：2018年版［R/OL］.（2019-01-29）［2019-01-30］. http：//www.mofcom.gov.cn/dl/gbdqzn/upload/keweite.pdf.

［54］ 中华人民共和国商务部国际贸易经济合作研究院，中国驻埃及大使馆经济商务处，中华人民共和国商务部对外投资和经济合作司. 对外投资合作国别（地区）指南：埃及：2018年版［R/OL］.（2019-01-29）［2019-01-30］. http：//www.mofcom.gov.cn/dl/gbdqzn/

upload/aiji.pdf.

[55] 中华人民共和国商务部国际贸易经济合作研究院,中国驻南苏丹大使馆经济商务处,中华人民共和国商务部对外投资和经济合作司.对外投资合作国别(地区)指南:南苏丹:2018年版[R/OL].(2019-01-29)[2019-01-30].http://www.mofcom.gov.cn/dl/gbdqzn/upload/nansudan.pdf.

[56] 中华人民共和国商务部国际贸易经济合作研究院,中国驻阿尔及利亚大使馆经济商务处,中华人民共和国商务部对外投资和经济合作司.对外投资合作国别(地区)指南:阿尔及利亚:2018年版[R/OL].(2019-01-29)[2019-01-30].http://www.mofcom.gov.cn/dl/gbdqzn/upload/aerjiliya.pdf.

[57] 中华人民共和国商务部国际贸易经济合作研究院,中国驻利比亚大使馆经济商务处,中华人民共和国商务部对外投资和经济合作司.对外投资合作国别(地区)指南:利比亚:2018年版[R/OL].(2019-01-29)[2019-01-30].http://www.mofcom.gov.cn/dl/gbdqzn/upload/libiya.pdf.

[58] 中华人民共和国商务部国际贸易经济合作研究院,中国驻突尼斯大使馆经济商务处,中华人民共和国商务部对外投资和经济合作司.对外投资合作国别(地区)指南:突尼斯:2018年版[R/OL].(2019-01-29)[2019-01-30].http://www.mofcom.gov.cn/dl/gbdqzn/upload/tunisi.pdf.

[59] 中华人民共和国商务部国际贸易经济合作研究院,中国驻苏丹大使馆经济商务处,中华人民共和国商务部对外投资和经济合作司.对外投资合作国别(地区)指南:苏丹:2018年版[R/OL].(2019-01-29)[2019-01-30].http://www.mofcom.gov.cn/dl/gbdqzn/upload/sudan.pdf.

[60] 中华人民共和国商务部国际贸易经济合作研究院,中国驻摩洛哥大使馆经济商务处,中华人民共和国商务部对外投资和经济合作司.

对外投资合作国别（地区）指南：摩洛哥：2018年版［R/OL］.（2019－01－29）［2019－01－30］. http：//www.mofcom.gov.cn/dl/gbdqzn/upload/moluoge.pdf.

［61］中华人民共和国商务部国际贸易经济合作研究院，中国驻拉脱维亚大使馆经济商务处，中华人民共和国商务部对外投资和经济合作司. 对外投资合作国别（地区）指南：拉脱维亚：2018年版［R/OL］.（2019－01－29）［2019－01－30］. http：//www.mofcom.gov.cn/dl/gbdqzn/upload/latuoweiya.pdf.

［62］中华人民共和国商务部国际贸易经济合作研究院，中国驻斯洛文尼亚大使馆经济商务处，中华人民共和国商务部对外投资和经济合作司. 对外投资合作国别（地区）指南：斯洛文尼亚：2018年版［R/OL］.（2019－01－29）［2019－01－30］. http：//www.mofcom.gov.cn/dl/gbdqzn/upload/siluowenniya.pdf.

［63］中华人民共和国商务部国际贸易经济合作研究院，中国驻立陶宛大使馆经济商务处，中华人民共和国商务部对外投资和经济合作司. 对外投资合作国别（地区）指南：立陶宛：2018年版［R/OL］.（2019－01－29）［2019－01－30］. http：//www.mofcom.gov.cn/dl/gbdqzn/upload/litaowan.pdf.

［64］中华人民共和国商务部国际贸易经济合作研究院，中国驻爱沙尼亚大使馆经济商务处，中华人民共和国商务部对外投资和经济合作司. 对外投资合作国别（地区）指南：爱沙尼亚：2018年版［R/OL］.（2019－01－29）［2019－01－30］. http：//www.mofcom.gov.cn/dl/gbdqzn/upload/aishaniya.pdf.

［65］中华人民共和国商务部国际贸易经济合作研究院，中国驻阿尔巴尼亚大使馆经济商务处，中华人民共和国商务部对外投资和经济合作司. 对外投资合作国别（地区）指南：阿尔巴尼亚：2018年版［R/OL］.（2019－01－29）［2019－01－30］. http：//www.mofcom.gov.cn/dl/gbdqzn/upload/aerbaniya.pdf.

[66] 中华人民共和国商务部国际贸易经济合作研究院，中国驻波黑大使馆经济商务处，中华人民共和国商务部对外投资和经济合作司. 对外投资合作国别（地区）指南：波黑：2018年版［R/OL］.（2019-01-29）［2019-01-30］. http：//www. mofcom. gov. cn/dl/gbdqzn/upload/bohei. pdf.

[67] 中华人民共和国商务部国际贸易经济合作研究院，中国驻克罗地亚大使馆经济商务处，中华人民共和国商务部对外投资和经济合作司. 对外投资合作国别（地区）指南：克罗地亚：2018年版［R/OL］.（2019-01-29）［2019-01-30］. http：//www. mofcom. gov. cn/dl/gbdqzn/upload/keluodiya. pdf.

[68] 中华人民共和国商务部国际贸易经济合作研究院，中国驻塞尔维亚大使馆经济商务处，中华人民共和国商务部对外投资和经济合作司. 对外投资合作国别（地区）指南：塞尔维亚：2018年版［R/OL］.（2019-01-29）［2019-01-30］. http：//www. mofcom. gov. cn/dl/gbdqzn/upload/saierweiya. pdf.

[69] 中华人民共和国商务部国际贸易经济合作研究院，中国驻乌克兰大使馆经济商务处，中华人民共和国商务部对外投资和经济合作司. 对外投资合作国别（地区）指南：乌克兰：2018年版［R/OL］.（2019-01-29）［2019-01-30］. http：//www. mofcom. gov. cn/dl/gbdqzn/upload/wukelan. pdf.

[70] 中华人民共和国商务部国际贸易经济合作研究院，中国驻摩尔多瓦大使馆经济商务处，中华人民共和国商务部对外投资和经济合作司. 对外投资合作国别（地区）指南：摩尔多瓦：2018年版［R/OL］.（2019-01-29）［2019-01-30］. http：//www. mofcom. gov. cn/dl/gbdqzn/upload/moerduowa. pdf.

[71] 中华人民共和国商务部国际贸易经济合作研究院，中国驻北马其顿大使馆经济商务处，中华人民共和国商务部对外投资和经济合作司. 对外投资合作国别（地区）指南：北马其顿：2018年版［R/OL］.

（2019-01-29）[2019-01-30]. http：//www.mofcom.gov.cn/dl/gbdqzn/upload/beimaqidun.pdf.

[72] 中华人民共和国商务部国际贸易经济合作研究院，中国驻格鲁吉亚大使馆经济商务处，中华人民共和国商务部对外投资和经济合作司.对外投资合作国别（地区）指南：格鲁吉亚：2018年版［R/OL］.（2019-01-29）[2019-01-30]. http：//www.mofcom.gov.cn/dl/gbdqzn/upload/gelujiya.pdf.

[73] 中华人民共和国商务部国际贸易经济合作研究院，中国驻俄罗斯大使馆经济商务处、商务部对外投资和经济合作司.对外投资合作国别（地区）指南：俄罗斯：2018年版［R/OL］.（2019-01-29）[2019-01-30]. http：//www.mofcom.gov.cn/dl/gbdqzn/upload/eluosi.pdf.

[74] 中华人民共和国商务部国际贸易经济合作研究院，中国驻白俄罗斯大使馆经济商务处，中华人民共和国商务部对外投资和经济合作司.对外投资合作国别（地区）指南：白俄罗斯：2018年版［R/OL］.（2019-01-29）[2019-01-30]. http：//www.mofcom.gov.cn/dl/gbdqzn/upload/baieluosi.pdf.

[75] 中华人民共和国商务部国际贸易经济合作研究院，中国驻塞浦路斯大使馆经济商务处，中华人民共和国商务部对外投资和经济合作司.对外投资合作国别（地区）指南：塞浦路斯：2018年版［R/OL］.（2019-01-29）[2019-01-30]. http：//www.mofcom.gov.cn/dl/gbdqzn/upload/saipulusi.pdf.

[76] 中华人民共和国商务部国际贸易经济合作研究院，中国驻立陶宛大使馆经济商务处，中华人民共和国商务部对外投资和经济合作司.对外投资合作国别（地区）指南：立陶宛：2018年版［R/OL］.（2019-01-29）[2019-01-30]. http：//www.mofcom.gov.cn/dl/gbdqzn/upload/litaowan.pdf.

[77] 中华人民共和国商务部国际贸易经济合作研究院，中国驻爱沙尼亚

大使馆经济商务处，中华人民共和国商务部对外投资和经济合作司.对外投资合作国别（地区）指南：爱沙尼亚：2018年版［R/OL］.(2019-01-29)［2019-01-30］.http://www.mofcom.gov.cn/dl/gbdqzn/upload/aishaniya.pdf.

［78］中华人民共和国商务部国际贸易经济合作研究院，中国驻印度大使馆经济商务处，中华人民共和国商务部对外投资和经济合作司.对外投资合作国别（地区）指南：印度：2018年版［R/OL］.(2019-01-29)［2019-01-30］.http://www.mofcom.gov.cn/dl/gbdqzn/upload/yindu.pdf.

［79］中华人民共和国商务部国际贸易经济合作研究院，中国驻巴基斯坦大使馆经济商务处，中华人民共和国商务部对外投资和经济合作司.对外投资合作国别（地区）指南：巴基斯坦：2018年版［R/OL］.(2019-01-29)［2019-01-30］.http://www.mofcom.gov.cn/dl/gbdqzn/upload/bajisitan.pdf.

［80］中华人民共和国商务部国际贸易经济合作研究院，中国驻孟加拉国大使馆经济商务处，中华人民共和国商务部对外投资和经济合作司.对外投资合作国别（地区）指南：孟加拉国：2018年版［R/OL］.(2019-01-29)［2019-01-30］.http://www.mofcom.gov.cn/dl/gbdqzn/upload/mengjiala.pdf.

［81］中华人民共和国商务部国际贸易经济合作研究院，中国驻斯里兰卡大使馆经济商务处，中华人民共和国商务部对外投资和经济合作司.对外投资合作国别（地区）指南：斯里兰卡：2018年版［R/OL］.(2019-01-29)［2019-01-30］.http://www.mofcom.gov.cn/dl/gbdqzn/upload/sililanka.pdf.

［82］中华人民共和国商务部国际贸易经济合作研究院，中国驻尼泊尔大使馆经济商务处，中华人民共和国商务部对外投资和经济合作司.对外投资合作国别（地区）指南：尼泊尔：2018年版［R/OL］.(2019-01-29)［2019-01-30］.http://www.mofcom.gov.cn/

dl/gbdqzn/upload/niboer.pdf.

[83] 中华人民共和国商务部国际贸易经济合作研究院，中国驻马尔代夫大使馆经济商务处，中华人民共和国商务部对外投资和经济合作司. 对外投资合作国别（地区）指南：马尔代夫：2018 年版［R/OL］. (2019-01-29)［2019-01-30］. http://www.mofcom.gov.cn/dl/gbdqzn/upload/maerdaifu.pdf.

[84] 中华人民共和国商务部国际贸易经济合作研究院，中国驻阿富汗大使馆经济商务处，中华人民共和国商务部对外投资和经济合作司. 对外投资合作国别（地区）指南：阿富汗：2018 年版［R/OL］. (2019-01-29)［2019-01-30］. http://www.mofcom.gov.cn/dl/gbdqzn/upload/afuhan.pdf.

[85] 中华人民共和国商务部国际贸易经济合作研究院，中国驻越南大使馆经济商务处，中华人民共和国商务部对外投资和经济合作司. 对外投资合作国别（地区）指南：越南：2018 年版［R/OL］. (2019-01-29)［2019-01-30］. http://www.mofcom.gov.cn/dl/gbdqzn/upload/yuenan.pdf.

[86] 中华人民共和国商务部国际贸易经济合作研究院，中国驻老挝大使馆经济商务处，中华人民共和国商务部对外投资和经济合作司. 对外投资合作国别（地区）指南：老挝：2018 年版［R/OL］. (2019-01-29)［2019-01-30］. http://www.mofcom.gov.cn/dl/gbdqzn/upload/laowo.pdf.

[87] 中华人民共和国商务部国际贸易经济合作研究院，中国驻柬埔寨大使馆经济商务处，中华人民共和国商务部对外投资和经济合作司. 对外投资合作国别（地区）指南：柬埔寨：2018 年版［R/OL］. (2019-01-29)［2019-01-30］. http://www.mofcom.gov.cn/dl/gbdqzn/upload/jianpuzhai.pdf.

[88] 中华人民共和国商务部国际贸易经济合作研究院，中国驻泰国大使馆经济商务处，中华人民共和国商务部对外投资和经济合作司. 对外

投资合作国别（地区）指南：泰国：2018年版［R/OL］. （2019-01-29）［2019-01-30］. http：//www. mofcom. gov. cn/dl/gbdqzn/upload/taiguo. pdf.

［89］ 中华人民共和国商务部国际贸易经济合作研究院，中国驻缅甸大使馆经济商务处，中华人民共和国商务部对外投资和经济合作司. 对外投资合作国别（地区）指南：缅甸：2018年版［R/OL］. （2019-01-29）［2019-01-30］. http：//www. mofcom. gov. cn/dl/gbdqzn/upload/miandian. pdf.

［90］ 中华人民共和国商务部国际贸易经济合作研究院，中国驻马来西亚大使馆经济商务处，中华人民共和国商务部对外投资和经济合作司. 对外投资合作国别（地区）指南：马来西亚：2018年版［R/OL］. （2019-01-29）［2019-01-30］. http：//www. mofcom. gov. cn/dl/gbdqzn/upload/malaixiya. pdf.

［91］ 中华人民共和国商务部国际贸易经济合作研究院，中国驻新加坡大使馆经济商务处，中华人民共和国商务部对外投资和经济合作司. 对外投资合作国别（地区）指南：新加坡：2018年版［R/OL］. （2019-01-29）［2019-01-30］. http：//www. mofcom. gov. cn/dl/gbdqzn/upload/xinjiapo. pdf.

［92］ 中华人民共和国商务部国际贸易经济合作研究院，中国驻印度尼西亚大使馆经济商务处，中华人民共和国商务部对外投资和经济合作司. 对外投资合作国别（地区）指南：印度尼西亚：2018年版［R/OL］. （2019-01-29）［2019-01-30］. http：//www. mofcom. gov. cn/dl/gbdqzn/upload/yindunixiya. pdf.

［93］ 中华人民共和国商务部国际贸易经济合作研究院，中国驻文莱大使馆经济商务处，中华人民共和国商务部对外投资和经济合作司. 对外投资合作国别（地区）指南：文莱：2018年版［R/OL］. （2019-01-29）［2019-01-30］. http：//www. mofcom. gov. cn/dl/gbdqzn/upload/wenlai. pdf.

[94] 中华人民共和国商务部国际贸易经济合作研究院，中国驻菲律宾大使馆经济商务处，中华人民共和国商务部对外投资和经济合作司. 对外投资合作国别（地区）指南：菲律宾：2018 年版［R/OL］. (2019 - 01 - 29)［2019 - 01 - 30］. http：//www. mofcom. gov. cn/dl/gbdqzn/upload/feilvbin. pdf.

[95] 中华人民共和国商务部国际贸易经济合作研究院，中国驻东帝汶大使馆经济商务处，中华人民共和国商务部对外投资和经济合作司. 对外投资合作国别（地区）指南：东帝汶：2018 年版［R/OL］. (2019 - 01 - 29)［2019 - 01 - 30］. http：//www. mofcom. gov. cn/dl/gbdqzn/upload/dongdiwen. pdf.

[96] 中国民用航空局. 北京大兴国际机场转场投运及"一市两场"航班时刻资源配置方案民航发（〔2018〕126 号）［Z/OL］. (2018 - 12 - 28)［2019 - 01 - 03］. http：//www. caac. gov. cn/XXGK/XXGK/ZFGW/201901/t20190103_ 193821. html.

[97] MCSHAN W S, WINDLE R. The implication of hub and spoke routing for airline costs and competitiveness［J］. Logistics and transportation review, 1989, 25 (3)：209 - 230.

[98] BUTTON K, TAYLOR S. International air transportation and economic development［J］. Journal of air transport management, 2000, 6 (4)：209 - 222.

后　　记

　　广州白云国际机场作为全国三大枢纽机场之一，正努力推动建设国际航空枢纽。本人十分荣幸应广州市委政策研究室城乡规划处之邀，携手广东省机场集团、广州市政府研究室、广州空港经济区等单位开展"广州建设国际航空枢纽的策略研究"课题。其间先后开展了近一个月的调查研究，得到了广东省机场集团、广州空港经济区、南方航空公司等一大批单位的鼎力支持和帮助。这次课题研究，形成了系列研究成果，并以专送件的形式报送了中共广州市委有关领导，引起了广泛的重视。其中，研究专报《及早确定广州第二机场建设方案甚为迫切》得到了多位领导的肯定性批示；《广州国际航空枢纽：发展定位与建设路径》在《领导参阅》刊载后，也得到了省市领导的肯定性批示。这为本书的深化研究打下了一个较好的基础。

　　本书的第一章至第八章及第十二章由本人完成，第九章至第十一章主要由本人完成，也使用了我与姚阳、覃剑、葛志专和程风雨四位课题组成员共同研究的部分成果。在本书的写作过程中，大量使用了商务部国际贸易经济合作研究院、中国驻所在国的大使馆经济商务参赞处、商务部对外投资和经济合作司共同编写的相关国家的投资指南，其中涉及卡塔尔、阿曼、黎巴嫩、阿联酋、伊拉克、阿塞拜疆、伊朗、亚美尼亚、土耳其、沙特、叙利亚、约旦、以色列、也门、科威特、埃及、南苏丹、阿尔及利亚、利比亚、突尼斯、苏丹、摩洛哥、拉脱维亚、斯洛文尼亚、立陶宛、爱沙尼亚、阿尔巴尼亚、波黑、克罗地亚、塞尔维亚、乌克兰、摩尔多

后 记

瓦、北马其顿、格鲁吉亚、俄罗斯、白俄罗斯、塞浦路斯、立陶宛、爱沙尼亚、印度、巴基斯坦、孟加拉国、斯里兰卡、尼泊尔、马尔代夫、阿富汗、越南、老挝、柬埔寨、泰国、缅甸、马来西亚、新加坡、印度尼西亚、文莱、菲律宾、东帝汶这57个国家和地区的投资指南,在此要特别表示感谢。

在成书过程中,恰逢广州城市发展活跃期和全球经济复杂变动期,广州航空业发展建设日新月异,世界航空发展剧烈变化,海上丝绸之路沿线国家和地区经济发展起起落落。书中数据来源以2017年为主,不少观点认知也只代表研究当时的看法,极有可能赶不上形势的变化,难免会"落伍"甚至出现谬误,敬请业界大咖、专家学者和各位读者指正及见谅。

白国强
于广州黄华园
2020年8月1日